임재택 평전

아이행복 세상을 위한 혁명

초판 1쇄 발행 2025년 8월 1일

지은이 • 조송현
발행인 • 조송현
디자인 • 백미숙

펴낸곳 • 인타임
문의 • 051 - 711 - 3101
팩스 • 051 - 711 - 3102
이메일 • pinepines@hanmail.net
등록번호 • 제2018-000004호

ISBN 979-11-91685-25-1

※ 이 책의 무단전재와 무단복제를 금하며, 책 내용의 전부 또는 일부를 이용하려면 반드시 저자의 동의를 받아야 합니다.

※ 잘못 만들어진 책은 구입하신 곳에서 교환하여 드립니다.

임재택 평전

아이행복 세상을 위한 혁명

조송현 지음

인타임

차례

| 프롤로그 | **한국 유아교육의 코페르니쿠스** • 009 |

| 제1장 | **어린 시절(1949~1967)** • 019 |

생비량면 한디미 • 021
생비량초등학교(1955) • 029
감나무 평상(트리하우스)(1958) • 034
진주중·고 시절(1961~1967) • 038
부모님 가르침 • 043
작은 일탈(1965) • 045

| 제2장 | **서울대학교(1967~1973)** • 047 |

사범대학 교육학과 입학(1969) • 051
대통령 승용차 투석 시위 주동자(1971) • 055
ROTC 후보생 '공총' 시절(1972) • 063
선정회(宣正會)(1972) • 068
대학 시절 생활 전선 • 073
미팅 자리에서(1969) • 076

| 제3장 | **군 복무 & 결혼(1973~1978)** • 079 |

ROTC 임관과 군 생활(1973~1975) • 081
첫 발령 - 중학교 도덕 교사(1975~1976) • 085
결혼(1977) • 090

| 제4장 | 한국행동과학연구소(1978) • 105 |

| 제5장 | 부산대학교 전임강사(1979) • 113 |

| 제6장 | 숙명의 유아교육과(1982) • 121 |

박사학위(1988) • 131

| 제7장 | 유아교육에 대한 코페르니쿠스적 전환(1988~) • 137 |

부산유아교육학회 결성(1988) • 144
미국식 유아교육 단절(1990) • 148
우리 아이들의 보육을 걱정하는 모임(1990) • 159
보육교사교육원 교재 개발(1998) • 169

| 제8장 | 부산대학교 보육종합센터 개관(1995) • 175 |

부산대학교 어린이집 원장(1995~2007) • 187

| 제9장 | 대안교육운동(1996) • 207 |

제10장 유보통합운동(1996~) • 213

만 5세 유치원 무상교육 추진 운동(1996~1997) • 219

유아교육 공교육 추진 운동(1997~) • 226

역대 정부의 유보통합 관련 정책과 임재택의 활동 • 230

대한민국 교육대전환 제안서 • 243

제11장 생태유아교육의 탄생(1998~) • 255

주류 유아교육 • 263

가르치지 않는 교육 • 268

생명사상을 만나다 • 276

생태유아교육 프로그램 시리즈 • 288

아이 교육의 제1원리 – 자연의 섭리대로, 사람의 도리대로 • 292

제12장 생태유아공동체 창립(2002) • 299

생태유아공동체 (2002) • 301

인드라망생명공동체 • 317

쿠바의 도시농업과 세계유기농업대회 참관 • 320

제13장 한국생태유아교육학회 창립(2002) • 323

21세기 문명의 전환과 유아교육의 새로운 방향 • 327

| 제14장 | 해관 장두석 선생과의 만남(2005) • 349

| 제15장 | 숲유치원운동(2010~) • 359

| 제16장 | 좋은부모자격증(2013~) • 379

| 제17장 | 한국생태유아교육연구소(2013~) • 389

| 제18장 | 정년퇴임, 그리고 방정환한울어린이집(2014) • 409

| 제19장 | 생태전환 컨설팅(2016~) • 431

제20장 생태유아교육 확산(2017~) • 441

　　세종형 생태유아교육 • 443

　　서울시 생태친화 보육사업 • 450

제21장 「2019 개정 누리과정」의 놀이운영사례집
　　　『자연과 아이다움을 살리는 생태놀이』(2020) • 463

제22장 아쉬움 2제 • 475

　　생태초등대안학교 • 477

　　직장어린이집 위탁운영법인 • 479

제23장 민주부산시민연대포럼(2025) • 483

제24장 평생의 꿈 • 497

에필로그 아이행복 세상을 향한
　　　　지행합일(知行合一)의 삶 • 509

　　임재택 연보 • 515

　　임재택 논문 & 저서 리스트 • 528

　　<표 1> 생태유아교육 강좌 연혁 • 534

　　<표2> 한국생태유아교육학회 학술대회 연혁
　　　　　(2002년 창립 ~ 2024년 춘계) • 536

　　주석 & 참고문헌 • 556

프롤로그

저자는 인터넷신문 ≪인저리타임≫의 기자이자 편집장이다. 2023년 신년기획의 하나로 「열정의 삶, 사람의 향기」라는 타이틀의 인물탐구 시리즈를 시작했다. 저자는 그 시리즈의 의도를 다음과 같이 붙였다.

한 사람의 생애를 들여다보면 자연스럽게 그의 사회·인문적 궤적이 그려진다. 그 궤적은 아름다운 삶의 무늬이자, 당대 혹은 후대의 거울이 되기도 한다. 삶의 풍경과 기억은 기록될 때 진정한 의미로 남는다. ≪인저리타임≫은 2023년 새해를 맞아 열정적인 삶을 산 지역의 인물을 찾아 그의 향기를 전한다.

한 인물의 삶의 기록은 한 시대의 역사이다. 개인의 삶을 기록하는 일은 곧 그 시대의 역사와 정신을 남기는 일인 만큼 인물 선정이 중요했다. '치열한 삶을 살면서도 사람의 향기가 나는 인물'을 찾는 건 쉬운 일이 아니었다. 마침내 ≪인저리타임≫ 편집위원이자 객원기자인 김해창(경성대 환경공학과) 교수가 첫 기사를 보내왔다. 생태유아교육학자이자 생태유아교육 활동가인 임재택 부산대 명예교수였다.

첫 회 기사는 인물사의 프롤로그 형식으로 A4 6장 분량이었다. 2회부터 약전(略傳) 형식으로 총 6회 연재하기로 했다. 필자는 그때까지 임재택 교수를 잘 알지 못했다. 편집장으로서 기사를 꼼꼼히 읽었다. 그는 한국 유아교육의 코페르니쿠스였다! 그래서 타이틀에 '유아교육의 코페르니쿠스'를 임재택 교수의 칭호로 붙였다.

물리학도 출신인 저자가 임재택 교수의 삶의 궤적에서 코페르니쿠스를 떠올린 이유는 명확하다. 코페르니쿠스가 우주관의 혁명적 전환을 가져온 것처럼 그는 한국 유아교육의 혁명적 전환을 일으킨 인물이기 때문이다. 코페르니쿠스가 지구 중심의 천문학에서 태양 중심의 천문학으로 혁명을 일으킨 것처럼 임재택은 실내·수업·교사 중심의 유아교육을 자연·놀이·아이 중심의 유아교육으로 바꾸었다.

임재택 교수 삶을 한 편, 한 편 읽으니 저자는 저도 모르게 물리학도의 생리가 발동했다. 새로운 발견과 이론의 배경엔 창안자의 문제의식과 발상이 있기 마련이다. '왜 빛의 속도는 일정한가?'라는 아인슈타인의 문제의식은 고전역학이라는 견고한 성채를 무너뜨리고 특수상대성이론을 탄생시킨 혁명의 도화선이 되었다. 주류 유아교육을 버리고 새로운 생태유아교육을 창안한 결정적인 문제의식은 무엇이었을까? 유아교육 혁명의 불씨는 무엇이었을까?

저자의 의문은 김해창 교수의 6회분 연재기사만으로는 풀리지 않았다. 연재를 시작할 때 썼던 '삶의 풍경과 기억은 기록될 때 진정한 의미로 남는다'는 문구가 떠올랐다. 기자로서 이 시대 우리 곁의 '유아교육의 코페르니쿠스'를 제대로 기록해야겠다는 사명감을 절실히 느꼈다. 저자는 마침내 2024년 여름 임재택 교수 삶과 학문의 전체 궤적 탐사에 나섰다(김해창 교수의 인저리타임 연재 기사는 낯선 여행길의 이정표 역할을 해주었다. 김해창 교수에게 감사를 전한다.).

그의 삶과 학문을 탐사하는 여정에서 저자는 한국 유아교육의 패러다임을 바꾼 혁신적인 학자이자 집념과 열정의 운동가를 만났으며, 동시에 아이에 대한 한없는 사랑으로 오직 '아이행복 세상'을 위해 나아가는 지행합일(知行合一)의 실천적 지성인을 만났다.

임재택은 누구인가

임재택은 우리나라 유아교육의 제도개혁과 내용개혁의 외길을 걸어온 유아교육학자이자 유아교육의 실천가·활동가이다. 그는 우리나라 유아교육은 제도는 일제(日製), 내용은 미제(美製)를 기반으로 한 것이어서 우리 아이를 제대로 키우고 교육하는 데 맞지 않는다는 것을 유아교육 현장을 통해 절실히 느꼈다. 제도개혁이란 유보통합, 즉 유아교육을 담당하는 유치원과 보육을 담당하는 어린이집을 통합하는 일이다. 유치원과 어린이집으로 나눠진 불평등 구조를 바로잡아, 초등학교 이전의 영유아학교(0~2세 영아학교, 3~5세 유아학교, 0~5세 영유아학교) 6년으로 통합하여, 무상교육으로 전환하는 일이다. 내용개혁이란 교실·수업·교사 중심의 기존 유아교육을 자연·놀이·아이 중심의 생태유아교육으로, 인간·개인·지식 중심의 기존 유아교육을 생명·공동체·몸마음영혼 중심의 생태유아교육으로 바꾸는 일이다.

1990년대 초부터 시작된 그의 필생의 과업은 30여 년이 지난 2025년 현재 제도적·행정적 기반이 상당 부분 마련된 상태이나 실질적 완성까지는 현장 적용과 법제화, 재정 방안, 교사 자격 등 과제가 남은 '진행 중'의 단계이다. 내용개혁은 임재택이 책임연구를 맡아 제작한 『자연과 아이다움을 살리는 생태놀이』가 2019년 개정 누리과정의 놀이운영사례집으로 공식 채택되는 성과를 거두었다. 이에 힘입어 우리 전통 육아법에 기반한 생태유아교육이 부산 해운대구에서 세종시, 서울시를 비롯한 전국으로 확산 중이다.

임재택의 필생의 과업인 제도개혁은 평등사상과 맞닿아 있고, 내용개혁은 생명사상과 연결된다.

유아교육 혁명의 씨앗 – 평등사상과 생명사상

평등사상 임재택이 유아교육의 제도개혁을 주장하는 이유는 간단하다. 대한민국의 아이는 부잣집 아이나 가난한 집 아이나 다 같이 국가의 보살핌을 받아야 한다는 것이다. 아이에 대한 인간적 사랑이자 평등사상의 발로임에 틀림없다.

1990년대 당시 한국의 유아교육은 부잣집, 상류층 아이들이 다니는 사립유치원 교육과정과 동일시되었다. 그러다 보니 대학의 유아교육과 교수들도 어린이집 등 보육시설의 아이한테는 관심이 별로 없었다. 심지어 저소득층 아이들이 복지 사각지대에서 끔찍한 사고를 당해도 유아교육의 문제로 생각지 않았다.

임재택의 가슴에서는 이런 마음이 치솟았다. '우리나라 아이는 다 같은 대한민국 아이인데, 유치원 아이와 어린이집 아이 다르고, 잘 사는 집 아이와 못 사는 집 아이 다르고, 도시에 사는 아이와 농촌에 사는 아이 다르고 …. 이건 공정하지 못하다. 유아교육은 일부 특권층의 아이만을 위한 것이 되어서는 안 된다.'

그는 부유층 아이뿐 아니라 모든 아이가 보호받고, 교육받을 수 있어야 한다는 신념을 갖고, 그 실천을 위해 '아이들에게는 보호·교육받을 권리를! 부모들에게는 일할 권리를!'이라는 구호를 내걸고 1990년 11월 「우리 아이들 보육을 걱정하는 모임」을 결성해 활동하기도 했다.

생명사상 임재택이 유아교육의 내용개혁을 위해 치열하게 투쟁한 이유는 서양이론에 기반한 기존 유아교육이 우리 아이들의 몸·마음·영혼의 성장에 알맞지 않다는 확신을 가졌기 때문이다. 대표적인 사례로 그는 1988년 서울올림픽 이후 아이들한테 많이 생긴 아토피(atopy)를 주목했다. 아토피는 공교롭게도 교실에 가둬 키운, 양식하듯 키운 아이들한테 주로 나타났다. 그는 아토피를 당시 한국 유아교육의 문제점을 예고하는 상징적 징후, 적신호로 봤다.

그의 눈에 기존 유아교육 방식은 닭을 가둬 키우는 양계장식으로 보였다. 양계장 닭이 놓아기른 토종닭을 따라갈 수 없다. 아이도 토종닭처럼 자연에 놓아 키워야 좋다는 건 그에게 상식처럼 다가왔다. 그것은 시골에서 토종닭처럼 산과 들에서 뛰어놀며 자란 자신의 사례를 비추어 보아도 옳은 듯싶었다. 그는 드디어 우리 조상의 전통 육아법과 그 밑에 도도히 흐르는 전통사상을 공부하기 시작했다.

이렇게 보니 서양식 유아교육과 우리 전통의 유아교육은 키우는 방식의 차이만이 아니었다. 이보다 더욱 중요한 것은 '아이를 어떤 존재로 여기느냐'였다. 서양이론에서 아이는 '인간의 미숙한 존재'이다. '아이 중심' 교육이라고 해도 아이는 그 한 아이에 국한된다. 이에 비해 우리 조상들이 생각하는 아이는 '자연과 사람과 더불어 사는 아이'이자 한울님이다. 그래서 아이를 키우기보다 '모시고 섬긴다'고 한다. 우리의 전통사상에서 한울님은 자연과 인간, 만물의 현신으로 신성함을 지닌다. 이들은 본질적으로 하나의 생명으로 연결되어 있음을 시사하며, 그 핵심은 생명에 대한 존중과 조화를 중시하는 생명사상(生命思想)이다.

임재택은 자연의 섭리와 사람의 도리와 선조의 육아 지혜를 외면한 인위적이고 계획적이고 이론적인 유아교육은 자연스럽지도 않고, 아이들의 삶과 발달에도 도움이 되지 않으며, 오히려 폐해가 되리라고 확신하게 되었다. 그의 가슴에는 어느덧 생명유아교육 혹은 생태유아교육의 이정표가 세워지는 듯했다.

마침내 그는 필생의 과업인 아이행복 세상을 향한 학문적 혁명의 장도에 올랐다.

제1장
어린 시절

(1949~1967)

임재택 평전

아이행복 세상을 위한 혁명

생비량면 한디미

임재택(林再澤)은 1949년 2월 25일(음력 1948년 12월 23일) 경남 산청군 생비량면 도리 현동 1499번지에서 아버지 임수석(1923~1994)과 어머니 하순연(1922~2013)의 4남 2녀 중 셋째로 태어났다. 아들로는 차남이라 이름이 재택이다. 음력으로는 1948년 무자(戊子)년 섣달 스무사흘(12월 23일)에 태어났으니 일주일 만에 두 살이 된 쥐띠 늦둥이다.

임재택이 태어난 생비량면(生比良面)의 '생비량'이란 지명은 특이하다. 신라로 추정되는 시대에 덕망 높은 비량이라는 도승이 집현산 일대에 사찰을 건립하고 신도와 인근 주민들에게 선행을 베풀었다. 후에 스님이 입적하자, 신도와 주민들은 안타까운 마음에, 생(生)자를 붙여 영원히 생존해 있다는 뜻으로 '생비

량'(生比良)이라 불렀다.[1] 그 이름이 지명이 되었다. 2000년 5월 면민들이 이런 내용을 담은 '생비량 유래비'를 세웠다.

'생비량 유래비'의 내용은 이러하다.

生比良의 由來

新羅로 推定되는 時代에 德望높은 比良이라는 道僧이 集賢, 黃梅, 闍崛山 等 三山半落靑天外요, 二水中分白鷺洲라는 古詩에 該當하는 地理學說 明堂墟에 寺刹을 建立 布敎와 더불어 信徒와 住民에게 善行을 베풀었다. 歲月이 흘러 入寂하게 되자 道僧이 永遠히 生存해 있다는 뜻으로 生字를 붙여 그때부터 生比良이라는 地名이 傳來되어 오늘에 이르고 있다.

서기 2000년 5월 5일

生比良面民一同 세움
글씨 敬齋 曺寧助 씀

• 생비량 유래비

생비량면은 산청군의 동쪽 끝에 위치하며 진주시와 경남 의령군, 합천군의 경계를 이룬다. 남쪽에 진주시, 북쪽엔 합천군, 동쪽에 의령군과 붙어 있고, 진주시 생활권에 가깝다.

• 임재택 교수가 태어나 자란 경남 산청군 생비량면 도리 현동 한디미 마을 전경

생비량면의 도리 현동(賢洞)은 일명 '한디미', 혹은 '한디미 골짜기'로 불리는데, 생비량면 지역에서 가장 오지로 손꼽히는 동네다. 지리산 자락의 산청군 내에서 전기가 뒤에서 두 번째로 늦게 들어왔다. 한디미는 삼태기 형상의 집현산(해발 578m) 서쪽 발치에 터 잡은 동네다. 북쪽인 입구에는 양천강이 흐르고 동쪽은 집현산의 장군봉, 남쪽은 부봉, 서쪽은 정상으로 둘러싸였다. 1960~70년대에는 이곳에 15~20가구가 살았는데, 임재택의 기억에는 김 씨 2가구를 빼고는 모두 임씨 일가였다. 이 한디미 마을은 주로 땔감나무, 산나물을 캐서 아랫마을에

제공했고, 가끔 아랫동네 사람들이 꽃구경이나 등산하러 올라오는 정도였다.

임재택의 본관은 나주이다. 나주 임씨 조상은 임진왜란 때 지리산 산골짜기로 피란차 이주했다. 당시 호남지역에 왜구의 침탈이 심하다 보니 이를 피해 지리산 자락에 정착했다. 지금도 지리산 자락의 함양과 거창 쪽에 나주 임씨들이 제법 산다. 현재 한디미 골짜기에서 진주 쪽으로 넘어가는 집현산 무너미재에 증조부와 할아버지 산소가 있다. 그 증조할아버지가 여기 한디미로 들어와 팔순 넘게 살면서 가세를 일으켰다. 그 증조할아버지는 아들 3형제를 두었다. 재택의 할아버지는 첫째인 종손으로 한디미에서 계속 살았고, 둘째 할아버지는 인근 진양군 미천면 안간에서 한약방을 하며 살았다. 그 할아버지는 장면 정권 때 민선 면장에 당선될 정도로 지역 사람들의 신망을 받았다. 막내 할아버지는 진주에서 살았는데, 사회적 영향력이 있는 인물은 아니었으나 담배 가게를 하면서 종손 만택과 재택이 진주의 중·고등학교에 다닐 때 건사해주었다. 그 할아버지도 그리 여유로운 형편이 못되었다. 겨울에 만택과 재택이 자는 방에는 군불을 때주지 못했다. 아침에 자고 일어나면 머리맡의 물이 얼어 있을 정도였다. 그러다 보니 임재택은 따뜻한 방에다 따뜻한 밥을 실컷 먹을 수 있는 고향집이 못내 그리웠다. 무엇보다 어머니가 보고 싶었다. 그래서 임재택은 매주 토요일이면 30리 길을 걷고 집현산을 넘어 한디미 집으로 달려갔다.

임재택의 아버지 형제는 5남 1녀다. 맨 위가 고모, 그다음이 장손인 아버지이다. 아버지 아래로는 삼촌이 넷이다. 제일 큰 삼촌은 작은할아버지의 도움으로 안간에서 담배 가게를 하며 살았다. 그 삼촌은 농사를 짓기에는 일머리가 따라주지 않아 안간 장터에서 한약방을 하는 할아버지한테 아버지가 맡긴 것이다. 안간 삼촌은 재택의 형 만택이 초등학교 다니는 6년간 집에 데리고 건사해주었다. 그 삼촌은 나중에 웅석골로 이사해 논을 사고 오래 살았다. 둘째 삼촌은 군대에 장기복무한 뒤 한디미에서 농사를 짓고 살았다. 셋째 삼촌은 해인대학을 나와 서울시교육청에 들어가 오래 근무했다. 셋째 삼촌은 한디미에서 농사짓던 둘째 삼촌을 서울의 한 학교 수위로 취직할 수 있게 주선해주었다. 막내 삼촌도 서울시교육청 삼촌의 도움을 받아 서울의 한 정유회사에 취직했다. 서울시교육청 삼촌은 임재택의 서울살이에 의지가 되었다. 재택의 아버지는 1994년 72세로, 어머니는 2013년 92세로 별세했다. 작은아버지

두 분은 작고했고, 셋째와 막내 작은아버지는 2025년 현재 생존해 있다.

임재택의 할머니는 진주 강(姜) 씨로 진주시 명석면 나부리 출신인데, 별명이 고양이다. 성격이 깔끔하고 날카롭다고 붙여진 별명이다. 임재택의 어머니는 진주시 대곡면 단목 출신의 진주 하(河) 씨이다. 당시 진주 하 씨 문중은 위세가 대단했다. 그런데 어머니는 부모가 일찍 돌아가시는 바람에 여동생과 함께 살다가 한디미 골짜기의 종갓집 큰며느리로 시집을 왔다. 할아버지 할머니는 며느리를 달가워하지 않았고, 특히 고양이 할머니는 어머니를 많이 구박했다.

"어릴 때 기억에, 할머니는 어머니를 많이 구박했어요. 부모 없이 자랐다고 그랬는지 이유는 잘 모르겠지만요. 어머니는 부모님 돌아가시기 전까지는 좋은 집안에서 잘 산다는 소리를 듣고 자랐는데, 한디미 산골짜기에 종손 며느리로 시집와 구박까지 당하자 정말 힘들어했어요. 그렇지만 할아버지 할머니한테 조금도 내색을 하지 않았어요. 속으로 삭이다 보니 그게 한이 되었을 거예요." 임재택의 어머니에 대한 회고이다.

고양이 할머니가 며느리를 구박한다는 것은 동네 사람들도 다 잘 알 정도였다. 그러나 임재택 어머니는 한 번도 내색하지 않고 불만을 속으로 삭이며 잘 승화시켜 나갔다. 그런 그녀를 동네 사람들은 응원하고 위로해주었다. 임재택 아버지는 그런 아내에게 항상 미안한 마음이었다. 자신의 어머니를 말릴 수도, 그렇다고 아내를 옹호하기도 어려웠기 때문이다.

그렇게 까탈스러운 고양이 할머니가 손자·손녀 중에서 유독 임재택을 예뻐했다. 몸은 약한데 잠을 곱게 잔다며 매일 데리고 잤다. 후에 서울시교육청의 셋째 삼촌이 그 할머니를 모셨는데, 재택은 서울 삼촌 집에서 지낼 때 할머니가 계셔서 위안이 되었다.

임재택은 외할아버지 외할머니 제사 때 어머니 손을 꼭 잡고 외갓집에 따라갔다. 한디미에서 집현산 아홉살재를 넘어 진주시 대곡면 단목까지 70, 80리를 두세 살 때는 어머니 등에 업혀 다녔고, 그 후에는 어머니 손을 잡고 걸어 다녔다. 외갓집은 한디미 같은 산골짜기가 아니라 너른 한길이 있고, 대궐 같은 기와집들이 즐비한 큰 동네라 참 좋았다. 임재택은 외갓집에서 땅콩도 처음 먹어봤다. 푸짐한 제삿밥을 실컷 먹는 것도 좋았다.

• 고향 한디미 시골집 앞 길에서 임재택

임재택의 부모는 첩첩산골에서 농사를 지으며 어렵게 6남매를 건사했다. "그래도 우리 집은 한디미 골짜기에서는 제일 부자였던 것 같아요. 동네 집 앞 다랑이 논 다섯 마지기가 우리 논이었고, 제가 어릴 때 우리 집에 '온 머슴' 한 명, '반 머슴' 두 명이 있었어요. 아버님은 농사를 지으면서 소를 키워 송아지 팔아 목돈을 마련하셨죠. 말 그대로 소 팔아 자식들 공부시키신 거죠." 임재택의 회고이다.

생비량초등학교
(1955)

임재택은 갓난아기 때부터 젖을 자주 토하고 몸이 약했다. 어릴 때 내내 몸이 약하다 보니 항상 주변 사람들의 보살핌을 받아야 했다. 할머니가 늘 재택을 아끼고 돌봐주었다. 초등학교에 들어갈 무렵까지 몸은 허약했으나 말썽을 부리지 않고 잠을 순하게 자 할머니로부터 예쁨을 받았다. 바쁜 농사철에는 어린 아이까지도 농사일에 동원되기 마련인데 재택은 예외였다. 몸이 약한 아이라고 잔심부름조차도 시킨 적이 없기 때문에 식구들은 당연하게 생각했다. 초등학교 입학하던 해 여름이었다. 하루는 또래의 여자애한테 밀려 벼가 자라는 논바닥에 처박히는 일이 있었다. 그 사건은 임재택에게 '여자애보다 약한 아이'라는 낙인이 되어 두고두고 친구들과 가족의 놀림감이 되었다. 그러다 임재택은 초등학교 3학년쯤 되면서 몸이 좋아지기 시작했다. 키도 크고 살도 오르면서 또래의 보통 아이만큼 힘도 세졌다. 체력이 남들 못지않게 좋아지다 보니 놀 게 많았다. 어느새 나무 타기는 주변 친구들이 흉내 낼 수 없을 정도로 잘했다. 노는 데 빠져 공부는 아예 뒷전이었다. 재택은 초등학교 3학년까지 한글을 제대로 읽을 줄도 쓸 줄도 몰랐다.

초등학교 등하굣길은 멀었다. 한디미 마을에서 골짜기 개울을 따라 양천강까지 4㎞(10리)이고, 거기서 나룻배로 양천강을 건너면 장란 마을인데, 이 마을에서 한길(도로)로 생비량면 소재지의 생비량초등학교까지 2㎞(5리)이다. 따라서 등하굣길은 왕복 30리 길이다. 재택을 비롯해 다른 형제들은 모두 6년간 나룻배를 타고 양천강을 건너 생비량초등학교를 다녔다. 그러나 재택보다 두 살 많은 장남 만택은 양천강을 건너다니는 대신 집현산 너머 진양군 미천면의 안간초등학교를 다녔다. 할아버지가 집안의 장손이 매일 양천강을 건너는 위험을 감수하지 않도록 한 것이다. 안간에는 작은할아버지와 첫째 삼촌이 살고 있었다. 어린 임재택은 장손의 목숨과 다른 손자들의 목숨의 가치가 다르다는 걸 어렴풋이 느꼈다. 만택은 한약방을 운영하던 작은 할아버지의 주장으로 초등학교를 졸업하고 진학하여 진주에서 진주남중학교를 다녔다. 재택과 동생들은 생비량초등학교를 마치고 진주중·고등학교를 졸업했다. 여동생은 진주 삼현여고를 졸업했다.

임재택은 당시 여느 시골 아이들과 마찬가지로 땔나무를 하러 산을 오르내렸다며 이렇게 회상했다. "어릴 적 산을 오르내린 덕분에 지금까지 건강한 삶을 살 수 있다고 봐요. 초등학교 5, 6년 때부터 중·고등학교 시절까지 동네서 장작이나 서까래 같은 나무장사 하는 산판이 벌어지곤 했어요. 그때 장작이나 서까래를 짊어지고 산을 넘어 응석사 절 앞까지 옮겨주고 용돈벌이를 했던 기억을 잊을 수 없어요. 그때 장작 한 개비에 몇 원을 쳐주었는지 기억이 안 나지만 이 산판 일을 10여 차례는 한 것 같아요. 닭이나 토끼도 용돈 벌이로 키운 기억도 나고요."

임재택에겐 지금도 잊지 못할 고마운 은사가 있다. 초등학교 6학년 담임이셨던 박해출 교사이다. 그는 청주사범 졸업 후 생비량초등학교에 초임 발령으로 왔는데 아이들에게 열정을 쏟았다. 그는 가정방문을 와 재택의 아버지한테 "재택을

• 1961년 생비량국민학교 졸업 기념 앨범 사진. 다섯 번째 줄 왼쪽 맨끝의 작은 꼬마가 재택. 첫 번째 줄 왼쪽에서 여섯 번째 앉은 사람이 재택의 6학년 담임 박해출 선생님

중학교에 보내야 합니다. 이제부터 공부를 시켜야 합니다."라고 말해 진학을 약속받았다. 그는 성적 상위권의 학생 부모를 설득해 6학년 6명, 재수생 3명 등 9명에게 학교 사택에서 무료 합숙 과외를 해주었다. 임재택은 통학 길이 멀어 아예 학교 근처 아버지 친구 집에 하숙하며 합숙소에서 공부했다. 합숙생들은 그의 지도 아래 1년간 열심히 공부한 끝에 재택을 비롯한 3명이 명문 진주중학교에 합격했다. 생비량초등학교로서는 4년 만에 거둔 성과이자 경사였다. 합숙생 중에는 진주

남중에 합격한 학생도 있었다. 박해출 교사의 열의가 생비량초등학교의 경사를 낳은 것이다. 그는 한동안 생비량에서 교육계의 영웅으로 칭송받았다.

임재택은 박해출에 대한 감사의 마음을 늘 간직하고 있다. "저의 진주중학교 합격은 전적으로 박해출 선생님 덕분입니다. 장남 말고는 중학교 진학을 별로 생각지도 않고 있던 아버지를 설득하시고 특별과외까지 해주신 박해출 선생님이 아니었다면 지금 농사를 짓고 있을지도 모를 일입니다. 선생님은 지금은 돌아가셨지만 2000년대 초반까지 부산지역 동창들이 선생님을 모시고 식사를 하기도 했지요. 참으로 고마우신 스승님이시죠."

감나무 평상
(트리하우스)
(1958)

어린 임재택은 초등 3학년까지 노는 데 정신이 팔려 글자를 제대로 알지 못했다가 4학년부터 공부를 열심히 했다. 그의 기억에 가장 생생히 남는 것 중 하나가 집 앞마당의 큰 감나무 위에 만든 1, 2평 남짓의 감나무 평상(트리하우스)이다. 삼촌들의 도움으로 만든 이 비가림막 평상은 초중등학생 시절 재택의 '놀이 공간이자 사유의 공간'이었다.

"감나무 위 평상에서 필요한 것들, 감자나 옥수수 등 간식은 물론 책과 연필 칼 등을 두레박통에 담아 줄로 끌어올려 생활하다 보니 대변보러 내려오는 경우를 제외하고는 여름방학 중에는 거의 종일 그곳에

서 보냈어요. 오줌은 나무 위에서 담 넘어 논을 향해 누면 됐지요. 도시 살던 친척 애들이 보고는 환장을 했어요. 당시 나는 우리 동네에서 나무타기 선수였어요. 그래서 어른들께 무척 걱정을 끼치기도 했지요. 지금도 내 머리와 얼굴에 흉터가 3, 4개 남아있는데 다 그때 상처예요. 마을 골짜기 개울에서 가재, 피라미, 메기, 다슬기 등을 직접 잡아 어른들의 술 안주감이나 반찬거리로 드렸지요. 여름밤 모캐불(모깃불) 피워놓고 가족들 둘러앉아 탱자가시로 고디(다슬기)를 까먹던 행복한 모습이 지금도 눈에 아른거려요."

이 같은 임재택의 감나무 평상은 나중에 유아교육과 교수 때 자신이 개발한 유아숲체험 프로그램에 그대로 활용되었다. 2010년부터 산림청, 광역지자체와 연계해 전국에 수백 개의 유아숲체험원을 만들면서 그 안에 나무와 나무 사이에 '트리하우스'를 만들어 넣었다. 아이들은 이 시설을 너무 좋아했다. 임재택의 어릴 적 고향의 자연은 생태유아교육의 원풍경이었다.

당시 한디미 마을에는 초등학교 학생 또래의 아이가 30~40명은 족히 되었다. 이들은 모이면 자치기, 구슬치기, 연

• 한디미 마을 생가의 장독대 앞에서 아들 성준 군이 폼을 잡고 섰다.

날리기, 팽이치기 등 갖가지 놀이를 하며 놀았다. 물론 직접 만든 새총을 들고 새를 잡으러 온 산을 헤매기도 했다. 특히 팽이치기는 직접 나무를 깎아 팽이를 만드는 솜씨와 팽이를 돌리는 기술을 함께 뽐내는 놀이로 인기가 많았다. 시골 아이들은 누구나 그렇듯이 임재택도 초·중학 시절 동네 아이들과 신명나게 엄청 놀았던 기억이 가장 뚜렷이 남았다. 특히 여름방학에 점심 먹고 집집마다 소를 몰고 뒷산 자락에 올라가 풀어놓고, 감자굴 만들어 구워먹기, 술래잡기 등으로 놀이를 하다 해 질 무렵 산속에 풀어놓은 소들을 다시 모아 몰고 내려왔다. 이 같은 추억담은 부산일보의 1988년 8월 6일자 「그해 여름방학-소먹이기와 감자굴」이라는 제목의 기사에 잘 묘사되어 있다. 다음은 그중 '감자굴 만들어 구워먹기' 대목이다.

'(전략) 소먹이기 장소의 개울가에는 감자 굽는 아궁이 장치가 오래전부터 마련되어 있다. ㄷ자 모양으로 파진 아궁이의 가장자리에 조그만 돌멩이들을 아치 모양으로 쌓아놓고 나뭇가지로 아궁이에 불을 땐다. 한참 불을 때다가 돌멩이가 벌겋게 달구어 지면 불을 끄고 아궁이에서 재를 모두 끄집어낸다. 달구어진 돌멩이의 일부분을 아궁이 속으로 밀어 넣고, 그 위에 +, -, Y 등의 각자 표시를 한 감자를 넣은 다음 나머지 돌멩이들로 덮는다. 그리고는 둘레를 찰흙으로 온통 발라 공기가 새지 못하게 한다. 이렇게 되면 멋진 감자굴이 완성된다. 반 시간쯤 지난 후 찰흙으로 발라둔 감자굴 위에 꼬챙이로 구멍을 뚫고 널따란 칡잎으로 깔때기를 만들어 고무신으로 떠온 물을 그 구멍 속에 붓는다. 이때 요란한 소리를 내며 뜨거운 김이 하늘로 치솟는다. 그리고는 다시 구멍을 막는다. 이런 식의 물주기를 대여섯 군데 한다. 물주기가 끝나면 감자굴 바닥 쪽에 조그만 구멍을 내어 물을 빼낸다. 한참 후 흙을 걷어내면 노릇노릇하게 잘 익은 감자가 된다. 집에서 삶은 감자와는 비교할 수 없을 정도로 맛있다. 이렇게 감자를 구워 먹고 나면 놀이판이 벌어진다. (하략)'

진주중·고 시절
(1961~1967)

· 진주고등학생 임재택

당시 명문학교였던 진주중학교 학생이 된 임재택은 진주남중학교 2학년인 형 만택과 함께 진주에 사는 작은할아버지 집에서 하숙을 했다. 하숙비로 한 학기에 쌀 20되를 주었다고 한다. 작은할아버지는 할머니와 숯장사를 하면서 담배 점포도 운영했는데, 손자 중·고등학생한테 용돈을 줄 만큼 형편이 넉넉하지 못했다.

임재택은 월사금을 제때 내지 못했고, 책이나 학

용품을 사지 못해 친구에게 빌려 쓰기도 했다. 당시 학교에서는 담임교사가 월사금을 독촉하며 제때 내지 않은 학생에게 벌을 세우기도 했다. 1학년 담임교사는 월사금 지체 학생에게 엄지와 검지로 학생의 볼을 꼬집은 다음 복도에 세워두었다. 재택도 꼬집기를 당한 게 한두 번이 아니었다. 추운 겨울 날씨에 꼬집힌 중학생의 얼어붙은 연약한 볼은 벌겋게 달아올라 멍이 들기 일쑤였다. 학생들은 그 교사를 선생님 대신 '집게'라고 불렀다. 임재택은 어린 나이에 심한 모멸감을 느낀 나머지 "이건 해도 너무하다, 저 선생은 인간도 아니다."라고 속으로 욕을 퍼부었다. 원수는 외나무다리에서 만난다고 했던가. 후에 그는 부산대학교 사범대학 교수로 재직할 때 부산시교육청 교육장 승진 연수를 받으러 온 그 '집게' 교사와 부산대학교 사범대학 중등교육연수원에서 조우했다. 임재택은 반갑기는커녕 옛날 생각에 절로 눈살이 찌푸려졌다.

당시 진주중학교에 다니는 학생의 절반 이상은 진주고등학교에 진학했다. 중상위권 학생은 고등학교 진학에 대한 부담감을 크게 갖지 않았다. 경기고 등 전국의 일류고등학교를 겨냥해 공부하는 학생은 많지 않았다. 상위권 성적을 유지했던 임재택은 공부에 별로 매달리지는 않았다. 축구를 좋아했던 그는 거의 매일 친구들하고 축구를 하며 놀았다. 찐빵 내기 축구시합에는 목숨을 걸다시피 했다. 내일모레가 시험이라고 해도 축구밖에 신경 쓰지 않을 정도였다. 그의 이 같은 축구사랑은 고등학교와 대학생 시절은 물론 교수 시절까지 이어졌다.

중학생 임재택이 힘들었던 건 공부보다 배고픔이었다. 한창 성장기에 공부하고, 축구까지 하고 나면 늘 배가 고팠다. 그때마다 할머니한테 먹을 걸 달라고 하기에는 마음이 편하지 않았다. 돈이 없으니 뭘 사 먹지도 못하니 참을 수밖에 없었다. "오죽했으면 수업 마치고 친구들과 진주 장터에 10원짜리, 1원짜리 동전을 주우러 다녔을까요. 지금 생각해보면 비현실적인 희극의 한 장면 같은데, 당시는 그게 배고픔과 위축된 마음을 풀기 위한 매우 현실적인 행동이었죠." 임재택의 회고다.

이럴 때마다 임재택은 고향 한디미와 어머니한테서 구원을 찾았다. 난생 처음 고향집을 떠나 객지 생활을 하는 그는 언제나 어머니와 고향 한디미를 가슴속에 품고 있었다. 진주라는 도시에서는 먹는 것, 자는 것 어느 하나 편하지 않았다.

무엇보다 어머니가 보고 싶었다. 게다가 한디미에서는 고구마, 감자를 철마다 실컷 먹을 수 있었다. 그래서 그는 주말이면 발길을 한디미로 향했다.

진주에서 한디미 시골집에 가는 길은 두 가지가 있는데, 버스로 산청군 원지를 지나 생비량면 장란 마을에서 내려 양천강을 나룻배로 건넌 다음 한디미까지 4㎞(10리)를 걸어가는 방법과 버스로 진양군 집현면 대암리 버스정류소에서 내려 응석사를 지나 집현산을 넘는 12㎞(30리)를 걷는 것이다. 중3(1963년) 때 생비량면 장란마을 버스비는 보리쌀 한 되 값이 조금 넘는 30원, 진주 ~ 대암리 버스비는 15원이었다. 임재택은 진주중·진주고 시절 6년 동안 대부분 버스비가 싼 진주 ~ 대암리 버스를 타고 주말마다 집현산을 넘어 다녔다. 이마저도 하루에 3, 4번 다니는 정기버스 시간을 놓치면 기다리느니 버스비 15원도 아낄 겸 아예 대암리 ~ 진주 12㎞(30리)를 걸어가는 경우도 많았다.

"주말이면 30리 길을 걸어 집현산을 넘어 한디미 고향집에 가서 하룻밤 자고, 일요일 오후에 다시 되돌아가는 생활을 중·고등학교 6년간을 반복했으니 다리 근육과 폐와 심장이

• 1966년 고3 때 진주성에서 촉석루를 배경으로 찍은 사진. 뒷줄 왼쪽에서 네 번째 제일 작은 학생이 임재택

얼마나 강건해졌을지 아시겠죠? 지금 나의 건강은 당시의 고행 덕분이라 생각해요. 근데 초등학교부터 미천면 안간초등학교에 유학했던 종손인 형 만택은 초등학생 때부터 주말마다 엄마 보러 집현산을 넘어 30리 길을 혼자 왔다갔다 했어요. 어린 나이에 그 길이 얼마나 무섭고 힘들었을까, 지금도 상상이 안 돼요." 임재택의 회상이다.

부모님 가르침

"남에게 욕먹을 일 하지 마라, 항상 몸조심하고 건강해라"

임재택이 고향 한디미 마을에서 집현산을 넘어 대암리 버스 정류장까지 오가는 12km(30리) 길 주변 마을 중에는 아버지의 5남 1녀 형제 중 맨 위인 고모집도 있고 안간에서 살다가 응석골로 이사와 사는 첫째 삼촌집도 있었다. 50리 내외 인근 마을에서 혼사가 이루어지던 시절이라 누구 댁 자제라고 하면 대개 다 알 정도였다. 그러다 보니 아이들은 집안의 조부모와 부모 얼굴에 먹칠하지 않기 위해서 예의 바르게 행동해야 했다.

임재택은 오늘까지 명심해온 지침이 있다. 그것은 부모님의 가르침으로 딱 2가지이다. '남에게 욕먹을

일 하지 말라', '항상 몸조심하고 건강해라'.

"진주중학교 입학 후 천재로 소문난 터라 교복 입고 모자 쓰고 가방 들고 30리 길을 오가면서 주변 논밭에서 일하시는 어른들을 보면 모자를 벗고 깍듯이 인사를 했어요. 인사를 받은 어른들이 '야야, 네가 누고?' 물으면 '저 집현산 너머 한디미 단동띠 둘째 아들 재택입니더'라고 대답합니다. 그러면 그 어르신이 '아~ 단동띠 둘째 아들, 그렇나, 잘 가래이!'하면서 손을 흔들어주시죠. 그리곤 주변 사람들끼리 '자가 진주중학교 합격해 천재라 카는 가아 아이가! 임수석 씨, 단동띠 둘째 아들 아이가!' 하고 수군대는 소리가 귓전에 들립니다. 발걸음도 한층 가벼워지지요."

이 같은 동네 어르신들의 칭찬이 소년 임재택을 춤추게 하고 진짜 천재로 키워갔는지도 모른다.

이처럼 이웃 마을 어른들의 기대에 부응하기 위해서도 그는 천재 아닌 천재 노릇을 해야 했고 마침내 서울대학교 교육학과에 합격했다. 이어 바로 아래 남동생 윤택과 막내동생 종택도 형의 선례와 주변의 기대에 힘입어 서울대학교 중문학과와 경제학과에 입학하게 되었다.

작은 일탈
1주일 정학(1965)

순둥이 임재택은 진주고 2학년 때 사고를 치고 말았다. 가을소풍 무단이탈이었다. 사정은 이랬다. 고2 때 합천 해인사로 단체 가을소풍을 갔다. 일행이 해인사 일대를 구경하고 귀교하려는 즈음, 한 학생이 재택을 불렀다. 그는 생비량초등학교 한 해 선배인데 재수해 진주중·고를 같이 다닌 동급생이었다. 그런데 그는 진주중·고에서 싸움 1, 2위를 다툰 일진 짱이었다. 재택이 "왜 그러느냐?"고 했더니, 그는 "오늘 여고생들과 미팅이 있다."고 했다. 재택은 썩 내키지 않았지만 초등학교 선배인 일진 짱의 요구를 무작정 무시하기도 어려웠다. 그는 어쩔 수 없이 동급생 5명과 함께 가을소풍단을 이탈해 합천에서 여고생들과

미팅을 했다. 학생 6명의 이탈을 뒤늦게 알아차린 학교 측은 주동자 일진 짱에게 무기정학, 임재택에게는 일주일 정학의 벌칙을 내렸다.

임재택은 낭패감에 어쩔 줄을 몰랐다. 그러나 하숙집의 작은할아버지·할머니는 물론 만택 형님과 가족에게 숨기고 사태가 조용해지기를 기다렸다. 하지만 문제가 그것으로 끝나지 않았다. 3학년이 되어서도 그 사태의 여진은 사라지지 않았다. 임재택은 그때 만난 여학생이 눈에 아른거리기 시작했다. 밤에 남강 변에서 만나고 손도 잡았다. 이제 대입을 본격 준비해야 할 시기인데 마음이 진정되지 않았다. 성적이 곤두박질치기 시작했다. 서울대 안정권인 30위에서 70, 80등으로 내려앉기 시작했다.

대학 입시철이 되었다. 임재택은 서울농대 농경제학과를 지망했다. 당시 그는 농업이 최고인 줄 알았다. 농경제학을 공부해 국가발전에 이바지하겠다는 포부였다. 결과는 보기 좋게 낙방이었다.

제2장
서울대학교
(1967~1973)

임재택 평전

아이행복 세상을 위한 혁명

1967년 2월 임재택이 진주고등학교 졸업을 앞두고 응시할 대학을 정할 무렵, 집안 식구들은 물론 주변 친척 어른들도 진주교대 응시를 권유했다. 교대는 2년 마치면 군 복무도 면제되니, 바로 초등학교 교사 발령을 받아 동생들 학비를 지원하고 집안 살림에 도움을 주는 것이 도리라는 분위기였다. 집안을 위해 희생한 형 만택의 전례가 있었기에 그것을 당연하게 생각할 만도 했다. 그럼에도 그는 서울대학교 농과대학 농경제학과를 응시했다가 낙방한 것이다.

　이제 임재택은 부모님의 바람대로 진주교대로 갈 것인가, 아니면 재수의 길을 갈 것인가, 선택의 갈림

길에 섰다. 엄청난 고민 끝에 그는 진주고 친구들 분위기와 담임교사의 조언에 따라 가족과 친척의 바람을 뒤로 한 채 재수의 길을 선택했다. 서울대는 막연한 꿈이었다. 후에 어머니도 말했다. "너는 어려서부터 '경상대학교 교수가 되겠다'고 입버릇처럼 말했다." 서울에는 셋째 삼촌이 살기 때문에 최소한 의지할 곳이 있었다. 생활비는 과외 아르바이트를 해서 마련하겠다는 각오였다. 마침내 그는 부모님과 가족의 기대를 외면하고 상경했다.

임재택은 셋째 삼촌댁에서 숙식하며 재수를 위해 종로학원에 다녔다. 하지만 입시공부에만 전념할 수 있는 처지가 못 되었다. 학원비와 생활비를 벌기 위해 과외도 열심히 해야 했다. 과외는 6개월이 못가 끊기기 일쑤여서 때때로 구직광고를 내야 했다. 운이 좋으면 6개월, 1년짜리 입주과외 자리가 나기도 했다. 삼촌 집에서 눈칫밥을 먹는 것도 고역이었다. 고달픈 재수생 생활이었다. 이때 임재택은 담배를 배웠고, 종종 인왕산 중턱 바위에 올라 서울 시내를 내려다보며 신세타령도 많이 했다. 대입시기가 다가왔다. 이번에는 서울대 사범대학을 지원했는데 또 떨어졌다.

사범대학 교육학과 입학
(1969)

임재택은 실망이 이만저만이 아니었다. 하지만 이대로 물러설 수는 없었다. 다시 과외 지도로 생활비를 벌면서, 학원을 열심히 다녔다. 이번에는 서울대학교 사범대학 교육학과를 지망했다. 당시 과외 시장에서 최고 인기학과가 교육학과였다. 교육학과는 수업료도 면제이고, 나중에 교수의 길도 사범대의 다른 과에 비해 넓다고 그는 판단했다. 마침내 그는 삼수만에 1969년 서울사대 교육학과에 합격했다. 그런데 바로 이즈음 임재택의 할머니와 어머니는 합심하여 장독간에 정화수를 떠놓고. 서울대 입시에 낙방하고 진주 교대에 가기를 빌고 또 빌었다.

임재택이 서울대학교 사범대학 교육학과에 입학한 뒤, 바로 아래 남동생 윤택과 막내 동생 종택이 잇따라 서울대 문리대 중문학과와 서울대 상대 경제학과에 입학했다. 심심산골 한디미 한 집안의 3형제가 서울대에 합격한 것이다. 그 후 '임수석 씨 단동띠 재택네'는 산청군 생비량면 한디미 산골에서 서울대생 3형제를 배출한 수재 집안으로 유명해졌다. 산청군수가 주변을 지나가다가 일부러 찾아와 재택의 아버지(임수석)에게 인사를 하기도 했다.

"우리 3형제가 서울대를 갈 수 있었던 것은 부모님의 헌신 못지않게 바로 장손인 만택 형이 중학교 졸업 후 고등학교 진학을 포기하고 아버지 농사일을 도와 우리 동생들의 중·고등학교 학비 마련에 큰 역할을 했기 때문입니다. 그래서 여동생을 비롯한 우리 삼형제는 큰 형님의 희생과 양보의 마음을 잊지 않고 있어요. 집안 어른들도 만택 형님 칭찬을 많이 하십니다." 임재택은 동생들을 위해 희생한 만택 형한테 늘 고마움을 느낀다며 이렇게 말했다.

임만택 씨는 이에 대해 다음과 같이 말했다. "한디미 꼴짜기 살림에 4형제가 모두 공부한다는 건 누가 봐도 어려운 일이었습니다. 내가 대학에 가면 동생 중 누군가는 공부를 못하게 된다는 걸 쉽게 예상할 수 있었죠. 저는 장남으로서 일찍부터 '아버지를 도와 농사를 지어야겠다.'라고 마음을 굳혔습니다. 집안 어른들은 제가 일찍 철이 들었다고 '아이 영감'이라고 부르기도 했지요. 동생 재택은 어릴 때부터 놀이면 놀이, 공부면 공부를 열심히 했고, 집념도 제일 강했어요."

이런 형에 비해 둘째인 재택은 제 욕심만 차리는 나쁜 놈으로 한동안 집안에서 욕을 먹는 신세가 되기도 했다. 진주고를 졸업하고 2년 만에 초등교사 발령을 받는 진주교대로 가라는 집안 식구들의 바람을 외면하고 자신의 꿈을 좇아 기어이 서울대를 지망했기 때문이다.

"서울대 교육학과에 입학하고 보니 나 같은 처지의 동급생이 20명 정원 중에 4, 5명이나 있어 약간은 위로가 됐어요. 부모님, 친척들의 반대를 무릅쓰고 굳이 서울사대 교육학과를 지원하게 된 것은 첫째는 사범대학이라 수업료 면제로 등록금이 반값이고, 둘째는 과외 지도 인기학과라 아르바이트 구하기도 쉽고, 셋째는 졸업 후 중등교사를 넘어 대학교수 자리를 가질 가능성이 크다고 생각했기 때문이었어요. 결과적으로 저의 예견이 맞아 교육학과 69학번 동기생 20명 중에서 14명이 대학교수를 했어요. 졸업정원제 시행 등 대학교수 수요가 폭증하는 시대를 잘 만난 덕도 한몫했지요." 부산대학교 교수직에서 정년퇴임 후 임재택의 회고이다.

대통령 승용차
투석 시위 주동자
(1971)

　산청 촌놈 임재택은 삼수 끝에 1969년 서울대학교 사범대학 교육학과에 입학했다. 사범대학 교육학과 정원 20명 중 여학생이 2명이고 남학생이 18명이었다. 이들 중에서 재학생은 6명뿐이고 나머지는 재수, 삼수, 심지어 4수, 5수까지 한 친구들도 있었다. 남학생들은 뭉쳐 다니며 축구를 자주했는데, 체육과 학생 팀을 이길 정도로 잘했다. 학과의 중심 세력인 3학년 선배들은 69학번 후배들이 가장 똑똑하다고 치켜세우면서 데모 참여를 독려했다.

　당시 박정희는 군사독재를 더욱 공고히 하기 위해 유신을 준비하던 시기로 대학가는 온통 데모 분위기

• 서울대 사범대학 교육학과 친구들과 함께

였다. 서울대에서도 박정희의 10월 유신 쿠데타를 저지하기 위한 학생 데모가 1969년 입학 때부터 끊이지 않았다. 해를 거듭하면서 민주화 투쟁이 대학가에 확산, 심화했다. 1971년 후반부터 서울사대 학생들의 민주화 투쟁이 약하고 소극적이라는 서울시내 여자대학 학생들의 비난이 쇄도하고 있었다. 서울대 사대는 교사를 양성하는 곳이라는 특수함 때문인지 학생들이 대체로 데모와는 거리를 두었다. 그러자 이화여대, 숙명여대 등 여자대학교 학생회가 서울대 사범대 학생회에 면도칼을 넣은 편지를 보내기도 했다. 데모 안 하려면 '그걸 잘라버려라'는 야유 섞인 경고였다. 데모는 3학년이 주도해야 하는데 사범대학 학생회 회장, 여학생회 회장도 데모를 나 몰라라 했다. 학생회가 이처럼 회피하자 사범대학은 대의원회

• 1971년 3월 서울대 사대 대의원총회를 마치고 대의원사무실 앞에서 찍은 기념사진. 뒷줄 왼쪽에서 세 번째가 임재택, 그 줄 왼쪽 첫째가 친구인 유상덕

• 대의원회 간부들. 서울대 사범대학 대의원회 결성 후 학내 4·19학생의거상 앞에서 촬영. 앞줄 왼쪽 네 번째가 임재택

가 나설 수밖에 없는 상황이 되었다. 그런데 사범대학 14개 학과의 과대표로 이루어진 대의원회 의장마저 데모에 소극적인 태도를 보이자, 부의장인 임재택이 주도해야 하는 상황이 되었다.

마침내 1971년 4월 14일 서울사대에서도 일이 터졌다. 소위 '4·14 사태'이다. 서울사대 학생들의 '박정희 대통령 탑승차 투석 사건'을 말한다. 당일 박정희 대통령이 홍릉 카이스트(KAIST) 기공식 참석차 고려대 앞 도로를 경유할 예정이었는데, 고려대 학생시위가 격화했다는 첩보에 따라 동대문구 용두동의 서울사대 앞을 경유해 청량리를 거쳐 홍릉 카이스트에 가는 것으로 이동 경로를 변경했다.

서울대학교 사범대학 대의원회 주도로 사건 전날 대학에서 철야 농성을 한 학생들은, 당일에 교육실습 나간 4학년 학생들까지 합류하는 대규모 시위를 준비하고 있었다. 당일 오전 아침 식사를 하러 교문 밖을 나간 일부 학생들을 경찰이 연행하는 와중에 대학 담벼락 위에서 그 광경을 지켜본 학생들이 경찰에게 돌을 던졌다. 이때 경호차를 선두로 이곳을 지나가던 박정희 대통령 탑승차가 학생들이 던진 돌에 맞았다.

• 대의원회 간부들. 앞줄 왼쪽 네 번째가 임재택

• 1979년 여름 서울대 사범대학 대의원회의 서울 근교 야유회에 참석한 임재택 김옥자 부부(가운데)

이에 박정희 대통령이 경호차량을 동반하고 서울사대 도로변 담장의 목문(木門)을 부수고 캠퍼스 안으로 들어와 사범대학장을 질책하고 나갔다. 동시에 경찰 수백 명이 정문을 통해 진입해 대학 전체를 쑥대밭으로 만들어버렸다. 대규모 경찰이 서울사대 정문으로 들어와 교수 연구실과 도서관을 포함한 교내외를 최루탄과 곤봉으로 제압하며 학생 100명가량을 붙잡아간 사건이 일어난 것이었다. 교수 10여 명도 머리가 터지는 등의 부상을 당했다.

"전날 밤과 당일 시위의 사회를 제가 사범대학 대의원회 부의장 자격으로 보게 되었어요. 당시 학생회는 시위를 외면했고, 대의원회 의장도 시위에 소극적이라 제외했습니다. 당시 사범대학 학장은 우리 교육학과 서명원(1919~2006) 교수였고, 학생과장은 독어교육과 이동승(1928~2017) 교수였습니다. 교육부에 대학본부의 휴교령 자제를 요청하면서 학생 설득을 장담했던 서명원 학장이 대통령의 질책을 받은 터라, 저희로서는 이날 사건으로 두 교수님을 뵐 면목이 없었어요." 임재택의 회고다.

4·14 사태는 경찰이 대거 대학에 진입하여 캠퍼스를 유린

한 최초의 사건이었다. 그 뒤 1975년 4월 8일 대통령 긴급조치 제7호로 강제 휴교 되면서 군 병력이 대학에 진입하는 최초의 사건이 고려대에서 발생하지만, 대한민국 대통령인 독재자 박정희에 대한 대학생 시위대의 투석 사건인 4·14 사태는 국내는 물론 국제적으로도 큰 파장을 일으켰다. 이 사건은 당일 당시 가장 진보적 언론사이던 동아일보에 기사화되었으나 배포 즉시 회수당했다.

이튿날 신문에는 사실과 달리 '朴大統領 데모學生 善導 당부 - 投石 보고 서울師大 들러' 라는 제목 아래 박정희를 미화하는 다음과 같은 내용의 기사가 일제히 실렸다.

박정희대통령은 14일 오후 1시50분 서울연구개발단지기공식에 참석하기 위해 서울대학교 사범대학 앞을 지나던 중 데모 학생들이 경찰에 투석 중인 것을 목격하고 학교 안으로 직접 걸어 들어가 사대학장을 만나 학생들의 선도와 학원의 조속 정상화를 당부했다고 윤주영(尹冑榮) 청와대 대변인이 이날 오후에 발표했다.

윤대변인은 또 "박대통령이 사대 앞에서 차를 내려 걸어서 교문을 들어가자 경찰에 투석 중이던 데모 학생들은 즉시 해산하고 교사 안으로 들어갔으며 박대통령은 오후 2시 정각 사대를 떠나 예정대로 기공식에 참석했다"고 전하고 "투석 학생들은 경찰 당국에 대통령 승용차를 향해 투석한 것이 아니라고 해명했다"고 말했다. [조선일보 1971. 04.15]

임재택은 다음과 같이 회고했다. "저는 당시 사건 현장에서 학생과장이 사무실 대형 캐비닛 안에 숨겨준 덕분에 화를 모면했어요. 다행히 교육학과 학과장이시던 김종서(1924~2014) 교수님께서 조언을 해주셔서 4, 5개월간 울산 근처 암자에 피신해 있었어요. 당시 대학에서는 학생들이 정부와 대학의 사과와 학생 석방을 요구하는 상황이었죠. 그러고 나서 학교에 복귀하기는 했는데 그 뒤 생활은 내 인생 최대의 악몽이었죠."

ROTC 후보생 '꽁총'[1] 시절
(1972)

임재택은 학교 복귀 후 4학년 때 ROTC 후보생에 지원했다. 사실상 4·14 사태 주동자로 지목되어 암자에서 피신 생활을 몇 개월 한 뒤 학교에 돌아와 보니 강제징집 등의 위협이 기다리고 있었다. 중앙정보부에서 고향 아버지를 겁박하고, 'ROTC 가면 살게 해 주겠다'고 했다는 것이다. 아버지는 '이놈 때문에 집안이 거덜나겠다' 싶어 재택한테 ROTC를 권유했다. 임재택은 하는 수 없이 ROTC 후보생에 지원했다. 임재택은 "당시 중앙정보부 요원들이 시골 부모님을 협박하고 서울교육청 공무원이던 셋째 삼촌과 학과 지도교수에게 압력을 가하는 한편, 서울사대 학훈단장교의 끈질긴 회유가 있었다."고 말했다.

• ROTC 친구들과 임재택

　이 바람에 서울대학교 사범대학은 시위 리더를 모두 잃게 되었다. 시위를 총지휘해야 할 대의원회 부의장인 임재택이 데모를 하지 않고 ROTC에 들어가자 학생들은 혼란에 빠졌다. 서울사대 안과 바깥의 다른 친구들은 계속 데모를 하다 감옥도 가고 군대도 끌려가는 상황에 임재택이 ROTC 후보생을 지원했다는 소식에 학생들은 큰 배신감을 느꼈다. '재택이 정보부 프락치'라는 소문까지 퍼지면서 그의 심적 괴로움은 이루 말할 수 없었다. 그는 학우들 앞에 '나는 정말 프락치가 아니다'라고 소리치고 싶었다. 그러나 막상 아버지가 중앙정보부로부터 협박당하는 상황에서 ROTC 입단을 때려치우고 계속 데모에 나설 용기는 나지 않았다. 그는 매일 죄의식에 몸부림쳤다.

원래 ROTC는 3, 4학년 2년간이지만 당시 교련 반대 데모 등으로 ROTC 제도가 없어졌다가 부활하면서 그해는 4학년만 ROTC

• ROTC 후보생 '꽁총' 시절

• ROTC 후보생 '꽁총' 시절

지원을 받았다. 1971년도 유신 직전에 교련 반대 데모가 극심해지니까 ROTC 제도를 1년간 중단했다. 그래서 임재택은 4학년 때인 1972년 ROTC에 입단해 1년만 훈련을 받고 수료했다.

임재택은 데모를 포기한 데 대한 죄의식을 갖고 ROTC에 입단했으나, 정보부 프락치가 아니라는 것만은 급우들한테 꼭 보여주고 싶었다. 그 표시로 ROTC 후보생으로 있으면서 1년 내내 총을 거꾸로 메고 건들거리며 다녔다. 그래서 그가 얻은 별명이 '꽁총'이었다. 그래도 교관이나 동료 후보생들 누구 하나 뭐라고 하는 사람이 없었다. 오히려 교관은 그에게 큰 문제 일으키지만 말고 수료하라고 읍소할 정도였다.

위기는 또 있었다. '꽁총 재택'은 ROTC 후보생 가운데 늘 '꽁등(꼴찌)'을 맡아놓았다. 마지막 ROTC 임관시험에 불합격하면 일반 사병으로 군대에 가야 하는 상황이었는데, 교관들의 도움으로 겨우 합격해 턱걸이 임관했다. 1972년 전국 ROTC 임관생은 약 3,000명인데, 재택의 군번이 72-02793이라는 게 이를 짐작케 한다.

임재택은 여러 가지 사정 때문에 정의로운 일에 앞장서지 못한 게 내내 마음을 괴롭혔다. 그는 그때 이런 다짐을 했다. '지금 못한 정의로운 일을 앞으로 평생 동안 해나가겠다. 정의로운 일을 하다 감옥에 간 너희들에게 부끄럽지 않게 평생 정의를 지향하며 살겠다. 평생에 걸쳐 누가 더 정의롭게 살았는지 후에 평가해보자.'

선정회(宣正會)
(1972)

'ROTC 입단 파문'은 결과적으로 젊은 시절 임재택의 인생 방향을 잡아주는 하나의 등불이 되었다. 지리산 산골에서 순박하게 자연의 이치대로, 순리대로 사람의 도리대로 살며 나쁜 소리 안 듣고 살아왔는데 '변절자', '프락치', '나쁜 놈'이라는 소리를 듣다니, 그는 도무지 받아들일 수 없었다. 그래서 굳게 다짐했다. '나는 프락치가 아니다. 다만 심약해서, 가족의 여건 때문에 그런 선택을 할 수밖에 없었다. 그러니 평생 살아가면서 너희가 잘했는지, 내가 잘했는지 인생 끝에서 평가해보자.'

임재택의 이 다짐은 평생 그의 삶을 관통하는 이

정표가 되었다. 후에 교수가 되어 기존 유아교육의 모순점을 발견하고 혁명적인 사고의 전환을 통해 생태유아교육학을 창안하고 평생 이를 발전시켜나가는 것도 그 다짐과 직결된다. 평생을 통틀어, 옳고 정의로운 일로 평가받자고 다짐한 그에게 생태유아교육은 옳고 정의로운 방향이었기 때문이다. 이것은 단순히 강단에서 이론적으로만 외치는 데 그쳐서는 안 되었다. 생활과 삶에서 철저히 실천해야 하는 것이었다. 이런 마음가짐으로 그는 100세 인생을, 평생 지행합일(知行合一)의 삶을 살아야겠다고 다짐했다.

임재택이 ROTC 후보생 시절인 대학 4학년 때 예전 대의원회 친구들과 함께 만든 모임이 있다. 바로 선정회(宣正會)다. '바름, 정의를 펼치자'는 뜻이다. 사범대 학생회가 데모를 안 한다고 외부의 비난과 조롱을 받았고, 대신 대의원회가 앞장서기로 함에 따라 그는 3학년 때 대의원회 부의장으로 데모를 주도하며 독재 타도를 외쳤다. 하지만 원하는 만큼 제대로 하지도 못했고, 또 독재가 타도되어 민주화가 이루어진 것도 아니었다. 4·14 사태로 캠퍼스는 쑥대밭이 되고 자신은 피신하는 신세가 되었다. 민주화는 요원한 것 같았다. 당시 친구들은 울분을 토로하며 고통을 공유하게 됐다. 그런 친구들이 4학년

이 된 1972년 만든 모임이 선정회다. 시위 주동을 중도에 포기한 죄의식을 갖고 'ROTC 후보생' 신분이 된 임재택은 앞으로 세상을 정의롭게 살면서, 정의를 펼치는 친구들이 되자며 의기투합했다. 이 모임은 대학 졸업 후 사회인이 되어서도 한동안 유지됐다.

당시 수학교육과 과대표로 임재택과 함께 대의원이었던 김영국(전 서원대 교수)은 선정회와 임재택에 대해 다음과 같이 회상했다.

"1971년 당시 박정희 정권에 대한 반독재, 민주와 운동이 거셌어요. 3학년 때 대의원을 함께한 친구들은 4학년이 되어서도 자주 모여 독재정권을 비판하며 울분을 토했죠. 그때 모인 친구들은, 재택을 비롯한 교육학과 2명, 불어교육과 2명, 독일어교육과, 국어교육과, 사회교육과 각 1명과 수학교육과인 나를 포함해 총 8명이었던 걸로 기억해요. 선정회를 누가 먼저 결성하자고 제안했는지는 기억이 가물가물한데, 의견이 나오자마자 이심전심으로 의기투합했지요. 우리는 모이면 '이 시대 젊은이의 정의로운 삶과 바람직한 자세' 등을 주제로 토론을 하기도 했지요. 재택이 자주 대화를 이끌었던 것으로 기억

• 임재택-김옥자 결혼식에 참석한 선정회 회원들. 최병모(일반사회교육과) 신종철(불어교육과) 김영국(수학교육과) 김영택(국어교육과) 오세량(독어교육과) 손재순(불어교육과) 김성렬(교육학과)

해요. 재택은 생각이 바르고, 분명하고, 때로는 냉철하면서도 격정적이었죠."

임재택은 졸업 후 운동권 친구들이 어려움을 겪을 때마다 손을 내미는 데 주저하지 않았다. 시위로 감옥 갔다 나온 친구가 1987년 전교조를 이끌면서 어려움에 처했을 때, 그의 숙식을 돌봐줬다. 그 친구가 거창고등학교에서 전교조 깃발을 들었을 때도 그는 대학교수 신분으로 참석했다. 옛날 대학 시절 동지들한테 진 빚을 조금이라도 갚기 위해서였다. 그동안 민주화운동이나 진보적인 운동에 꾸준히 회비를 내는 것도 같은 맥락이다. 그때 열성적으로 민주화운동에 나섰던 친구 중 간혹 얼빠진 행동을 하는 경우를 보면 "이 놈아, 너의 그때 행동은 가식이었단 말이더냐?" 하고 질타했다.

"그때 나는 죽을 때까지 민주화운동에 참여한 그 누구보다 정의롭고 진실하게 살겠다는 다짐으로 새겼고, 그걸 지금껏 한시도 잊은 적이 없어요. 군인, 교사, 연구원, 대학교수 생활을 하면서 사익을 위하는 사무원(私務員)이 아닌 공익을 위한 공무원(公務員)으로 살아야 하며, 보다 널리 보다 오래 공익이 되는 '홍익인간 재세이화'(弘益人間 在世理化)의 가치를 실현하는 데 기여하는 사람이 되어야 한다는 생각으로 여태껏 살아왔지요." 임재택의 회고다.

대학 시절 생활 전선

임재택이 대학 생활을 하던 시기는 1970년대 초로 대학가에는 민주화 데모가 불꽃처럼 타오르던 시절이었으나, 그는 공부와 데모 못지않게 학비·생활비 마련을 위한 학생 과외 아르바이트 등 생활 전선에서도 싸워야 했다. 그런 이유로 그는 영어 공부나, 음악 감상 같은 취미생활 자체를 전혀 하지 못했다. 생활 하루하루가 고단한 삶의 연속이었다.

첫 대입에서 실패한 1967년 임재택은 재수하러 서울에 갔다. 삼촌 집이 서대문 형무소 건너편 현저동 언덕배기에 있었다. 거기서 초등학교 6학년인 사촌동생에게 과외를 해주고 밥을 먹고 지냈다. 학원비를 마련하기 위해 아르바이트를 해야 했다. 그는 "삼촌 집에서 종로학원까지 다니는 전철이 있었는데, 전철 차비가 없어 자주 걸어 다녔어요. 4~5㎞ 거리였는데, 어릴 때부터 시골에서 많이 걸어 다니는 게 버릇이 돼 걸을 만했어요."라고 회상했다.

임재택은 재수하며 죽으라 하고 입학시험을 준비했는데도 떨어지고, 1969년 세 번째 입시에서 서울대학교 사범대학 교육학과에 합격했다. 그런데 서울사대 교육학과에 입학하고부터 아르바이트가 잘 되었다. 그때는 중·고입시가 있을 때인 데다 사범대학 교육학과는 선생님을 양성하는 학과라 학부모들의 신뢰가 높았던 것이다. 하지만 입시 과외는 3, 4개월 지속하기가 어려웠다. 그래서 2, 3개월마다 광고를 내야 했다. 신문 광고는 싸고 효과도 좋았는데, 문제는 문의 전화를 어떻게 받느냐 하는 것이었다. 백색 전화기가 있는 단골 구멍가게 주인한테 부탁해 광고에 그 전화번호를 적고 구멍가게에서 전화를 기다렸다. 그때 심정은 좀 처량했다. 입주 과외가 빨리 연결되지 않아 친구 집에서 한동안 더부살이를 하기도 했다.

서울대 사범대학은 수업료 면제 혜택이 있어 등록금만 내면 되었고, 하숙비는 입주 과외로 해결되었으니 재수, 삼수할 때보다는 부담이 덜했다. 당시 한 학기 수업료는 1만2000원쯤 했는데, 한 달 하숙비와 비슷했다. 과외비는 보통 월 1만 원, 1만2000원쯤 받았는데 부잣집에서는 2만 원도 주었다. 서울사대 교육학과는 인기학과여서 상당한 대접을 받았다. 한번은 경북 상주 출신의 중견기업 사장 집에서 쌍둥이 아들 입주 과외를 했는데 대우를 잘 받았다. 사장은 자녀들을 훈계하며 "임 선생을 3분의 1만 닮아라."라고 자주 말했다.

미팅 자리에서
(1969)

대학 초년생 시절 임재택에게 마음이 아팠던 기억이 하나 있다. 진주중학교 다닐 때 지낸 할아버지 뒷집에 아주 대궐 같은 집이 있었다. 집주인은 주일본 오사카 공사를 지내다가 귀국한 사람인데, 그 집 아들이 그와 같은 진주중학교 3학년에 편입해 들어왔다. 그 친구 아버지는 아들이 주변에 친구가 없다며 재택을 집으로 초청해 음식을 대접하며 잘해주었다. 그는 외톨이인 그 친구를 데리고 다니며 함께 놀았다. 그 친구도 싫지 않았는지 그에게 빵을 사주기도 했다.

그러던 어느 날 임재택이 그 친구 집에 놀러갔을

때였다. 그날따라 친구 할아버지와 할머니가 그에게 친절하게 잘 대해주었다. 이에 그 친구가 질투를 느꼈던 것일까, 갑자기 그에게 말했다. "니가 다섯 번 올 거를 앞으로는 세 번만 오면 좋겠다." 그 친구는 고등학교 진학하면서 서울로 전학 갔다.

임재택은 서울대 신입생 시절 우연히 그 친구를 만나게 되었다. 그 친구는 연세대 상대 3학년이었다. 그 친구의 집은 연세대 앞에 있었는데 마치 성채 같았다. 그의 아버지 어머니는 그를 반갑게 맞이해주었다. 하루는 그 친구가 그에게 여대생과의 미팅 자리를 주선했다. 그 미팅 자리에서 그 친구는 그에게 "너, 팝송 〈Green Green Grass Of Home〉 아니?" 하고 묻는 게 아닌가. 그가 모른다고 하자, 그 친구는 "니 그래도 서울대씩이나 다니면서 그것도 모르고, 너무 촌놈 행세를 하면 되겠니?"하고 여대생들 앞에서 무안을 주었다. 이런 게 벌써 세 번째였다. 선의인 척 미팅을 주선해놓고 친구에게 창피를 안기는 것이다. 그때 임재택은 '이 자식 진짜 초잡네' 하는 생각이 들었다. 그리곤 '네가 이 정도밖에 안 되는 사람이라면 너희 어머니 아버지가 아무리 내게 잘 해줘도 너하고는 친구로 지낼 수 없겠다.'고 결론내렸다. 그는 바로 그 자리에서 그 친구에게 절교 선언을 해버렸다.

"촌놈이 어렵사리 서울대에 들어가기는 했지만 고등학교 때까지 교과서 외에는 본 책이 거의 없었어요. 시골에서 문화적 혜택이라고는 모르고 자랐으니까요. 근데 남은 건 자존심 하나뿐이었던 것 같아요. 여대생들 앞에 창피를 당하니 정말 쪽팔리더군요. 그 뒤로 그 친구는 다신 안 만나게 됐어요." 임재택은 멋쩍게 웃으며 말했다.

제3장
군 복무 & 결혼

(1973~1978)

임재택 평전

아이행복 세상을 위한 혁명

ROTC 임관과 군 생활

(1973~1975)

임재택은 우여곡절 끝에 1973년 2월 서울사대 교육학과를 졸업하고 서울대 대학원 교육학과에 등록하고, 곧바로 입대해 1975년 6월까지 육군 장교로 28개월간 복무했다.

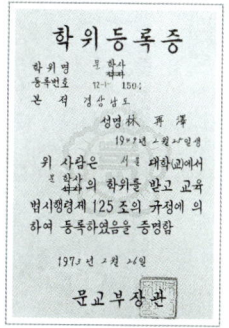

육군 장교 임재택은 동해안경비사령부에 발령을 받았다. 그곳은 1968년 10월 말 ~ 11월 초 3차례에 걸쳐 무장공비 120명이 침투했던 이른바 '울진·삼척무장공비침투사건'이 일어난 곳이었다. 무장공비가 침

• 강원도 동해안경비사령부의 해안포대 소대장 시절 임재택 소위

투한 지역인 고포 마을은 실개천을 경계로 강원도 삼척군 고포와 경북 울진군 고포로 나뉘어 있다. 무장공비 침투라는 엄청난 사건이 일어난 곳인 만큼 철저한 경계태세를 갖춰야 했다. 이를 점검하기 위한 장군들의 헬리콥터 행차도 많아 이곳에서 복무하는 병사와 장교들은 피곤할 수밖에 없었다.

임재택이 해안소대장 시절 어느 날 별(장군)이 한꺼번에 6개나 떴다. 연대장 중대장이 군대 부품을 빼돌린다는 소문이 나자 감찰을 나온 것이다. 근데 그날 한 시간 전 점검 때 이상이 없던 서치라이트가 막상 장군들 앞에서 시연하려는데 발동기 (발전기) 시동이 걸리지 않았다. 별 셋 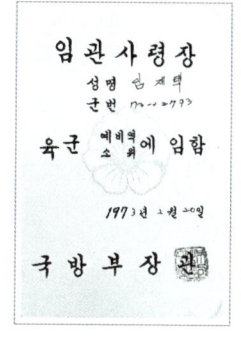 중장이 보고하는 그의 배를 지휘봉으로 찔렀다. 순간 식은땀이 났다. 서치라이트는 고출력의 전기가 필요하기 때문에 자체 발전기를 가동해야 하는데 하필이면 그때 발전기 시동이 걸리지 않은 것이다. 당시 서치라이트 발전기는 수동이었다. 담당 병사가 수차례 엔진을 돌린 끝에 마침내 시동이 걸렸다. 그런데 중장은 이미 보고장 자리를 떠나 저만치 걸어가고 있었다. 아쉬운 마음에 임재택은 저도 모르게 달려가 중장의 등을 치며 "장군님, 서치라이트가 가동되었습니다."라고 고함쳤다. 옆에 있던 장군의 부관은 "뭐, 이런 놈이 있어, 감히 장군님 등을 쳐?" 하는 표정으로 그를 노려보았다. 장군은 어이가 없다는 표정으로 임재택을 쳐다보더니 씩 웃었다. 그리곤 보고장으로 다시 돌아와 서치라이트 시연을 지켜보았다.

동해안경비사령부 근무는 그에게 '서치라이트 사건' 외에도 병사와 마을 주민과의 마찰과 화해, 가자미 낚시와 고포 돌미역 채취 등 많은 추억을 남겼다. 그렇게 1년이 흘렀다.

그다음 해 임재택은 논산훈련소로 발령받아 그곳에서 교관으로 1년간 근무했다. 논산훈련소는 제대를 앞둔 ROTC 출신 장교들이 거의 다 모인다. 그러다 보니 다양한 대학의 ROTC 장교 수백 명이 함께 근무하게 됐다. 1년 하숙하며 친구들을 만나 교류하면서 비교적 편안한 군대생활을 했다. 말도 많고 한도 많았던 'ROTC 후보생 꽁총 재택'은 그 뒤 논산훈련소 교관을 거쳐 군 생활을 무탈하게 마치고 1975년 6월 30일 제대했다.

첫 발령
– 중학교 도덕 교사
(1975~1976)

임재택은 군 제대 후 1975년 9월 서울의 신설 중량중학교의 도덕 교사로 발령을 받았다. 교사 발령 과정에서 대학 때 시위 경력 문제로 상당한 난관에 봉착했다. 다행히 당시 서울시교육청 서무과에 근무하던 셋째 삼촌이 백방으로 노력하고, 지도교수였던 서울대 김종서 교수가 적극적으로 '신원보증'을 해줘 신원조회를 넘길 수 있었다.

신설 중량중학교는 한 학년이 18개 반이었고 교사들은 젊은 처녀, 총각이 대부분이었다. 전체 교사는 100여 명이었다. 그는 교사로 근무하면서 군 입대로 휴학한 서울대 교육대학원을 9월에 복학했다.

당시 제도상, 사범대학을 졸업하면 중등학교 교사 2급 자격증을 갖는데, 교육학과는 중학교의 경우 도덕 교사, 고등학교로 가면 윤리 교사로 의무 발령을 받았다. 사범대 학생은 교사를 천직으로 생각하는 사람이 많지만, 일부는 대학원을 진학해 대학교수의 길을 모색했다. 그중에서 서울대 사대 교육학과 학생의 경우 절반 이상은 대학교수를 목표로 했다. 임재택도 그런 학생 중 하나였다. 그는 대학을 졸업하자마자 대학원 입학시험을 치르고 등록했고, 군 복무를 마치고 복학했다.

그런데 임재택이 제대했던 1975년 6월 무렵에는 우리나라가 수출 입국 시대를 맞아 현대, 삼성, 대우 같은 수출기업들이 인기였다. 특히 ROTC 장교 출신들은 더욱 인기가 많았다. 통역장교 출신들은 90% 가까이 대기업으로 갔다. 특히 국제상사, 현대상사, 삼성물산 등이 최고의 인기 직장이었다. 월급은 당시 교사의 5~10배에 달했다. 그도 집안을 생각해 월급이 많은 대기업 입사를 고민하지 않을 수 없었다. 지도교수한테 의견을 물었다. 지도교수는 단호하게 가지 말라고 했다. "그곳은 너 같은 사람이 갈 곳이 못 된다. 데모하던 사람은 적성에 맞지 않아 못 버틴다. 너는 공부해서 대학교수 하는 게 맞다." 임재택은 지도교수 말을 듣고 흔들리지 말아야겠다 싶어 대학 졸업과 동시에 교육대학원에 등록한 것이다. 가족의 바람을 외면하고 진주교대에 가지 않고 서울대를 진학했던 데 이어 이번에도 가족의 바람을 저버리고 공부의 길을 선택했다. 이 같은 선택에는 그가 대학 시절의 다짐 때문이기도 했다. 삿된 길에 빠지지 않고 정의로운 일을 하겠다는 다짐이었다. 이윤을 추구하는 기업에서 일하다 보면 정의롭지 못한 일에 휩쓸릴지도 모른다. 그는 학문의 길을 가야 그동안 부르짖던 정의로운 삶을 실현할 수 있겠다 싶었다.

임재택은 서울대학교 사범대 교육학과를 선택하면서 이미 학문을 계속해 교수가 되겠다는 생각을 굳혔다. 당시 서울대 사대 교육학과 학생들은 십중팔구 대학원에 진학했다. 교육학과는 수업료가 면제되는 데다 과외 수요가 많아 시골 학생들에게 인기가 높았다. 임재택의 어머니 말에 의하면, 그는 중학교에 다닐 때부터 '진주 경상대 교수를 하겠다'는 말을 입에 달고 다녔다. 진주고등학교에서는 당시 월례고사나 모의고사 성적 상위 50위까지 이름을 게시판에 붙여놓았는데, 그의 이름은 게시판에 단골로 올랐다. 게시자들은 서울대 합격은 당연한 것으로 인식됐다. 그는 교사 발령을 받으면서 교육적인 경험상 필요할 것 같아 교직에 임했으나, 교사 생활을 오래 할 것이라고는 생각지 않았다. 다만 교사로서 남한테 욕을 먹지는 않아야겠다고 다짐했다.

임재택은 첫 발령지인 중랑중학교의 교장의 행태에 충격을 받았다. 교장은 학부모한테 돈을 받아 챙기는 것은 물론 학생을 괴롭히고 윽박지르며 심지어 뺨을 때리기도 했다. 군사정권의 행태를 학교에서 자행했다. 교사들을 대하는 태도도 다르지 않았다. 보다 못한 그는 교장을 들이받기도 했다. 교장과 자주 싸우는 그에게 학생들은 '도둑교사'라는 별명을 붙여주었다. '도덕' 과목 교사가 도둑처럼 싸움을 잘한다는 뜻에서다. 불의에 눈치 안 보고 나서는 자신의 성정을 반영한 별명이어서 그는 기분이 나쁘지 않았다. 원래 그는 윤리, 도덕, 권위를 따지는 걸 좋아하지 않았다.

• 서울에서 올린 신식 결혼식

• 결혼식을 마친 임재택 김옥자 부부

• 결혼식 사회를 보는 서울대 사범대학 교육학과 동기 허숙 전 경인대 총장

• 결혼식 단체 사진

결혼
(1977)

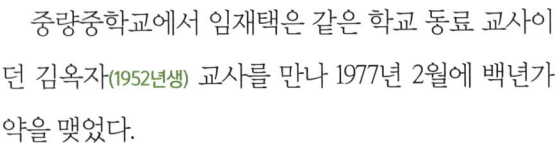

중량중학교에서 임재택은 같은 학교 동료 교사이던 김옥자(1952년생) 교사를 만나 1977년 2월에 백년가약을 맺었다.

임재택은 중량중학교 도덕 교사로 첫 발령을 받아 윤리부에 배속됐다. 윤리부 주임교사는 알고 보니 그의 석사과정 지도교수 이돈희(1937~) 교수와 동기인 이정희 교사였다. 교무실 윤리부 자리는 이정희 주임교사가 윤리부장 자리에 앉고 그 앞에 양쪽으로 4명씩, 모두 8명의 자리가 나란히 배치된 구도였다. 교사는 대부분 처녀, 총각이었다. 윤리부장 왼쪽 줄은 임재택 - 정진곤(재택의 대학 동기) - 김옥자 - ○○○ 순으

로 앉았다. 윤리부장은 가끔 윤리부 교사들한테 이렇게 말했다. "다들 먼 데 볼 거 뭐가 있나, 바로 옆에 좋은 사람 많으니 찾아보라."

 김옥자 교사는 학교 일에 엄청 성실하고 적극적이었으며, 얼굴도 예뻤다. 임재택은 교장이나 학교의 일에 비판적인 데 반해, 김옥자 교사는 교직을 천직으로 여기고 학교 일을 즐겁게 열심히 했다.

 어느 날 때마침 정진곤 교사가 임재택과 김옥자 교사에게 테니스를 치자며 테니스장으로 불렀다. 1976년 당시 테니스가 교사들 사이에서 유행이었다. 세 사람이 한동안 주거니 받거니 테니스를 쳤는데, 어느 순간 정진곤 교사가 보이지 않았다. 정 교사가 임-김 둘만의 시간을 만들어준 것이다. 이를 계기로 두 사람은 자주 테니스를 치며 연애를 시작했다. 임재택이 김옥자 교사한테 라켓을 선물하기도 했다. 당시 둘은 결혼 적령기였다. 교사라는 공감대와 상호보완적인 성격임을 확인한 두 사람은 어느새 결혼을 약속하는 사이가 됐다.

 "그때는 남자는 보통 26, 27세, 여자는 22, 23세가 결혼 적령기였죠. 저와 집사람은 윤리부에 같이 속해 있었고, 서울대 교육학과 선배이기도 한 윤리부 주임교사가 중매쟁이 노릇을 해주었어요. 아내는 아이들과 하는 작품전을 멋지게 만들어 내 교내에서 인기가 높았어요. 저는 그때 몸도 빼빼 마르고 별로 볼품도 없었는데 이쁜 짝을 만나 참 좋았죠." 임재택은 당시 김옥자 교사와 '썸' 탈 때의 심정을 이렇게 회상했다.

김옥자 교사는 김해가 고향으로 중농 집안의 2남 3녀 중 막내였다. 중앙대학교 화학과를 졸업하고 교직 과정을 이수하여, 중등 과학(화학)교사 자격증을 취득하여 사립중학교에 근무하다가, 채용시험을 거쳐 당시 신설 공립학교인 중량중학교 교사로 근무 중이었다. 그녀는 시골에서는 수재로 알려졌고, 집안의 자부심이었다. 그녀의 언니는 대학은 꿈도 꾸지 않고 마산의 한일합섬에 취직해 동생 뒷바라지를 해주었다.

결혼 당시 김옥자 교사는 자신의 눈에 비친 임재택의 모습을 이렇게 말했다. "결혼 전 같은 중학교에 있을 때, 임재택 교사는 체격은 호리호리해도 당시 교장의 부당한 행정에 대해 다른 교사들이 침묵하고 있을 때 일어나 할 말을 하는 사람이었어요. 그게 매력으로 와 닿았는데 그 뒤에 살아오면서 보니까 고집 하나는 누구도 꺾을 수 없었어요. 그게 힘들기도 했죠. 그래도 나이가 들면서 많이 부드러워지는 것 같아요."

임재택은 김옥자 교사 부모와 가족에게 처음 인사하는 자리에서 좋은 점수를 받지 못했다. 서울대 출신이라는 점에서는 인정을 받았으나, 빼빼 마른 데다 얼굴도 미남형이 아니라서인지 식구들은 그를 훌륭한 신랑감으로 여기지 않는 분위기였다. 10살 위인 손위 처남은 쳐다보지도 않았고, 처제와 처형도 그를 무시하는 태도였다. 그는 기분이 좋을 리 없었으나 '집안에서 유일하게 서울에서 대학을 다닌 딸, 여동생을 그만큼 귀하게 여기며 기대가 그만큼 컸나 보다.' 하고 눅여 생각했다.

• 청첩장

그러다 하루가 지나자, 김옥자 교사 가족들의 생각에 변화가 일었다. 가만히 보니까 임재택이 미남은 아니었지만 나쁜 사람은 아닌 것 같았다. 게다가 서울대 출신으로 교사를 하면

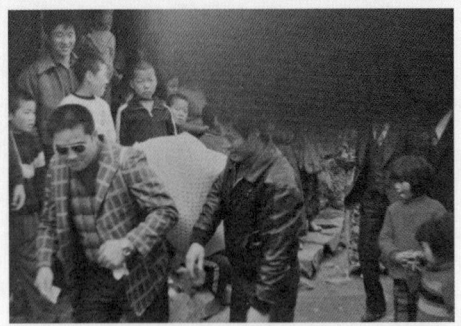
- 처가에서 혼수품을 지고 온 함잡이를 맞이하는 만택 형님 (검정 가죽 잠바 차림) 모습

- 한디미 골짜기에 시집 온 신부와 신부 들러리

- 김해 처가에서 2박 3일 전통 혼례식을 마치고 산청군 생비량면 한디미 마을로 시집가는 막내딸을 보내는 장모님과 함께

- 전통 결혼식. 부산 해운대에서 초야를 치른 후 김해 처가에서 올린 전통 결혼식 장면

서 대학원에도 다닌다고 하니 미래 비전도 있을 것 같았다. 그리하여 결혼 승낙이 떨어졌다.

당시만 해도 시골에서는 마당에서 전통 혼례를 치르고 잔치를 하는 게 관례였다. 임재택-김옥자 신랑 신부는 1977년 2월 26일 서울 종로 5가에 있는 이화예식장에서 대학 3학년 데모 시절 학과장 겸 지도교수였던 김종서 교수를 주례로 모시고 신식 결혼식을 올렸다. 신랑 신부는 부산 해운대에서 초야를 치른 뒤 다음날 김해시 어방동 신부집에서 전통 혼례식을 거행하고 잔치를 열었다. 이틀 후 두 사람은 산청군 생비량면 도리 현동 골짜기 한디미 마을의 시가(媤家)에서 또다시 전통 혼례식을 올리고 동네잔치를 베풀었다.

이들 신혼부부는 서울 동대문구 이문동의 연립주택에 신혼집을 차렸다. 그곳은 태릉 경찰서 앞이었는데, 하필이면 연탄재가 날아와 빨래도 못 널 지경이었다. 거기서 2년 살다 신부 언니가 살던 봉화산 바로 아래 국민주택으로 이사를 했다. 언니는 이 국민주택을 분양받아 살다 부산 구서동 구서주공아파트로 이사 가면서 동생네에게 판 것이다.

임재택은 선정회 친구 중 제일 먼저 결혼했다. 당시 선정회 회원들은 술을 마시다 신혼집에 몰려와 2차 술판을 벌이기 일쑤였다. 그리고 친구 중에 데모 주동자 유상덕(1949~2019)이 있었는데, 감옥을 갔다온 그는 한때 간첩으로 몰려 피신을 다니다 신혼집에 자주 왔다. 당시 직장 다니는 딸을 대신해 장모가 아기를 봐주고 있었는데, "임 서방, 해도 해도 너무한다."며 울기도 했다. 그는 부인과 장모한테 되게 미안했지만, 아버지한테 물려받은 기질과 당시 시골의 가부장적인 풍습이 몸에 밴지라 '이해해주겠지' 하는 마음이었다.

임재택은 1977년 3월 청량중학교로 전근했다. 부부 교사는 같은 학교에 근무할 수 없다는 규정 때문이었다. 그해 8월 24일 첫아들 성준이 탄생했다. 그의 형님이 딸을 연달아 넷을 낳아 손자가 없는 상황에서 첫 손자를 본 할아버지와 할머니의 기쁨은 대단했다. 큰집의 장손 손자는 그 몇 년 후에 태어났다. 임-김 부부는 거의 2년 후인 1979년 9월 8일 둘째 딸 지연을 얻었다.

임재택은 청량중학교에서 1978년 3월까지 1년을 근무한 뒤 교사를 그만두고 한국행동과학연구소로 이직했다. 그는 1979년 11월 1일 부산대학교 교수로 임용되면서 김옥자 선생과 떨어져 1년 반가량을 부산대 앞에서 하숙했다. 당시 중등교사들이 지역을 옮기려면 상호 오가는 인원이 맞아야 했다. 서울에서 부산으로 가려면 부산에서 서울로 오려는 교사가 있어야 서로 성사되는 식이었다. 이들 부부는 1년 반가량 떨어져 있다가 김옥자 교사가 1981년 3월 부산 사직여중 과학교사로 전근 발령을 받자 마침내 부산 금정구 구서동 주공아파트에 보금자리를 합칠 수 있었다.

다른 듯 같은 두 사람

김옥자는 약 40년간 중·고등학교 과학 교사로 근무하다 임재택이 부산대학교를 정년퇴임 한 다음 해인 지난 2015년 2월 정년퇴임 했다. 1990년대 중반부터 부산과학교사모임, 환경을 생각하는 부산교사모임, 어메니티과학교육연구회 등을 만들어 회장을 역임했고, 도쿄청소년과학제전이나 APEC청소년과학제전 등 해외 과학 축전에 과학 동아리를 많이 참가시켰다. 2012년에는 대구대학교 대학원에서 과학교육 전공으로 교육학 박사학위를 받았다. 퇴직 후에도 김옥자는 어메니티과학교육센터를 만들어 생태과학실험 개발과 보급에 힘써왔으며, 10

• 1981년 부산 금정구 새마을유아원 가을 운동회에 참가해 아들 성준과 함께 즐거운 시간을 보내고 있는 임재택 김옥자 부부

여 전부터 해오던 동티모르 교육봉사 활동도 2017년부터는 연구회 자체 경비와 제자들의 후원만으로 동티모르 해라초등학교에서 매년 '어메니티 어린이과학캠프(Ko-TiAC)'를 열고 있다. 또 2017년부터 2024년까지 지역 환경단체인 '습지와 새들의 친구' 이사장을 맡는 등 대외 활동을 꾸준히 해왔다.

김옥자는 자녀 교육에 대해서는 이렇게 이야기한다. "오래전에 임 교수가 술이 한잔 돼 들어와서는 아이들을 불러 모아놓고 이렇게 말한 적이 있어요. '할아버지 할머니는 가족을 위해 살고, 아버지 어머니는 우리 사회와 나라를 위해 살고, 너

- 부산에 내려오기 직전 1980년 서울 중랑구 목동 신혼집을 찾은 임재택 교수의 모친 하순연 여사가 손주들이 노는 모습을 지켜보고 있다.

- 장모님과 네 가족

- 아내와 두 자녀를 데리고 군 복무한 울진·삼척 고포마을을 찾은 임재택

희들은 인류와 세계를 위해 살아가는 큰 사람이 되어야 한다'고 말이에요."

임재택은 우리나라의 유아교육을 바꿔 생태유아교육이라는 새로운 학문 분야를 개척했다. 그러면 그의 가정교육은 어땠을까? 임재택은 "교육학, 유아교육을 전공한다면서도 정작 내 자식을 키우는 일은 제대로 못한 것 같아요. 기존의 시골생활에서 해오던 전통적인 육아 개념 범주에서 크게 벗어나

• 가족사진. 2025년 6월 15일 아내 김옥자 여사 생일 기념

지 못했던 것 같아요."라고 아쉬움을 토로하며 다음과 같이 덧붙였다.

"그나마 아내가 아들, 딸의 초등학교 공부에 철저하고 흥미진진하게 안내해 아이들도 자부심은 가졌던 것 같아요. 그런데 생태교육 운동한다고 하면서도 지금 생각해보면 정작 우리 아이에게 형편없는 부모였죠. 그게 부부싸움의 요인도 됐구요. 저는 말 그대로 '바깥양반'이었죠. 아내는 전교조 활동도 하고, 학생들의 과외활동 지도, 틈나면 꽃꽂이, 다도 등 취미 활동으로 젊었을 때는 저보다 더 바빠 서로 많이 부딪쳤어요. 서로 다 강했기 때문이죠. 그래도 이나마 살아올 수 있었던 것은 서로의 일을 인정하고, 관여하지 않은 덕분이 아닌가 싶어요. 물론 외할머니나 친할머니가 아이들을 많이 돌봐주신 힘도 크고요."

임재택-김옥자의 아들과 딸의 전공은 부모의 것을 교차로 물려받았다. 아들 임성준은 엄마 전공인 화학을, 딸 임지연은 아빠 전공을 따라 유아교육을 하게 되었다고 한다. 이 가정은 며느리도 화학 전공으로 고부간의 '케미'가 정말 좋다. 딸 임지연은 부산대에서 학부(유아교육과)와 석사과정을 졸업한 뒤 일본 오차노미즈대학에서 유아교육으로 교육학 박

• 미국에서 손녀와 함께

• 2024년 말 미국에 연수 중인 아들네를 방문해 손녀와 함께

사학위를 받았다. 2018년부터 아버지의 학문을 계승 발전시키기 위해 ㈔한국생태유아교육연구소에서 연구팀장을 맡아 일했고, 2022년부터 연구소 소장을 맡고 있다.

임지연 박사는 대학시절 아버지이자 교수인 임재택에 대해 이렇게 회상했다. "부산대 학부와 대학원 석사과정을 다니는 동안 아버지한테 불만이 많았어요. 아버지는 학교에서는 저를 딸이라고 조금도 달리 신경을 써주시는 법이 없었어요. 오히려 다른 친구들보다 저를 더 혼내곤 했어요. 그래서 저는 친구들한테 '우리 아버지는 팔이 바깥으로 굽는 사람'이라며 흉을 보기도 했어요. 하지만 제가 철이 들고 사회생활을 하면서 아버지를 이해하게 되었고, 공과 사를 분명히 하는 아버지를 존경하게 되었어요. 앞으로 아버지가 평생을 바쳐 정립한 K-생태유아교육을 더욱 체계화하고 국내를 넘어 세계에 널리 보급하는 데 매진하려고 합니다."

제4장
한국행동과학연구소
(1978)

임재택 평전

아이행복 세상을 위한 혁명

임재택은 결혼한 다음 해인 1978년 3월 중학교 교사직을 사직하고 한국행동과학연구소[1] 연구원으로 이직했다. 당시 이 연구소 소장이던 이성진(1934~2024) 서울대 교육학과 교수가 임재택에게 연구원을 권유했다. 당시 교사 생활을 하면서 서울대 대학원 석사과정을 다니고 있던 임재택은 교수의 길을 가는 데 도움이 될 것으로 판단하고 제안을 받아들였다. 그가 맡은 첫 업무는 국제연합아동기금(UNICEF) 지원 연구로서 한국 최초의 보육시설 보육 프로그램 개발이었다.

한국행동과학연구소는 1968년 9월 미국 정부의

국제개발국(Agency for International Development)과 한국의 교육부가 공동으로 능력개발계획(Talent Identification Project)을 수행하기 위해 설립되었다. 이 연구소 초대 소장은 서울대 교육학과 정범모(1925~2022) 교수가 맡았으며, 행동과학적 접근을 통한 한국 교육학의 과학적 기반 마련, 사회 발전을 위한 교육 연구, 보육프로그램 개발, 정부의 능력개발계획에 따른 인재 개발 등의 취지와 목적으로 운영되었다. 임재택이 들어간 1978년 당시 이 연구소는 미국식 교육프로젝트를 우리나라에 적용하기 위한 프로그램을 연구·개발하는 데 주력했다.

우리나라는 해방 후 미군정 기간에 일본의 교육법을 그대로 둔 채 미국의 교육 내용을 이식했다. 이른바 미국의 한국 교육 원조의 대표 사례인 피바디 프로젝트(Peabody Project)에 의해 시행됐다. 이 프로젝트의 실무팀이 피바디 사절단인데 그 핵심 인물이 정범모였다. 당시 미국 교육계의 주류인 행동주의와 기능주의 교육 이론을 연구한 정범모는 '교육은 인간 행동의 계획적 변화'라고 정의했다. 그의 교육 개념에는 '인간 행동', '변화', '계획'이라는 세 가지 핵심 개념이 포함되었다. 당시 미국에서 유행했던 행동주의와 행동과학의 영향이 짙게 드러나는 대목이다. 행동주의와 행동과학의 교육적 개념을 요약하면, 인간의 행동은 교육에 의해 조절과 조정이 가능하다는 것이다. 정범모가 설립한 한국행동과학연구소는 이 같은 교육관에 충실한 교육프로그램의 연구·개발을 주목적으로 운영되었다.

임재택도 대학시절 당연히 이런 교육철학 아래 수업을 받았다. 정원식(1928~2020) 교수가 교육심리학을 담당했는데, 힐가드와 아트킨슨(Ernest R. Hilgard and Rita L. Atkinson)이 쓴 『Introduction to Psychology(심리학 입문)』를 원서로 강의했다. 당시 대학생이 이 책을 옆구리에 끼고 버스에 타면 승객들로부터 선망의 시선을 받았다. 학생들도 교육학에 대한 엄청난 자부심을 가졌다. 국가 발전은 인간 교육에 달렸다는 인식 아래 교육은 국가의 가장 핵심적인 국정 과제로 중시되었다. 교육의 이념은 완전히 행동과학 중심이었다. 교육 방법은 당시 유행했던 완전학습이론에 따라 학습 위주, 성적 위주였다. 완전학습이론은 벤자민 블룸(Benjamin Bloom)이 1968년에 제안한 교육 이론으로, 학급의 95%의 학생들이 주어진 학습 과제의 90% 이상을 완전히 학습하는 것을 목표로 하며, 적절한 학습 조건과 시간이 주어진다면 대부분 학생이 목표를 성취한다고 본다.

임재택이 정태위(후에 진주교대 교수) 선임연구원과 함께 개발한 국제연합아동기금 지원 연구과제 「보육시설의 보육프로그램」은 행동주의 이론에 기초한, 발달 수준에 맞는 유아보육 프로그램이다. 당시는 보육시설은 사립유치원과 탁아소뿐이던 시절이었다. 그 연구 프로젝트는 1970년대 경제개발계획에 따라 농촌 인구가 도시와 공단지역의 노동자로 대거 유입된 맞벌이 가정의 보육 수요 증가에 대비한 최초의 보육프로그램 개발·적용 연구였다. 이러한 연구 결과를 토대로 어린이집 프로그램이 만들어져 현장에 적용되었다.

당시 영유아 발달을 설명하는 피아제(Jean Piaget)의 인지발달이론(Cognitive Development Theory)[2]이 세계적 주류를 형성하고 있었다. 한국행동과학연구소의 아동발달검사 프로젝트는 아이의 종단적 연구였다. 성장 발달의 종단적 연구는 아이의 성장 과정을 20년 넘게 추적해 연구하는 것이다. 이 연구의 핵심 과제는 피아제 이론에 입각한다. 그러니까 1969년 제정된 대한민국 최초의 유치원 교육과정은 생활 중심의 교육이었는데, 1979년 1차 개정을 거치면서 피아제 인지발달이론 중심의 교육과정으로 바뀌었다. 피아제의 인지발달이론은 아동의 인지 발달 과정을 4단계로 나누어 설명하는 이론으로, 각 단계를 아이가 세상을 이해하고 인지 구조를 발전시키는 방식에 따라 구분한다.

임재택은 한국행동과학연구소에 재임 중이던 1978년 8월 서울대 교육대학원 교육학과 석사과정을 졸업, 교육학 석사 학위를 취득했다. 1978년 당시 교육대학원 교육학과는 일반대학원 교육학과와 통합운영됐다. 그의 석사 논문은 이돈희(1937~) 교수의 교육철학 분야 중에서 지식철학 영역으로 「지식교육과 위교(僞敎)」이다. '위교'(indoctrination)는 '가짜 교육' 또는 '왜곡된 교육'으로, 합리적이고 비판적인 사고 없이 특정 신념, 가치, 이념을 주입하는 행위를 의미한다. 즉, 학생이 스스로 판단하거나 의문을 제기할 기회를 주지않고 교육자가 일방적으로 특정 내용이나 생각을 강요하고 주입하는 왜곡된 교육을 말한다. 이돈희 교수는 1975년 9월 미국에서 박사학위를 받고 왔다. 이 교수는 교육철학 분야 중에서 지식철학 분야를 전공했는데, 당시 대학의 분위기는 '미국 칭송, 한국 폄하'가 일반적이었다.

임재택은 석사학위를 받은 뒤 박사학위 과정을 공부하기 위해 미국 유학을 준비했다. 그런데 연구소 선배들이 5~6개월 만에 나가버리는 바람이 1년이 못 되어 연구책임자가 되었다. 유학 시험을 치르고 지원서를 보내 입학 허가를 받고 유학 비자를 받으려면 2~3년이 걸린다. 임재택은 연구소 프로젝트를 수행하면서도 유학 로드맵을 그리고 차근차근 준비해나갔다. 당시 연구소의 담당 연구원은 7, 8명이었는데, 그는 프로그램 개발 연구 외에도 실습생 대상 수업도 맡았기 때문에 무척 바빴다.

그러던 1979년 7월, 부산대학교 가정대학의 이현기 학장이 교수를 초빙하러 한국행동과학연구소에 왔다. 이 학장은 서울대학교 사범대학 교육학과를 졸업하고 석사과정을 다니면서 연구소에 재직 중인 이재신 연구원을 교수로 스카우트하러 온 것이었다. 이재신은 임재택의 교육학과 후배였다. 이재신 연구원은 이 학장에게 "저는 아직 석사과정도 마치지 않아 자격이 안 됩니다. 마침 석사과정을 졸업하고 연구소 프로젝트 책임자로 아주 실력 있는 사람이 있습니다."라며 임재택을 추천했다.

제5장
부산대학교 전임강사
(1979)

임재택 평전

아이행복 세상을 위한 혁명

부산대학교 가정대학의 이현기 학장은 1979년 7월 한국행동과학연구소 이재신 연구원을 스카웃하러 갔다가 그의 추천에 따라 임재택을 만났다. 임재택은 이현기 학장에게 "저는 연구소의 중요한 국가적인 프로젝트 책임을 지고 있는 데다, 아직 교수할 실력이 안 됩니다."라며 정중히 거절했다. 이어 "지금 유학을 준비 중인데, 유학을 마치고 실력을 더 쌓아 대학에 가겠습니다."라고 덧붙였다.

　면전에서 거절을 당한 이현기 학장은 기가 막혔다. 국립대 교수로 오라는데 '실력이 안 돼 못 가겠다'며 거절하다니! 며칠 뒤 이현기 학장은 임재택에게 전화를 했다. "어차피 유학하고 나면 대학에 올 것 아니오? 근데 유학은 교수하면서 가도 돼요. 지금 자리가 났을 때 오시오."

1979년 봄 부산대학교 가정대 가정관리학과 안신호 교수가 신설 심리학과로 전출되면서 아동심리 분야에 교수 자리가 났다. 이현기 가정대학장은 그 자리를 임재택한테 제안했던 것이다. 임재택은 현재 맡은 프로젝트를 완수해야 한다는 부담감이 컸다. 이 프로젝트를 마치면 유학 갈 것이라고 벼르던 참이었다. 석사과정을 마친 지도 얼마 안 됐고, 미국에 유학 가 박사학위를 따고 실력을 쌓아 대학에 교수로 가겠다는 로드맵을 갖고 있었다. 하지만 이 학장의 거듭된 구애와 설득에다 '교수하면서 유학 갈 수도 있다'는 말에 마음이 흔들렸다. 이 학장이 수차례 설득을 지속하는 바람에 연구소 안에서도 소문이 나버렸다. 마침내 그는 이현기 학장의 권유를 수락했다.

"교수 초빙 제안을 '유학 마치고 실력을 더 쌓아 대학에 가겠다'며 거절하자 이현기 학장은 '저 놈은 뭔가 있는 놈이다.'라는 생각이 들어 '저 녀석을 꼭 부산대에 데려 와야겠다'고 마음먹었다고 해요. 이 학장의 거듭된 초빙 제안에다 '교수하다가 유학을 가도 된다'는 말에 솔깃해져 대학에 가기로 결심했어요." 임재택의 회고이다.

이 과정에서 그는 가족들의 애를 태웠다. '교수 자리를 그냥 준다는데 무슨 유학 타령이냐?'는 핀잔과 원망도 들었다. 한편으로는 연구소 이성진 소장으로부터도 욕을 먹기도 했다. 이 소장은 "후배들이 5, 6개월 만에 다 나가버리더니 연구 책임자인 너마저 1년도 안 돼 나가겠다니, 내가 너를 어떻게 데려왔는데, 나쁜 놈 같으니라고."라며 성토했다.

한국행동과학연구소 이성진 소장은 임재택한테, "굳이 연구소를 나가겠다면 부산대 교수보다는 서울에 있는 좋은 회사의 이사로 추천해줄 테니 거기로 가라."고 제안하기도 했다. 이 소장이 말하는 좋은 회사란 당시 장난감 제조와 학습지 발행을 하는 국내 굴지의 재벌급 중견기업이었다. 이 회사는 당시 한국행동과학연구소의 연구를 바탕으로 아동용 장난감과 학습지를 만들어 시판했는데, 학부모와 어린이들에게 엄청난 인기를 끌어 장난감·학습지 시장의 성장을 주도했다. 하지만 그는 이 제안을 뿌리치고 부산대 교수로 가기로 결정했다. 거기에는 대학 4학년 때 가졌던 '정의롭게 살자'는 신념을 상기했기 때문이다. 기업에 가면 이윤 추구라는 생리상 정의로운 삶과 멀어지기 쉬울 것 같았다. 마침내 그는 이현기 학장에게 승낙을 통보했다. 이현기 학장은 1979년 9월 학기 발령을 약속하고 3월 학기 강의를 맡겼다.

그런데 9월 학기가 시작된 지 두 달이 지났는데도 정식 발령이 나지 않았다. 임재택은 조바심이 났다. 당시 1979년 10월 26일 박정희 대통령 시해 사건이 있었다. 그 발단은 그달 16~20일 부산과 마산 일대에서 벌어진 부마민주항쟁이었다. 부마민주항쟁 직후 중앙정보부장 김재규는 부산대학교를 방문했다. 국립부산대 당국자들이 교수 임용에 몸을 사릴 수밖에 없는 상황이었다. 임재택 전임강사 채용 건도 대학보안심사위원회에서 통과되지 않고 심사 보류로 묶여 있었다. 당시 대학보안심사위원회 위원장은 교육부 관료인 부산대 사무국장이 맡았는데, 여기서 교수 채용 때 사실상 사상 검증을 했다. 임재택은 대학 시위 전력, 그것도 박정희 대통령 전용차 투석 사건의 주동자로 지목돼 있는 데다, 시국이 워낙 엄중했다. 중학교 교사 발령받을 때도 문제가 되었는데 이번에도 시위 전력이 발목을 잡았다.

이때 마침 서울교육청에 근무하던 셋째 삼촌이 나섰다. 삼촌은 부산대 사무국장을 찾아가 "ROTC 장교로 군 복무를 다하고 교육공무원으로도 근무한 사람한테 사상 검증이란 게 말이 되느냐?"고 따졌다. 또 진주고 4년 선배이던 서국웅 부산대 체육교육과 교수도 사무국장 집까지 찾아가 설득했다. 결정적인 것은 부산대 박기채 총장의 결심이었다. 박기채 총장은 "교수 발령은 교육부가 하지만 전임강사는 총장의 직권으로 발령할 수 있다."며 1979년 11월 1일 자로 임재택의 전임강사 발령을 냈다. 그리하여 그는 1979년 11월 부산대학교 가정대학 가정관리학과 전임강사로 발령받아 대학교수의 첫발을 내딛었다.

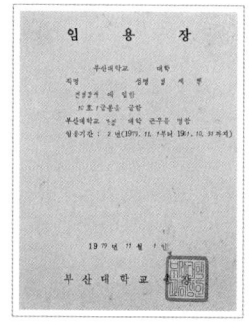

• 부산대학교 전임강사 임용장

제6장
숙명의 유아교육과

(1982)

임재택 평전

아이행복 세상을 위한 혁명

교육학을 전공한 임재택에게 유아교육의 길은 참으로 우연히 다가왔다. 1979년 11월 부산대학교 가정대학 가정관리학과 전임강사로 교수 사회에 첫발을 디딘 그는 1982년 부산대학교 사범대학 유아교육과 교수가 되리라고는 생각지 못했다. 하지만 돌이켜 보면 그의 유아교육과 길은 숙명이었다.

부산대학교 사범대학 유아교육과는 정부의 유아교육진흥 종합계획에 따라 1980년 3월 1일 국립대학 최초로 사범대학 안에 '보육학과'라는 이름으로 신설되었다. 그 이듬해 3월 1일 신입생 15명이 입학했다. 1982년 3월 1일 임재택 교수가 가정대학에서 전보 발령을 받았고, 정계숙 교수는 부임해 왔다. 1983년 3월 1일 '유아교육과'로 학과 명칭이 변경되었으며, 입학정원 52명, 졸업정원 40명으로 졸업정원제가 시행되었다. 1984년 2월 제1회 졸업생(15명)을 배출했고, 학술연구지 《유아연구》를 창간했다. 1985년 교육대학원에 유아교육 전공이 석사과정으로 개설되었고, 1999년 9월 일반대학원에 유아교육학과 박사과정이 신설되었다.

서울대학교 사범대학 교육학과를 졸업하고 교육철학으로 석사학위를 받은 임재택은 한국행동과학연구소에서 일하면서 유아교육과 인연을 맺었다. 그 연구소에서 그는 아동발달을 연구하면서 아이들 보육프로그램을 개발하는 책임연구원을 지냈다. 이어 부산대학교 가정대학에 전임강사 발령을 받아 가정관리학의 아동발달 분야를 가르치게 된 것도 한국행동과학연구소의 연구 경력이 크게 작용했다.

임재택이 부산대에 취임한 1979년에 유치원 교육과정이 제정 10년 만에 처음으로 개정됐다. 개정 핵심은 피아제 인지발달이론을 적용하는 것이었는데, 한국행동과학연구소가 그 기초를 연구했고, 그 연구에 그가 깊이 관여했다. 피아제 인지발달이론은 이때부터 한국 유아교육의 큰 흐름으로 자리 잡게 되었다.

피아제의 인지발달이론은 아이는 환경을 적극적으로 탐색하고 조작하면서 학습한다는 것을 강조하는데, 아이의 인지발달 단계를 감각운동기(0~2세), 전조작기(2~7세), 구체적 조작기(7~12세), 형식적 조작기(12세 이상)의 등 4단계를 거쳐 발달한다고 주장한다. 이 이론은 아이가 환경으로부터 정보를 단순히 흡수하는 것이 아니라, 자신만의 이해를 능동적으로 구성한다고 보는 구성주의적 접근을 취한다. 아이는 새로운 정보를 기존의 도식에 통합하는 과정의 동화(assimilation)와 새로운 정보에 맞춰 기존 도식을 수정하거나 새로운 도식을 만드는 과정인 조절(accommodation) 사이의 균형을 이루는 평형화(equilibration)를 통해 인지발달이 이루어진다고 주장한다. 이 이론은 아동 교육에 큰 영향을 미쳤으며, 학습을 바라보는 관점을 수동적인 것에서 능동적인 과정으로 변화시켰다.

하지만 이 이론에 대한 비판도 만만찮다. 이 이론은 아동의 능력을 과소평가했다는 비판을 받았다. 피아제가 감각운동기와 전조작기 아동의 인지 능력을 실제보다 낮게 평가했다는 비판이 대표적이었다. 또 인지 능력이 특정 단계에서만 발달하는 것이 아니라, 여러 단계에 걸쳐 발달한다는 점도 지적되었다. 이와 더불어 피아제 인지발달이론은 개인의 사전 지식, 경험, 그리고 사회문화적 맥락이 인지발달에 미치는 영향을 충분히 고려하지 않았다는 비판을 받았다. 또 이 이론은 발달 단계의 보편성 문제를 야기했는데, 피아제가 제시한 발달 단계가 모든 사회와 문화에 보편적으로 적용되기 어렵다는 지적이 많았기 때문이다.

임재택은 1980년에 부산대학교 가정대학에 있으면서 학생생활연구소 연구교수 보직을 받았다. 거기서 그는 심리상담부장을 하면서 피아제 유아용 지능검사를 개발해 어린이한테 적용하여, '인지적으로 얼마나 발달했는가?'를 측정하는 연구를 시작했다. 학문적 연구로 사회 발전에 기여하겠다는 생각이었다. 당시 사범대 교육학과의 전윤식 교수가 연구소 소장을 맡고 있었다. 소장은 그의 이 같은 연구 계획을 듣고 동참 의사를 밝혀, 두 교수 공동으로 피아제 인지발달이론에 기초한 '표준화 피아제식 유아교육 지능검사'를 한국프뢰벨사(대표 정인철) 지원으로 개발해 시판했다. 이 지능검사는 전국에 보급돼 국내 대표 유아용 지능검사로 인정받았다. 그리하여 한국

유아교육의 큰 흐름이 아이들의 지적 능력 계발 쪽으로 모이게 되었다. 아이의 능력을 계발해, 국가발전에 기여할 유능한 인재를 양성한다는 것이 유아교육의 큰 흐름이 되었다. 이것은 박정희 정권의 교육관과 잘 맞아떨어졌다. 자원이 없는 나라가 국가를 발전시키기 위해서는 인적 자원 개발에 치중하고 사회적 인재를 양성해야 하는 것이 국가적 과제였다.

전두환 군사독재정권은 1979년에 이어 1981년 또다시 유치원 교육과정을 개정하고 유아교육진흥 대책을 발표하면서 유아교육진흥법을 제정했다. 이 법에 따라 공공 유아보육기관인 새마을유아원과 유아교육의 건전한 성장을 위한 비영리 사단법인 새세대육영회가 설립되었다. 새마을유아원 설립은 주요 국정 과제로 선정돼 내무부의 역점 사업이 되었다. 내무부는 전국 시·군·구마다 1개소 이상 설립하는 것을 목표로 했는데, 부산의 경우 시정과가 이를 담당해 중점 추진했다. 이에 따라 교사 양성이 급선무가 됐다. 전두환 정권은 영·호남지역 국립대학인 부산대학교와 전남대학교에 유치원 교사 양성 교육을 위한 유아교육과 설립을 요청했다. 1980년 3월 부산대학교는 사범대학 보육학과를 신설했고, 1983년에 보육학과 명칭을 유아교육과로 변경했다. 부산대학교 가정대학 가정관리학과 소속이던 임재택은 1982년 3월 사범대학 보육학과로 전보 발령되었고, 이듬해 3월 학과 명칭 변경에 따라 유아교육과 교수가 되었다.

전두환 정권이 유아교육진흥을 국정 과제로 채택한 시대적 상황을 짚어보자. 당시 경제개발 드라이브에 따라 전국 각지에 공단이 생겨났다. 서울은 물론 부산 사상공단, 마산 자유수출지역, 여수공단, 울산공단 등으로 농어촌인구가 대거 유입됐다. 당시엔 한 가정에 아이 3, 4명씩은 보통이었다. 그런데 남편 혼자 일해서는 살림살이가 힘들어 아내도 일하러 나가는 맞벌이 가정이 많아졌다. 이렇게 되자 집에 남은 아이들을 맡아줄 곳이 필요해졌다. 부모가 일을 나가면서 아이를 방에 남겨두고 방문을 잠그는 경우도 허다했다. 급기야 아이들이 방 안에서 성냥을 갖고 놀다 화재로 사망하는 사고까지 일어나기에 이르렀다. 광주민주항쟁을 유혈 진압해 폭압 정권으로 각인된 전두환 정권은 국민 무마용으로 맞벌이 서민과 아이를 위한 정책을 펼침으로써 이미지 변신을 꾀하고자 했다.

유아교육을 진흥하려면 유아교육 교사가 많이 필요하다.

• 유아교육과 3회 졸업생과 함께

그래서 전두환 정권은 영호남의 대표 국립대학인 부산대학교와 전남대학교에 유아교육과를 설립했다. 당시 사립대학인 이화여자대학교 사범대 학령전학과, 중앙대학교 사범대 보육학과에서 유치원 교사를 양성했고, 국립대학교에서는 유아교육 교사 양성과가 없었다. 부산대학교는 정부의 요구에 따라 예정대로 추진하여 사범대학에 유아교육과를 신설했지만, 전남대학교는 유아교육 전공자가 없는 데다 전두환 정권에 대한 광주시민의 반감 정서까지 작용해 2년 늦게 유아교육과가 설치되었다.

부산대학교 사범대학 유아교육과(1980년 신설 당시 명칭은 보육학과) 신설에 대해 교수들의 반대도 만만찮았다. 유치원 교사(탁아소 보모라고 비하) 양성과는 전문대학이나 교육대학에 두어야지 중등교사 양성대학인 사범대학에 두는 것은 이치에 맞지 않는다는 게 대체적인 반대 이유였다. 보육학과와 교육학과 교수 간에도 의견 다툼이 많았다.

"당시 사범대학이 난리가 났어요. '탁아과(?)'가 왜 사범대학에 생겨야 하느냐, 교대로 가야 하지 않느냐 하는 이야기부터, 유치원 교사는 곧 보모인데 가정대로 가야 하는 것이 맞지 않느냐고 주장하는 교수들도 많았어요." 임재택의 회상이다.

박사학위
(1988)

　한국행동과학연구소에서 피아제 인지개발이론에 기초를 둔 유아교육 프로그램을 개발·연구한 임재택은 박사학위 논문 주제도 자연히 그 분야에서 찾게 되었고, 그 이론의 본향인 미국 유학을 꿈꾸었다. 당초 박사학위 취득을 위해 주변 친구, 선배들처럼 미국 유학을 준비하고 있었다. 1979년 부산대학교 가정대학 이현기 학장이 교수 초빙을 제안했을 때도, 그는 현재 맡은 유니세프 보육프로그램 개발 프로젝트가 너무 중요하고, 석사학위 정도로는 교수 능력이 절대 부족하기 때문에 미국 유학을 마친 다음에 대학에 가겠다고 거절했을 정도로 그에게 미국 유학은 지상의 과제였다. 그는 부산대학교 가정대학 교수로

시작했으나, 1982년 사범대학에 보육학과(1년 후 유아교육과로 명칭 변경)가 신설되면서 거기로 옮겼다. 그는 유아교육과를 안정시키고 외국 박사학위를 가진 교수들을 초빙하여 학과를 맡기고 유학 가려고 했다. 그러나 그 교수들이 1~3년 만에 번번이 서울로 가버리는 바람에 그는 유학 갈 기회를 놓치자 마음이 조급한 지경이 되었다.

그러던 차에 국립대학 간 교수 박사학위 협력 프로그램이 생겼다. 임재택은 1983년 3월 경북대학교 대학원 교육학과 교육과정 전공으로 입학하여 경북대 이경섭 교수를 지도교수로 모시고 유아교육과정을 연구했다. 박사학위 논문 주제는 「상호작용론적 유아교육 프로그램 개발」인데, 이 분야 연구는 한국행동과학연구소 연구원으로 참여한 1979년 제1차 유치원 교육과정 개정 내용과 관련이 있었다. 제1차 개정 유치원 교육과정은 피아제 인지발달이론에 바탕을 둔 것이다.

임재택은 앞서 1978년 3월부터 1979년 8월까지 한국행동과학연구소 연구원으로 근무하는 동안 유아보육 프로그램 개발 업무와 1979년 교육부의 유치원 교육과정 제1차 개정안 연구 작업에 간접 참여했다. 그는 이들 연구 작업이 피아제 인지

- 박사학위 취득 축하 기념 사진. 시골집 옆 제각에서 잔치를 한 후 가족·친지들과 촬영

발달이론에 기초한 유치원 교육과정을 지향한다는 점을 확인하고 당시 유아교육학계의 큰 흐름이 지식, 인지, 학습 지향의 세계적 동향에 부응하는 연구에 집중했다. 임재택은 이미 1978년 8월 서울대학교 대학원 교육학과에서 「지식교육과 위교(僞敎)」를 주제로 한 교육철학 분야 연구로 교육학 석사학위를 취득했고, 1979년 유아교육으로 연구 분야와 주제를 상당히 바꾸게 되었다. 한편으로는 학부에서부터 유아교육만을 공부한 것보다 학부에서 교육학을, 석사과정에서는 교육철학을, 박사과정에서는 유아교육 및 교육과정 분야를 공부한 것이 학문의 폭과 시야를 넓히는 데 도움이 되었다.

• 1988년 경북대에서 교육학 박사학위 수여식 때 부모님과 함께 찍은 기념사진

　임재택은 1981년 표준화 피아제식 유아용 지능검사 연구개발 등의 후속 작업을 지속하면서 유아교육과 교수 초임 시절인 1984년 9월 한국 최초로 대학교재 『유치원 운영관리』를 발간했다. 유치원도 운영해보지 않았고, 대학에 부속유치원도 없는 상황에서 미국에서 발행된 유치원 운영관리 관련 서적에 의존한 교재였다. 내용은 80~90% 번역서에 가까웠으나 당시에는 독자적인 저술로 평가받던 시절이었다. 이어 1991년 1월 영유아보육법 제정으로 보육시설이 생기자 임재택은 『유치원 운영관리』를 개정해 1995년 『유아교육기관 운영관리 : 유치원과 보육시설』을 펴냈다.

피아제 인지발달이론에 바탕한 박사 논문을 준비하던 임재택은 1985년 7월 박사학위 논문 자료 수집차 미국 일리노이대학교에 연구교수로 방문했다. 그는 피아제식 유아용 교육프로그램 연구기관과 교수들을 만나고 관련 자료를 수집해 피

• 박사학위 논문 표지

아제 이론에 기초한 상호작용론적 유아교육 프로그램 개발 연구를 이어가면서 학위 논문을 발표하게 되었다. 1988년 2월 드디어 임재택은 경북대학교 대학원에서 교육학 박사학위를 받았다. 박사학위 논문은 한국행동과학연구소에서 연구한 피아제 발생학적 인식론(Genetic Epistemology)과 인지발달이론(Theory of Cognitive Development)에 기초한 「상호작용론적 유아교육 프로그램 모형의 개발(Development of a model for the preschool education program based on interactionism)」이다.

피아제의 인지발달이론에 기초한 상호작용론은 아동의 인지발달은 환경과의 능동적인 상호작용을 통해 점진적으

로 이루어진다고 설명한다. 아이의 인지발달은 환경에 적응하려는 선천적 경향성을 통해 이루어진다는 게 핵심 개념이다. 즉 새로운 정보를 기존의 인지 구조에 통합하는 과정인 동화(assimilation)와 새로운 정보에 맞춰 기존의 인지 구조를 수정하는 과정인 조절(accommodation)이 균형을 이루는 평형화(equilibration)를 통해 인지발달이 이루어진다는 게 핵심이다. 따라서 임재택의 「상호작용론적 유아교육 프로그램 개발」은 아동은 환경과의 능동적인 상호작용을 통해 지식을 구성하며, 새로운 정보나 경험이 기존 인지 구조와 충돌할 때 발달이 촉진된다는 전제 아래 제시된 유아교육 프로그램 개발에 관한 연구이다.

제7장
유아교육에 대한 코페르니쿠스적 전환

(1988~)

임재택 평전

아이행복 세상을 위한 혁명

임재택은 부산대학교 사범대학 유아교육과에 대해 국가가 설립한 공립유치원 교사 양성기관으로, '유아교육과 1회 졸업생(1984년 15명)은 국가가 양성한 공립유치원 교사 1호'라는 자부심을 학생들한테 심어주었다. 또 국립대학은 사립대학보다 훨씬 우수하다는 것을 증명하기 위해 미국에서 유행하는 유아교육 연구에 앞장섰다. 그는 그 자부심과 사명감을 학생과 함께 하기 위해 1984년 『유아연구』라는 학과의 학술잡지를 만들어 학부 학생의 졸업 논문을 게재토록 했으며, 교육대학원 석사과정과 일반대학원 석·박사과정 개설을 위해 적극적으로 활동했다. 또 1984년 한국 최초의 『유치원 운영관리』란 대학교재도 출판하며 유치원 교사 양성에 열과 성을 다했다.

부산대학에 유아교육과가 신설되어 운영된 것과 때를 같이해 우리나라 유아보육사에 주목할 만한 일이 발생했다. 1981년 유아교육진흥법에 의해 전국에 설립된 새마을유아원이 운영되기 시작한 것이다. 부산시의 경우 새마을유아원 확산 사업은 핵심 부서인 시정과가 맡았는데, 이때 임재택은 국립부산대학교 교수로서 부산시의 요청에 따라 자문역을 맡았다. 특히 그가 부산대학에 오기 전 근무한 한국행동과학연구소에서 진행한 일 중 하나가 새마을유아원에서 쓸 유아교육 프로그램 개발이었다. 이 새마을유아원은 후에 공공형 어린이집의 모델이 되었다. 그런데 이화여대 중심의 유아교육 주류들은 유치원 외에 새마을유아원 따위는 거들떠보지도 않았다. 그들에게 유아교육 대상자는 중상류층 자녀들이 다니는 유치원생이지 서민층이 다니는 새마을유아원 원아는 아니었던 것이다.

그럼에도 유아교육계 주류들은 새마을유아원을 정책적, 행정적으로 지원하기 위해 설립된 새세대육영회를 장악했다. 교육부 소속의 유치원과 내무부 소속의 새마을유아원을 관리·운영하는 새세대육영회까지 장악한 이들은 정작 유치원 아이와 새마을유아원 아이를 동등하게 대우하지 않았다. 이때 임재택은 유아교육계 주류들에 의해 형성된 유아교육의 구조적인 모순을 체감하기 시작했다. 그는 이때부터 유아교육은 대한민국의 모든 아이를 대상으로 하는 것이어야 한다고 생각하게 되었다. 이는 나중에 유보통합의 신념으로 이어지게 된다.

1987년에 들어서면서 전국은 민주화 열기로 뒤덮였다. 1월 박종철 열사 고문치사사건에 이어 4월 13일 전두환의 호헌조치 발표가 민주화운동의 불을 당겼다. 당시 전두환은 대통령 직선제를 위한 개헌 운동과 관련된 논쟁을 끝내고 기존 헌법을 고수하겠다는 특별담화로 4·13 호헌조치를 발표했다. 이에 전국에서는 호헌철폐 운동이 벌어졌다. 임재택은 4·13 호헌조치 반대(호헌철폐) 서명 운동에 참여했다. 이로 인해 그는 교육부 유아교육담당관실이 지원하는 「유아교육 질적 향상 연구 프로젝트」의 수행 중단 조치라는 불이익을 받았다. 그 와중에 6월 9일 이한열 열사 최루탄 피격 사건으로 민주화 요구 시위는 더욱 가열됐다. 마침내 그해 6월 29일 민주정의당 대표 노태우는 '6·29 민주화 선언'을 통해 국민의 민주화 요구를 수용하고 국민의 기본권보장과 대통령 직선제 개헌을 약속했다.

"이것은 단군 이래 5,000년 민족 수난사 속에서 최초로 실질적인 국민의 민주 인권 회복이 시작된 대전환점이었다고 생각해요. 우리 민족이 고대 봉건신분제 국가체제 이후 일제 35년과 미군정 3년을 거쳐, 대한민국 초대 이승만 정권(친미독재정권)이 등장하면서 친일매국·부역 세력을 전혀 청산하지 못한 데다, 이념 갈등 끝에 남북분단과 6·25 전쟁의 참상을 겪은 후 박정희 독재정권과 전두환 군사정권 아래 신음하다가 비로소 6·29 민주화 선언으로 민주시민의 지위를 갖게 된 것이죠." 임재택은 6·29 선언의 의미를 이렇게 평가했다.

6·29 민주화 선언 이후 민주화 바람이 불면서, 사회 각 분야는 물론 교육계에도 민주화 바람으로 전교조 운동이 전개되었다. 임재택은 민주화운동에 참여해 6·29 선언을 맞으면서 민주와 자주적 관점에서 한국의 유아교육을 들여다보게 되었다며 이렇게 말했다. "1980년대 새마을유아원 확산에 참여하면서 정부가 유치원과 새마을유아원을 다른 시각으로 보고 차별 운영하는 데 대해 문제의식을 가졌고, 1987년 민주화 선언을 기점으로 그 본질을 파악하고 문제를 더욱 깊이 인식

하게 되었어요."

당시 유아교육의 경우, 제도는 해방 후 일본의 유보이원화 체제를 수용하고, 내용은 미국의 유아교육 내용과 방법을 채택한 형태로 이뤄졌다. 이즈음 임재택은 '제도는 일제(日製), 내용은 미제(美製), 아이는 국산(國産)'인 한국 유아교육 체제의 모순과 구조적 문제에 대한 혁신이 필요하다고 자각하게 되었다. 그는 한국 교육의 이념과 방향, 내용과 방법 등에 관한 근본적 문제를 자각하고 이에 대한 회의와 비판적 시각을 갖게 되었다. 아이들을 존엄한 인권과 인격을 가진 귀한 존재로 보는 것이 아니라, 국가발전의 도구와 인적 자본으로 보는 것에 대한 강한 회의감을 가졌다. 한국 교육의 요람을 자처하는 서울대 교육학과 교수 집단과 교육풍토, 한국행동과학연구소와 한국교육개발원 등의 교육 주도세력에 대한 저항감을 갖게 되었다. 그는 서울대 학부와 대학원 시절 가졌던 그 집단 구성원의 자부심과 자신감으로 지금까지 행세한 것에 대한 부끄러움과 자괴감을 느꼈다.

부산유아교육학회 결성
(1988)

전두환 정권은 1981년 유아교육진흥법을 제정하고 새마을유아원을 만들어 확산시키려 했다. 전국의 모든 시·도가 그랬던 것처럼 부산시도 이를 중점 사업으로 추진했다. 원래 유치원이나 탁아소는 복지과가 맡는 게 보통이지만, 새마을유아원은 국정 과제이다 보니 부산시는 이를 시정과에 맡겨 핵심 사업으로 추진했다. 부산시는 1982년 국립대학 교수인 임재택한테 이 사업의 자문을 요청했다. 한국행동과학연구소에서 유아교육 프로그램 개발 연구를 진행한 임재택의 경력을 높이 평가했던 것이다. 임재택은 자연히 부산의 핵심 유아교육 사업에 관여하게 되었고, 지역 유치원 등 유아교육 관련 분야에서 입

지가 올라가게 됐다.

당시 부산에는 경성대학교에 유아교육과가 생겼다. 유아교육과는 입시에서 15대 1, 심지어 서울의 서일전문대학의 경우 27대 1의 경쟁률을 기록할 정도로 인기가 상종가였다. 다른 대학의 유아교육과도 마찬가지였다. 산업화가 급진전하면서 유아보육과 교육의 수요가 폭발함에 따라 유아보육·교육 교사 수요가 급증했기 때문이다. 이와 더불어 장난감 같은 완구류와 아동복, 아동 신발 등 아동의류산업이 급성장했다. 그래서 당시 유치원, 어린이집은 '떼돈을 번다'는 말이 나돌았다. 특히 사립유치원 원장들은 고급 자동차를 타고 다니며 콧대가 하늘 높은 줄 몰랐다. 그만큼 유치원은 돈벌이가 잘 되는 사업이었다. 유치원 교육은 만 4~5세아 유치원 교육 중심으로 작동했는데, 이들 유치원 원장들은 미국 유치원보다 더 미국식 유아교육을 한다고 자부하며 자랑하는 분위기였다. 이들은 이화여대 출신 교수 외에는 교수 취급을 하지 않을 정도였다.

임재택은 "당시 부산 지역 유치원 원장들은 '유아교육을 전공하지 않은 남자 교수가 유아교육에 대해 뭘 알겠느냐'며 나를 대놓고 무시하더군요. 한국행동과학연구소에서 최초로 보육프로그램을 연구 개발한 경력은 그들의 안중에는 없었던 거죠."라고 회상했다. 그들의 이 같은 태도는 한동안 그에게 마음의 상처가 되었다.

• 부산유아교육학회를 소개한 부산일보 기사 (1989.08.29). 현장교육 담당자의 참여를 유도해 이론과 현장의 연결을 꾀하는 학술단체로 소개했다.

그러던 지역 유치원 원장들도 유아교육진흥법에 의해 새마을유아원 확산 사업이 부산시의 핵심 시정 과제로 부상하자, 사업의 자문을 맡은 국립부산대학 교수인 임재택을 무시할 수 없게 됐다. 새마을유아원 확산 사업의 자문 역할로 부산 지역 유아교육계에서 운신의 폭이 넓어진 그는 1988년 2월 서울과 수도권에 의지하지 않고 부산 지역에서 자체적으로 유아교육 발전을 모색하자는 취지로 부산유아교육학회를 결성했다. 임재택은 부산지역 4년제 대학과 2년제 전문대학 유아교육과 교수와 유치원·새마을유아원·어린이집 원장 등을 중심으로 학회를 결성해 의욕적으로 활동했다.

미국식
유아교육 단절
(1990)

1988년 9월 17일 서울 올림픽이 개막됐다. 88올림픽은 국민적 축제였으며, 한국이 제24회 올림픽 개최국으로서 159개 참가국 중 1위 소련, 2위 동독, 3위 미국에 이어 4위를 차지했다. 국민적 자부심도 부풀어 올랐다.

88올림픽이 열리고 얼마 되지 않아 아이들한테 아토피(atopy)[1]가 나타나기 시작했다. 아토피는 원인을 알 수 없는 병이라는 뜻이다. 한자말로 하면 괴질이다. 아토피가 발생한 아이들을 대상으로 역학적 원인을 조사한 결과 주로 실내에서만 자란, 유치원에 다니는 아이들한테서만 발병한 사실이 드러났다. 아토

피 발병은 물론 1970년대에도 있긴 했으나 아주 드물었다. 임재택은 그동안 신뢰해온 미국식(양식) 유아교육을 받은 아이들에게서 아토피가 나타났다는 사실에 충격을 받았다. 미국식 유아교육을 비판적으로 살펴보지 않을 수 없게 되었다.

임재택은 '왜 이런 현상이 발생했을까?' 하고 생각해보았다. 그러고 보니 당시 사회는 의식주와 교육 등 생활 전반이 양식으로 바뀌었다. 서구식으로 바뀐 것이다. 1960~70년대 박정희 군사정권은 '우리도 한번 잘살아보세', '초가집도 없애고 마을 길도 넓히고'를 외치며 전통문화를 말살하고 서구식 생활양식 도입을 서둘렀다. 88올림픽을 기점으로 한국에 코카콜라, 맥도날드 확산이 우리 생활 전반에 커다란 변화를 가속화 하며 문제를 야기했다.

올림픽과 더불어 식생활은 채식 위주에서 육식 중심으로 바뀌었다. 자연히 소, 돼지, 닭, 오리를 대량으로 키우는 양축장, 양돈장, 양계장이 유행했다. 당시 5층짜리 주공아파트가 나타나기 시작하면서 젊은 부부들의 인기 주거 공간으로 떠올랐고, 식탁에 앉아 밥 대신 우유와 빵, 토스트로 아침을 먹는 게 고상한 모습으로 인식되었다.

당시 육아 방식도 미국식이 최고인 것으로 인식됐다. 모유를 안 먹이고 우유를 먹여야 좋은 것이고, 고급스러운 것이라는 인식이 확산됐다. 물장난, 흙장난은 더럽고 저급한 놀이로 치부된 반면 장난감 놀이는 고급놀이로 인식되었다. 감자, 고구마를 삶아 먹는 건 미개한 식문화이며, 팬케이크나 햄버거, 아이스크림은 고급 간식으로 떠올랐다.

아이들 교육을 보면, 과학적이고 체계적으로 스케줄에 맞춰 시간 낭비 없이 진행하는 방식이 표준으로 인정받고 있었다. 그 교육의 기본 철학은 아이를 인적 자본으로, 나아가 국가발전의 도구로 보는 것이며 교육이란 인적 자본의 고도화, 양질화 과정이다. 그러니 교육을 인간 본성의 회복이나 몸과 마음과 영혼, 그리고 생명을 건강하고 행복하게 한다는 생각은 아예 없었다. 1980년대 군부 정권은 이러한 교육을 권장했고, 그런 기본 철학에 바탕한 몬테소리, 라바떼리, 레지오 에밀리아, 발도르프 같은 외국의 각종 프로그램이 수입되어 활용되었다. 한국에서는 한국행동과학연구소가 그 역할의 선두주자로 부상해 활동했다. 오랜 전통의 방식인 자연산으로 키워온 소, 돼지, 닭, 오리를 우리에 가두어 양식으로 키우기 시작한 것처럼 아이를 키우는 방식도 한국 전통의 자연산 육아와 교육을 버리고 미국(서양)의 양식 유아교육 내용과 방법과 가치를 추종했다. 심지어 체계적으로 가르치는 게 최선이라며 5살짜리 유치원 교육과정을 지적 능력 계발 중심으로 운영해왔다.

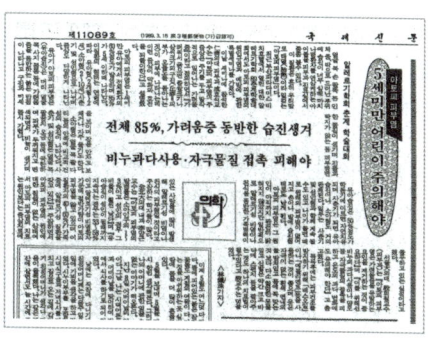

- 유아기 아토피 피부염 관리 기사(1989.05.27) [국제신문 제공]

- 어린이 아토피 피부염 관리 기사 (1989.08.12) [부산일보 제공]

"이 같은 생활양식과 당시 유아교육의 현실을 고려할 때 의식주가 양식으로 바뀌면서 변화에 취약한 어린이들한테 제일 먼저 아토피가 발현된 것이라 생각했어요. 희한하게 아토피가 교실에 가둬 키운 아이들한테 주로 나타났거든요. 아토피는 단순한 피부 질환이 아니라 사회의 의식주 생활과 아이의 보육 방식에 기인한 심각한 질병임을 깨달았어요. 이걸 계기로 제 생각도 완전히 바꾸게 됐어요. 아이들을 양식하듯 가둬 키워서는 안 된다는 거였죠. 그때 유치원 다니던 제 아들도 한때 유치원에 안 가겠다고 발버둥 친 적도 있어요. 바깥에서 좀 더 놀고 싶은데 바로 교실에 앉혀 실내수업을 하는 게 너무 싫었던가 봐요." 임재택은 당시 상황을 이렇게 회상했다.

임재택은 아토피를 당시 한국 유아교육의 문제점을 예고하는 상징적 징후, 적신호로 봤다. 때마침 당시 민주화 바람에 힘입어 그는 아토피를 계기로 한국 유아교육 체제의 제도와 내용의 근본 문제를 제기하고 대안을 찾아 나섰다. 이는 후에 우리 전통의 육아 방식에 바탕을 둔 생태유아교육(자연산 유아교육) 창안의 시발점이 되었다.

임재택은 88서울올림픽 이후 아이들에게서 아토피가 나타나는 것을 보면서 기존의 주류 유아교육, 즉 서양식 유아교육의 문제점과 그 폐해를 실감하게 되었다. 그는 '경제 발전과 교육'이라는 가치와 구호 아래 아이들을 인적 자원이나 개발 대상으로 규정하고, 유아교육을 체계적인 훈련처럼 접근하는 방식에 근본적인 문제가 있다고 판단했다. 때마침 1987년 6·29 민주화 선언 이후 전교조 교사들이 교육환경 개선 운동과 발맞춰 그는 새로운 유아교육의 방향을 모색하기 시작했다.

임재택은 그즈음 한국행동과학연구소에서 했던 연구 활동을 반성하게 됐다. 그가 연구 개발한 프로그램은 문제투성이인 미국식 유아교육을 한국에 이식하는 작업에 지나지 않았기 때문이다. 당시 한국행동과학연구소는 '인간 행동의 계획적 변화'로 정의되는 미국의 주류 교육관을 추종했다. 연구소는 자연히 이 같은 교육관에 충실한 교육프로그램의 연구와 개발에 집중했다. 서울대학교 사범대학 교육학과에서 배운 교육관도 마찬가지였다. "지나고 보니 대학에서 교육학이라고 공부한 게 다 헛공부였어요," 임재택의 말이다.

이 같은 문제의식을 느낀 임재택에게 미국의 대학에 교환교수로 가는 기회가 찾아왔다. 1989년 9월부터 1990년 8월까지 1년간 미국 위스콘신대학교에 교환교수로 초등학교 5학년 아들과 3학년 딸, 그리고 부산 중앙여고 화학교사인 부인과 함께 했다. 부인 김옥자 교사는 당시 전교조 활동이 고조되고, 정부의 감시와 탄압이 심하던 시기에 중앙여고 전교조 교사분회에 깊이 관여하고 있던 때였다. 서울시교육청에서는 남편이 미국 교환교수로 파견될 때, 교사인 부인도 함께 가서 견문을 넓히고 공부할 수 있도록 휴직 처리를 관례로 해주었다. 그러나 부산시교육청은 전례가 없다는 이유로 3~4개월 동안 휴직 처리를 해주지 않다가 김옥자 교사가 중앙여고 전교조 분회 결성 준비 주모자라는 것을 핑계로 허용해줘 가족 전체가 동행할 수 있었다.

임재택은 평소 교류가 있었던 위스콘신대학교 아동가족학과의 닥터 팩(Dr. Pack) 교수의 배려와 협조로 미국 북부의 매디슨에서 4계절을 보내면서 미국 동부와 서부와 남부 및 캐나다를 여행한 경험은 아이들 교육과 자신의 연구 안목을 넓히는 데 큰 도움이 되었다. 미국 각 지역의 대학과 유아교육기관을 방문하면서 미국식 유아교육에 대한 나름의 견해와 판단을 할 수 있게 되었다. 미국의 유치원을 관찰한 결과, 아이들은 넓은 잔디밭에서 마음껏 뛰어놀고 있었고, 아토피에 걸린 아이들은 찾아볼 수 없었다. 거의 모든 아이를 교실에 가두어 교사 중심, 수업 중심, 교재 중심으로 이루어지는 우리의 유아교육 방식은 뭔가 크게 잘못되었다는 생각을 하게 되었다.

"미국 아이들이 잔디밭에서 혹은 자연에서 마음껏 뛰놀며 자라는 모습을 보니 정말 부럽더군요. 우리는 미국에서 수입한 유아교육을 가르치는데, 정작 우리의 유아교육이 미국 본토의 유아교육보다 10배 더 획일적이라는 생각이 들었습니다." 임재택의 회고이다.

중상류층 자녀 위주의 사립유치원 만 4~5세아 중심의, 미국보다 더 미국적인 한국 유치원 교육에 대한 회의와 함께 혁신의 필요성을 절감했다. 그리고 대한민국의 모든 영유아가 아니라 유치원에 다니는 아이만을 유아교육의 대상으로 여기는 한국 주류 유아교육계의 풍토와 행태에 대해 강한 회의가 들었다. 임재택이 우리나라 유아교육계 주류의 가장 큰 병폐로 여긴 것은 수업 지상주의다. 서양의 이론에도 교실놀이와 바깥놀이를 병행하라고 하는데, 그 이론을 받아들인 우리 유아교육계는 실내놀이도 아닌, 실내수업에 집중했다. 시간을 분 단위로 쪼개 아이들을 데리고 다니며 수업을 시켰다. 일일 교육과정, 주간 교육과정, 월간 교육과정, 연간 교육과정을 책으로 만들어 꼼꼼하게 수업하고 이를 잘 챙기는 유치원을 우수한 유치원으로 평가하는 실정이었다. 그러나 그가 이보다 더 근본적인 문제로 여긴 것은, 서양의 유아교육 이론에서는 고귀한 생명인 아이가 가진 무한한 능력을 발휘하게 해야겠다는 '엄마의 마음'을 인정하지 않는다는 점이었다. 그는 서양

이론, 미국 이론과 단절하지 않는 한 이처럼 엉터리로 진행되는 한국의 유아교육 방식을 바꿀 수 없다고 생각하게 되었다.

당시 유아교육을 주도한 교수들은 거의 99%가 미국에서 박사학위를 받고 왔다. 미국의 이론과 프로그램을 수입해와 그대로 접목하거나 온갖 프로그램을 팔아 수입을 챙기는 행태가 성행할 때였다. 교재·교구 업체와 연결해 돈벌이를 도와주고 본인도 돈을 벌었다. 옷, 장난감, 학습지 등 유아 관련 상품들이 급증할 때였다. 임재택은 유아교육을 이처럼 돈벌이 수단으로 이용하는 행태를 목도하고 '이건 아니다' 싶었다.

• 유안진의 『한국 전통사회의 유아교육』 표지

임재택은 1990년 귀국하자마자 미국식 유아교육과의 단절을 결심했다. 양식 유아교육 대신 자연산 유아교육, 우리식, 할머니식 유아교육을 해야겠다고 결심했다. 그동안에 줄곧 보아왔던 유아교육 관련 영어 원서를 끊고, 유안진의 『한국 전통

사회의 유아교육』[2]과 허준의 『동의보감』[3]을 탐독했다. 허준의 『동의보감』은 단순한 의학서를 넘어 생명의 본질과 인간과 자연의 조화를 탐구한 책으로, 그에게 생태론적 인식을 심어줬다. 그는 또 당시 교육법 제1조에 명시된 홍익인간(弘益人間)의 교육이념을 떠올렸다. 그에게 '홍익인간'은 그 어느 때보다 깊은 의미로 다가왔다. 그는 자연스럽게 단군의 사상을 공부하기 시작했다. 단군사상[4]은 천지인(天地人)의 삼재론을 바탕으로 자연과 인간, 신이 조화를 이루는 세계관을 제시한다. 이는 자연을 인간의 부모로 삼고, 공생적 세계관을 강조하는 생태친화적 사유를 담고 있다. 우리 조상들의 전통사상은 자연과 인간, 우주를 하나로 연결하는 통합적·생태적 세계관을 강조한다. 이러한 세계관은 자연과 인간, 만물이 '한울님'의 현신으로 신성함을 지닌다. 이들은 본질적으로 하나의 생명으로 연결되어 있음을 시사하며, 그 핵심은 생명에 대한 존중과 조화를 중시하는 생명사상이다.

그는 이 같은 우리의 전통 생명사상이 동학[5]과 연결되어 있음을 깨달았다. 당시 1980년대 민주화운동과 1987년 6·29민주화 거치면서 뜻있는 사람들이 동학에 관심을 많이 가질 때였다. 그는 이참에 동학을 본격 공부하리라며 『동경대전』을 집어 들었다. 동학은 유·불·도의 핵심사상을 현대적으로 해석해 집대성한 사상체계이다. 동학의 핵심사상인 시천주(侍天主) 사상과 생명사상(生命思想)은 서로 긴밀하게 연결되어 있으며, 인간과 우주의 관계를 재정립하는 철학적 기반을 제공한다. 시천주는 '천주를 모신다'는 의미로, 인간의 몸과 마음 안에 천주(한울님)가 내재해 있음을 강조한다. 한울님은 전통적 천신 신앙, 생명 중심의 우주론, 인간 내면의 신성 탐구를 아우르는 통합적 철학이며, 한울님(한울님)과 시천주(侍天主) 사상은 한국 전통사상과 동학(東學) 사상을 잇는 핵심 개념이다.

임재택은 우리의 전통사상과 동학을 공부하면서 우리 조상들의 육아 방법에 깔린 지혜와 철학을 깊이 들여다보았다. 그는 자연의 섭리와 사람의 도리와 선조의 육아 지혜를 외면한 인위적이고 계획적이고 이론적인 유아교육은 자연스럽지도 않고, 아이들의 삶과 발달에도 도움이 되지 않고 오히려 폐해가 되리라고 확신하게 되었다.

우리 아이들의 보육을 걱정하는 모임
(1990)

1982년부터 시작된 새마을유아원 확산 사업에 자문역으로 참여한 임재택은 우리나라 유아보육 현실을 목도했다. 정부의 유아보육 체계는 아무것도 없었다. 새마을유아원만으로는 수많은 서민층 맞벌이 가정의 아이들을 수용하는 데는 턱없이 부족했다. 초등학교 학생들도 방과 후에는 방치되는 학생이 많았다. 임재택은 이런 현장을 지켜보면서 정부가 손 놓고 있다면 시민의 원력을 모아 이 문제 해결에 힘을 보태야겠다고 생각했다.

1980년대 후반 민주화 선언 이후 대학 운동권에 있던 남자는 노동판으로, 여자는 탁아나 여성인권 쪽으로 들어갔다. 부산에도 아미동이나 안창 마을, 전포동 산동네 등에 방치된 아이들을 돌봐주는 탁아소가 생겼듯, 지역사회 탁아소연합회가 전국 지역별로 자연발생적으로 생겨났다. 여성들이 노동운동의 한 방편으로 탁아 문제에 주목한 것이다. 교육 개혁을 외치는 전교조 교사들도 방과 후 아이들을 위한 공부방을 만들어 운영하는 등 지역마다 자생적으로 공부방이 생겨났다.

임재택은 1990년 미국 위스콘신대학교 교환교수를 다녀오자마자, 서울에 지역탁아소연합회가 결성되었다는 소식을 들었다. 그즈음 서울 마포구 망원동에서 '혜영·용철이 사건'[6]이 발생했다. 다섯 살 혜영이와 네 살 용철이 남매가 반지하 방에서 화재로 숨진 충격적인 사건이었다. 맞벌이 부모가 아이를 방안에 남겨두고 문을 자물쇠

• 맞벌이부부가 일 나간 사이 어린 남매가 방안에서 화재로 숨진 사건을 보도한 국제신문 기사(1990.03.10) [국제신문 제공]

로 잠그고 출근하는 바람에 이 같은 참혹한 사건이 발생한 것이었다. 이즈음 이와 비슷한 사건이 인천 등 전국에서 수차례 터지면서 국민적 여론이 비등했다. "아이들을 이렇게 방치해서야 되느냐"는 질타의 여론이 들끓었으며, 정부의 각성과 대책을 촉구하는 데모가 대거 일어났다. 그때 정태춘은 혜영이·용철이 어린 남매의 비극적 죽음을 담은 〈우리들의 죽음〉이라는 제목의 노래를 만들어 불렀다.

이 같은 상황에서 임재택은 선정회(宣正會) 회원으로서 가만히 있을 수가 없었다. '이처럼 참혹한 현실에서 선정(宣正)을 해야 한다.' 그는 도시빈민지역 탁아소 운동과 공동육아의 선구자인 정병호(1955~2024) 교수의 요청으로 '지역사회탁아소연합회'에 참여하면서 도시빈민지역 탁아 문제 해소를 위한 제도 개혁 운동에 적극 나섰다. 1990년 9월 당시 사회적 분위기를 보면 경제는 조금씩 나아지는데, 정책적으로 배려받지 못한 저소득층 아이들이 매우 많았다. 당시 한국의 유아교육은 일종의 귀족 교육으로 인식되어 부잣집, 상류층 아이들이 사립유치원에 다녔다. 그걸 유아교육의 기본 모델로 인식했다. 그러다 보니 어린이집이나 아이들의 보육에는 관심 밖이었고, 심지어 저소득층 아이들의 끔찍한 사고를 유아교육과는 별개의 사건으로 치부했다. 영유아교육법이 1991년 1월 제정 시행되기는 했지만 90년대 말까지도 그 추세는 변함없었다.

임재택은 당시 심정을 이렇게 밝혔다. "우리나라 아이는 다 같은 대한민국 아이인데, 유치원 아이와 어린이집 아이 다르고, 잘 사는 집 아이와 못 사는 집 아이 다르고, 도시에 사는 아이와 농촌에 사는 아이 다르고 …. 양심상 '이건 공정하지 못하다', 싶더군요. 유아교육은 일부 특권층의 아이만을 위한 것이 되어서는 안 된다는 생각이 들더군요."

임재택은 이런 식으로 가면 아이도 죽이고 주변 사람도 죽이고 공동체도 죽이고 천지 만물도 다 죽이는 교육이 될지도 모른다고 생각했다. 아이 죽임, 생명 죽임, 사회 붕괴의 교육이 될지 모른다는 두려움이 엄습했다. 그는 부유층 아이뿐 아니라 모든 아이가 보호받고 교육받을 수 있어야 한다는 신념을 갖게 되었고, 그 실천을 위해 "아이들에게는 보호·교육 받을 권리를! 부모들에게는 일할 권리를!"이라는 구호를 내걸고 「우리 아이들 보육을 걱정하는 모임」을 결성했다. 참여자는 대학과 전문대학 유아교육학과 교수에서부터 보육시설 원장과 강사, 일반학교 교사, 주부, 상공인 등 다양하다. 부산대 유아교육과 교수인 임재택을 비롯, 이우주 우리들의집 원감, 최윤권 십자가어린이집 원장, 유복림 양정어린이집 원감, 한옥경 부산지역사회탁아소연합회장, 박성미 부산대 부설 보육시설종사자 교육훈련원 강사, 김두희 부산대 부설 보육시설종사자 교육훈련원 학생 등 20여 명이 참가했다.

임재택은 모임을 결성해 뜻있는 사람들을 규합했다. 부산 YWCA 김진영 사무총장과 함께 뜻있고 의식 있는 사람들을

- 「우리 아이들 보육을 걱정하는 모임」이 주최한 우리나라 영유아보육의 현실진단과 발전방안 모색 심포지엄을 마치고 보육교사교육원 전임 교수진과 함께

모아 회비를 5,000원, 3,000원을 받았다. 1년에 8,000만 원의 거금이 모였다. 이 돈을 몽땅 지역사회탁아소연합회에 지원했다. 회원들은 보람을 느꼈다. 사기가 충천했다. 해를 넘기면서 이 모임에 대한 관심과 회원 가입 신청자가 불어났다. 이런 운동은 체계적인 유아교육 개혁의 원동력이 되었다.「우리 아이들 보육을 걱정하는 모임」은 우선 동구 안창마을, 부산진구 전포동, 서구 아미동 뒷동네처럼 저소득층 사람들이 사는 마을에서 방치되는 아이들부터 돌봤다. 1980년대 운동권 여학생이 대거 자원봉사로 참여했다. '보육 걱정 모임'의 구호가 '아이들에게는 보호·교육 받을 권리를!'이었다. '보육 걱정 모임'은 그곳의 교사 인건비도 지원해주고 교재와 교구도 사주고, 아이들 먹을거리도 사주었다. 이들의 활동은 경제 형편이 좋지 않은 민간 보육시설에는 큰 도움이 되었다.

학습모임 수준이던 '보육 걱정 모임'은 연구부와 편집부, 자료부, 섭외부로 확대돼 월례세미나도 열고, 회원 소식과 연구 결과를 담은 ≪우리 아이 우리 엄마≫란 책자도 만들었다.

당시 이 모임 간사를 맡았던 김두희(인제대 특수교육과 교수)는 이렇게 말했다. "대학을 졸업하고 부산대 보육교사교육원의 교사 양성 과정을 다니면서 임재택 교수님한테 강의를 들었습니다. '자연과 함께하는 아이 교육'을 강조하시면서 유아교육의 새로운 방향성을 제시하셨습니다. 그때 저는 '좋은 일 하시는 분을 도와 드려야겠다.'라고 생각했습니다. 모

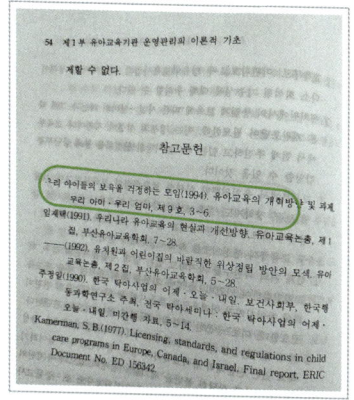

• 임재택의 책 『유아교육기관 운영관리』의 참고문헌에 적힌 '걱정 모임'의 월간지 ≪우리 엄마·우리 아이≫ 제9호

임 이야기가 나온 후 일본에서 온 이우주 원장과 의기투합해 결성했습니다. 임 교수님과 지역 원장들이 매주 1회 모임을 갖고 유아교육의 방향과 프로그램을 논의하다, 1998년 월례 「생태유아교육 강좌」개설로 발전했어요."

'보육 걱정 모임'은 1995년 3월 부산대학교 보육종합센터 설립·운영 직전까지 무려 3,000여 명의 회원들이 한해 8,000만 원가량의 후원금을 모금하여 부산의 빈민지역 탁아운동사업을 펼치는 '지역사회탁아소연합회 소속 어린이집'에 각종 지원사업을 시행했다. 임재택은 1990년대 당시 부산대 유아

교육과는 부산의 빈민지역 탁아운동과 긴밀히 연결되어 있었다며 이렇게 말했다.

"지나고 보니 1980, 90년대에 학생운동을 하던 많은 학생이 주로 학력을 속이고 공장에 취업해 소위 '공활'을 많이 했는데, 저의 제자 중 여학생들 상당수는 공활·빈민탁아·보육운동을 하다가 보육교사교육원에서 보육교사 자격을 취득하여 보육시설에 근무하면서, 다시 대학과 대학원에 들어와 유아교육 공부를 한 뒤 유치원 어린이집은 물론 대학 유아교육과 교수로도 일해요. 절실함이 컸던 만큼 어려운 시기에도 잘 헤쳐나가며 일하는 걸 보면 흐뭇하지요."

'혜영·용철이 사건'이 결정적인 계기로 일반 서민의 영유아보육에 대한 여론이 비등해지자, 정부는 부랴부랴 영유아보육법 제정에 나섰다. 국립대 유아교육과 교수인 임재택은 영유아보육법 제정 과정에 참여해달라는 요청을 받았다. 그는 미국에 교환교수로 가 있을 때 수집한 자료를 활용했다. 그 과정에서 그는 '급진적'이라거나 '공산당'이라는 소리를 듣기도 했다. 하지만 그가 바른 소리, 알맹이 있는 발언을 계속하자 사람들이 경청하기 시작했다. 1991년 1월 14일 마침내 법안이 통과됐다.

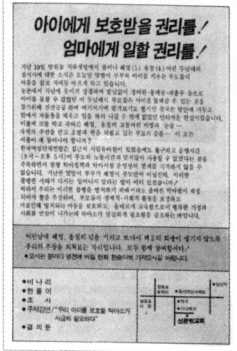

• 혜영 용철이 위령제 팜플릿

임재택은 영유아보육법 제정에 참여한 동기를 이렇게 말했다. "1990년 당시 서울의 빈민촌에서 어느 맞벌이 부부가 어린 남매를 남겨두고 일하러 가면서 방문을 밖에서 잠가 놓고 갔나 봐요. 방안에 갇힌 아이들이 심심해서 성냥불 장난을 하다 그만 불이나 참변을 당하는 참혹하고 안타까운 사건이 있었지요. 이걸 가수 정태춘이 〈우리들의 죽음〉이란 제목의 노래를 발표했는데, 너무 가슴을 아리게 하더군요. 그 뒤로 도시빈민 탁아 운동과 영유아보육법 제정 운동에 적극 나서게 됐지요."

1991년 1월 14일 영유아보육법 시행으로 정부가 영유아보육 사업을 공식 지원하게 되고, 정부에 의해 1994년 12월 설립된 부산대학교 보육종합센터가 그 활동을 대부분 커버하면서

「우리 아이들 보육을 걱정하는 모임」의 활동은 자연스럽게 소극적으로 변하게 되었다.

김두희 교수는 '걱정 모임' 간사시절을 떠올리며 이렇게 말했다. "임재택 교수님은 당시 영어유치원 등 유아의 영어교육을 단호히 반대하신 걸로 기억해요. 유아교육에 대한 확고한 사고를 갖고 이의 실천을 위해 열정적으로 행동해온 임 교수님이 존경스럽습니다. 그는 한국 유아교육사의 한 획을 그은 분이라고 생각해요. 임 교수님이 활동하셨기에 지금 유아교육이 바로 세워지고 있다고 봐요."

보육교사교육원 교재 개발
(1998)

 1991년 1월 14일 영유아보육법이 제정·시행되었다. 이 법에 따르면 보육시설은 어린이집을 말하며, 보육시설의 원장이나 보육교사를 '보육시설 종사자'라는 용어로 불렀으며, 보육교사 양성기관의 명칭은 보육시설 종사자 교육훈련원이라고 했다. 심지어 기존 주류 유아교육학계에서는 어린이집을 '탁아소', 보육을 '탁아'라고 비하해 불렀다.

 임재택은 영유아보육법에 따라 1992년 부산대학에 보육시설 종사자 교육원을 만들었다. 당시 영유아보육법은 새마을유아원, 어린이집, 탁아소 등을 묶어 보육시설이라고 했다. 그런데 이들 시설을 위한 보육

• 보육교사 양성 교육과정 1기 수료생과 함께

교사 교육과정이 마련되어 있지 않고, 이를 이론적으로 뒷받침줄 전문가도 없었다. 새마을유아원, 어린이집, 탁아소 등 보육시설이 늘어나면서 시설 아이들을 돌봐줄 교사의 수요가 늘어남에 따라 교사 양성기관인 보육시설 종사자 교육훈련원의 교사 양성이 시급한 현안으로 떠올랐다. 1995년부터 국가

• 수료식 중 축사하는 장혁표 총장

보육정책을 심의하는 보건복지부 중앙보육위원회 부위원장이던 임재택은 유아교사 양성의 시급성을 감안해 개선 대책 마련에 나섰다. 영유아보육법 제정 초기 보육시설 종사자 양성의 시급성에 따라 3개월 과정의 교사 양성 프로그램을 만들었다. 그러자 주류 유아교육계에서 졸속 양성 과정이라며 비판했다. 그들은 4년간 교사 양성 교육을 하는데, 3개월 과정의 프로그램이라고 하니 그럴 만도 했다. 임재택은 그 뒤 교육과정을 6개월로 바꾸고, 다시 12개월 과정으로 늘려 안정화했다. 임재택은 1996년 보육시설 종사자 교육훈련원이라는 이름을 '보육교사교육원'으로 바꾸는 데 기여했다.

그런데 복지부는 보육교사교육원의 설립은 관련 학과가 있는 대학이나 전문대학뿐 아니라 민간 기관에도 인가를 해주었다. 시설만 갖추면 아무나 할 수 있게 되었다. 보육교사교육원이 사업성이 있어 보이자 민간업자들이 대거 달려들었다. 이 바람에 전체 보육교사교육원 70~80곳 중 대학 부설 양성기관과 사설 양성기관의 숫자가 거의 비슷할 정도였다.

임재택은 보육교사 양성을 위한 사립 양성기관은 부적합하다고 생각하고 대학 부설 보육교사교육원 대학협의회를 설립, 운영했다. 대학협의회 회장 재임기간인 1997년에 보육교사의 질적 향상과 최소 기준 유지를 위해 70여 명의 대학 관련 학과 교수들과 협의해, 보육교사교육원 표준 38 과목의 교재 26권을 연구·개발하여 시중 가격의 50%(권당 2800원) 수준에서 공급했다. 이후 보건복지부는 이 표준 교재를 민간 기관에서도 사용하도록 조치하여 그나마 보육교사의 질적 표준을 세우는 기틀을 마련했다. 보육교사교육원 표준 교재 발간은 유아교육사에 기록될 만하다.

당시 이 교재를 발행한 도서출판 양서원의 편집장이었던 김동훈(도서출판 공동체 사장)은 이렇게 기억했다. "당시 양서원은 유아서적 전문이었어요. 그러니 편집장인 저로서는 자연히 보육교사교육원을 주목했지요. 대학 부설 보육교사교육원의 교사양성 과정 수업은 강의의 질이 담보된 반면 사설 보육교사교육원의 경우 강의의 질이 형편 없었어요. 사설 기관에서 경비를 아끼려고 실력과 경험이 갖춰지지 않은 강사를 채용한 데다 기본 교재가 없었기 때문이었죠. 때마침 임재택 교수님께서 교재 출판을 기획하시고 대학협의회 소속 교수들과 교재개발팀을 꾸려 추진하신 끝에 2년 만인 1997년 초 우리 출판사에서 발행했어요."

당시 교재는 ◇소양 분야의 △인간관계론 △사회사업가의 자세 등 2개 과목 비롯해 ◇영유아보육에 관한 기초이론 분야의 △유아교육론 △아동복지론 △유아교육철학 △장애인복지론 △부모교육 및 상담 △특수교육학 △영유아교육과정 △영유아기 발달 등 8개 과목 ◇영유아보육에 관한 실무 관련 분야의 15개 과목 ◇아동복지 관련 일반이론 분야 7개 과목 ◇기타 분야의 4개 과목 ◇교육실습 분야의 2개 과목 등 6개 분야 38개 과목의 교재 26권이 1세트였다.

• 보육교사교육원 교재 세트

제8장
부산대학교 보육종합센터 개관
한국 보육의 요람

(1995)

임재택 평전

아이행복 세상을 위한 혁명

• 보육종합센터 개원식 날 이필연 여사를 모시고 관계자들과 함께

    1982년에 부산대학교 사범대학에 유아교육과가 만들어지고, 1995년 부산대학교 어린이집이 만들기까지 15년이 지나도록 유아교육과의 부속유치원을 설립할 수 있는 법적 장치가 마련되지 않았다. 법 조항이 없으니 예산이 나올 리 없었다. 임재택은 부산대학교 사범대학에 유아교육과가 만들어진 만큼 교사 양성을 위한 부속유치원 설립을 추진했다. 서울대학교는 서울대학교 설치령이 있고, 그 외의 국립대학은 국립대학교 설치령이 있다. 따라서 국립부산대학

교 사범대학 부속 학교 설치 조항에 유치원을 삽입해달라고 부산대 총장이 교육부에 수차례 공문을 보내 요청했으나 번번이 무시당했다.

임재택은 최초의 국립대학 유아교육과의 면모를 제대로 갖추기 위해서는 교사 양성 실습실험기관인 부속유치원의 설립을 위한 '국립학교 설치령' 개정과 부속유치원 설립 예산 지원을 교육부에 요청했다. 1983년 3월부터 1993년 2월까지 10여 년간 교육부에 부산대학교 사범대 유아교육과 교육 실습·실험 시설로서 부속유치원 설립 요청 공문을 부산대학교 총장 명의로 5차례 발송했다. 부산대학교는 국립학교

• 부산대 부설 보육종합센터 현관 이필연 여사 부조 옆에서 임재택

설치령에 의해 설립되었으며, 국립학교설치령 제12조 1항에 '사범대학에는 다음의 부속학교를 설립할 수 있다'고 규정하고 있는데, 여기에 부속유치원 항목이 없어 이를 신설하고, 교육부에서 부속유치원 설립 예산을 요구하는 내용이었다.

교육부가 이 같은 요구를 외면하는 와중에, 1991년 1월 14일 영유아보육법이 제정·시행됐다. 이 법 제정 과정에 깊이 관여했던 임재택은 이 법률에 근거해 1992년 부산대학교 부설 보육시설 종사자 교육훈련원(현 보육교사교육원)을 설립·운영했다. 나아가 그는 이 기관을 모태로 영유아보육법 취지를 살려가기 위해 보육종합센터 설립이 필요하다는 제안서를 보건복지부에 제출했다. 영유아보육법에 근거한 보육교사교육원, 보육정보센터, 어린이집과 대학 연구 기능의 영유아보육연구소를 아우르는 보육종합센터를 부산대학교 캠퍼스 내에 설립한다는 내용이었다. 마침내 보건복지부가 이를 수용하여 부산대학교 보육종합센터 설립을 승인해주었다.

보육종합센터는 당시 장혁표 총장의 적극적인 지원에 의해 1993년 말 부산대 캠퍼스 내 부지 926평에 연건평 761평(지하 1층, 지상 3층. 1997년 4층 증축) 규모로 착공하여 1995년 3월 완공과 함

• 부산대 보육종합센터 건립 기금 기증식 중 이필연 여사가 부산대 장혁표 총장에게 기금을 전달하고 있다.

께 개관했다. 공사비는 총 18억 3000만 원이 투입되었는데, 정부와 부산시가 약 15억 원을 지원했으며, 독지가 이필연 여사가 3억1000만 원을 출연했다.

이 센터는 복지부 시범기관으로 지정돼 영유아보육프로그램의 개발과 적용은 물론 관련 분야 교수와 학생들의 연구 참관과 실습기관으로 활용되었으며, 어린이집 운영의 모델도 제시했다. 특히 이 센터는 민·관·학(民·官·學)이 손을 잡고 보육사업의 중요성에 대한 국민적 인식을 높이고 지역의 보육문제를 주체적으로 해결하려는 노력의 산물이라는 평가와 함께 부산지역은 물론 전국의 영유아보육시설의 질적 향상과 위상

제고에도 큰 역할을 할 것으로 기대를 모았다.

보육종합센터 완공 즈음 임재택은 언론과의 인터뷰에서 이렇게 말했다. "보육시설을 무작정 늘리는 것이 영유아보육 문제를 해결하는 길이라고 생각한다면 큰 오산입니다. 영유아보육의 성패는 사실상 보육의 질에 달려 있습니다. 부산대 보육종합센터는 국내 영유아보육의 질적 수준을 한 단계 높이는데 기여할 것입니다."(국제신문, 1994 .12. 20.)

장혁표 전 부산대학교 총장(1991~1995, 첫 직선제 총장)은 보육종합센터 건립 과정을 다음과 같이 설명했다. "내가 부산대 총장이던 1993년 임재택 교수가 나를 찾아와 어린이집을 포함한 보육종합센터를 건립하자고 제안하더군요. 나는 '좋다, 그럽시다'며 흔쾌히 승낙했어요. 바른 유아교육을 위한 임 교수의 열정과 집념을 잘 알기에 도와주지 않을 수 없었죠. 게다가 나의 개인적인 경험도 작용했어요. 내가 전임강사 시절 아내가 메리놀병원 약국의 약사였는데 아이 셋을 맡길 데가 없어 애를 먹었어요. 하루는 퇴근해 아이를 데리러 갔는데 아이가 두 손으로 창틀을 잡고 밖을 쳐다보고 있더군요. 얼마나 짠하던지, 지금도 그 모습을 잊을 수가 없어요. 맞벌이 부부에게 안심하고 아이를 맡길 수 있는 보육·교육시설의 중요성을 누구보다 절실하게 느낀 것이지요. 그런데 막상 보육종합센터를 지으려고 보니 예산이 없더군요. 예산을 확보할 방안을 궁리하던 중 하루는 부산여성회관에 강의하러 갔어요. 여성회관 관장한테 보육종합센터 건립 예산 이야기를 했더니 그가 '이필연 여사를 만나보라'고 하더군요. 이필연 여사는 평소 학교를 세우고 싶다는 얘기를 했다면서요. 며칠 뒤 이필연 여사를 찾아가 만났어요. 설득 끝에 이 여사로부터 학교 건립을 포기하고 좌천동 집을 매각해 3억1000만 원을 지원하겠다는 약속을 받았어요. 그리고 곧바로 임 교수와 함께 부산시장을 만나 예산 지원을 요청했어요. 다행히 부산시도 3억 원을 지원해줘 곧바로 착공해 무난히 완공하고 1995년 3월 개관했죠."

당시 어린이집을 포함한 보육종합센터 설립에 대해 대학 내 인사들의 적지 않은 불평과 비판이 있었다. 장전동 캠퍼스 내의 1,000여 평의 부지를 보육종합센터 건립에 사용하는 데 대해 학내 교수들의 반대가 많았다. 공과대학, 자연대학, 상과대학의 교수들은 첨단과학기술 분야의 연구·실험시설을 설립해도 모자랄 판에 경제성도 없는 '탁아소'를 짓는다는 게 말이 되느냐는 것이었다. 부산대 유아교육과 졸업생들의 반대

• 보육종합센터 개관 기원제

도 있었다. 부속유치원이 아니라 부설 어린이집이라는 게 반대 이유였다. 이 같은 학내 분위기에서도 장혁표 총장은 교수들을 설득하고 보육종합센터 건립을 적극 지원했다. 막상 보육종합센터 어린이집은 개원되자 많은 교수가 자녀 혹은 손자·녀 입학을 위해 로비를 벌일 정도로 인기 있었다. 어린이집 대기 영유아가 1000명이 넘고 연일 언론에 보도되었다.

임재택은 1994년 12월부터 2000년 12월까지 부산대 보육종합센터 관장을 맡아 어린이집 운영, 보육교사교육원, 보육정보센터, 영유아보육연구소를 관리 운영을 총감독하며 영유아보육법에 따른 영유아보육의 종합적인 기반을 마련하는 데 기여했다.

부산대학교 보육종합센터 설립의 의미

1995년 3월 23일 보육종합센터 개원식에 서상목 복지부장관이 참석했다. 서상목은 개원 기념으로 대형 입상 괘종시계를 선물했다. 그 시계에는 '한국 보육의 요람'이라는 문구가 새겨져 있었다. 부산대학교 종합보육센터가 국가 보육정책을 실현하는 '한국 보육의 요람'임을 정부가 인정한 것이다.

부산대학교 보육종합센터가 한국 유아교육 발전에 갖는 의미는 크다. 첫째, 이 보육종합센터는 유아교육과 유아보육의 통합의 상징이다. 보육을 탁아, 보육시설은 탁아소라고 비하하는 유치원 위주 유아교육 풍토에서 국립대학 유아교육과에서 운영하는 보육종합센터는 유아의 교육과 보육 간의 갈등 해소와 융합의 장이 되었다. 둘째, 부산대 부설 어린이집은 전국 최초의 대학 부설 어린이집으로 생태유아교육의 산실이다. 유아교육과 교수가 직접 원장을 맡아 운영함으로써 유아교육과 보육 간의 통합에 기여함은 물론 어린이집의 위상을 높이는 데 기여했다. 셋째, 부산대 보육교사교육원은 4년제 대학 유아교육과에서 위탁 받은 최초의 보육교사교육원으로 보육시설 교사와 원장의 양성교육과 보수교육을 담당했다.

생태유아교육센터 건립 구상

임재택은 보육종합센터 관장 재임 시 경남 양산의 부산대 제2캠퍼스에 대지 5,000평 규모의 생태유아교육종합센터 설립을 구상했다. 그는 2006년 「지속가능사회를 위한 생태유아교육 연구」라는 주제의 제안서가 교육인적자원부의 제2단계 두뇌한국21 사업(BK21 사업)에 선정되어, 매년 1억 4,000만 원씩 7년간 지원을 받게 되었다. 임재택의 '지속가능사회를 위한 생태유아교육 사업팀'은 실천력 있는 전문 인력 양성을 위한 교육과정을 편성하고, 대학원생들의 연구 활동을 지원하는 교육 및 운영 체계를 구축했다. 또한 대학원생과 연구진의 현장 연구 확대와 연구 역량 증진을 위해 생태유아교육 연구·실천에 주력했다. 그는 이 사업의 하나로 2009년 3월 부산대 제2캠퍼스(양산)에 생태유아교육종합센터 설립을 추진했다. 그는

• 보육종합센터 앞에서

이 센터 안에 국립생태유치원, 생태어린이집, 생태육아지원센터, 생태유아교육연수원 등을 설립해 명실상부한 생태유아교육종합센터를 운영하려고 했다. 하지만 당시 학내 사정으로 무산되어 그에게는 천추의 한으로 남았다.

부산대학교 어린이집 원장
생태유아교육의 산실
(1995~2007)

부산대학교 어린이집은 국내 최초의 국립 직장 어린이집으로, 임재택은 1995년부터 2007년까지 12년간 원장을 맡아 생태유아교육의 이론 정립과 실제 운영의 기틀을 다졌다.

부산대 어린이집 개원 전 1990년 9월 임재택은 미국 위스콘신대학 교환교수로 다녀온 직후, 미국식 유아교육을 버리고 우리 전통의 우리 민족 고유의 유아교육을 하겠다고 선언했다. 양계장식 육아를 버리고 자연산 육아를 하겠다고 공언한 것이다. 이런 육아를 반영하는 용어로 초기에는 한국 전통 유아교육, 할머니식 유아교육, 공터놀이식 유아교육, 자연산 유

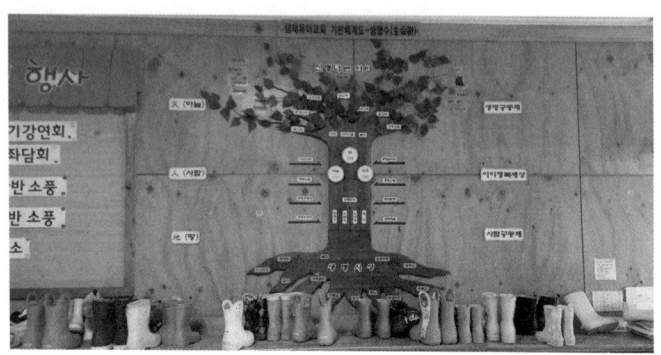

• 부산대 부설 어린이집 현관

아교육 등을 사용했다.

당시 한국 전통의 유아교육, 자연산 유아교육이라는 이론은 존재하지 않았으나 임재택은 그 이론의 출발점이 되는 기본 원리를 파악하고 있었다. 그는 그 원리를 포착한 계기를 이렇게 말했다. "대학 1학년 때 한 여학생이 나를 끈질기게 따라다니며 기독교를 믿으라는 겁니다. 이걸 믿어야 천당에 가고 안 믿으면 지옥에 간다고 하더군요. 근데 나는 아무리 생각해도 그건 말이 안 되는 겁니다. 착한 일을 하면 복을 받고 나쁜 일을 하면 죄를 받는다고 하면 모를까. 시골에서 자라면서 기본적으로 자연에 순응하고 인간적인 도리에 맞게 살면 된다는 걸 배우고 깨우쳤거든요. 그런데 민주화 바람이 불던 어느 날, '자연의 순리대로 사람의 도리대로 우리 조상의 지혜대로' 아이를 키우면 되는 게 아닌가 하는 생각이 불현듯 떠올랐죠."

임재택은 생각했다. '아이를 키우는 것은 실제 생활이다. 사람이 살아가면서 먹고 입고 자고 싸는 게 기본이다. 쉽게 말해 밥 잘 먹고, 잘 자고, 잘 놀고, 똥 잘 누게 아이를 키우면 잘 키우는 게 아닌가!' 그는 무릎을 '탁' 치며 생각했다. '그렇다면 이것은 내가 어릴 때부터 해온 대로 키우면 되겠군! 단군 할아버지 이후 우리 조상들이 컸던 방식과 똑같이 나도 컸다. 그때는 우유도 없었고, 비료도 무슨 농약도 없었다. 내가 자랄 때도 그랬다. 우리 조상들이 아이를 키웠던 방식으로 키우면 되겠다. 자연의 순리와 사람의 도리에 따르는 전통 육아법대로.'

아이를 키우는 것은 상식이다. 일자무식꾼도 자기 아이를 키울 줄 안다. 동물도 제 새끼를 잘 키운다. 아이 키우는 건 동물이나 인간이나 마찬가지다. 달리 말하면 아이를 키우는 방법이, 육아교육이 어려워서는 안 된다는 말이다. 이것이 임재택의 유아교육의 지론이다. 그가 생각하는 그 상식적인 육아법은 자신의 부모, 나아가 우리 조상들이 해왔던 전통 육아법이었다. 자연의 섭리대로, 사람의 도리대로 아이를 키운 우리 조상의 전통 육아법이다. 그는 부산대 보육종합센터 어린이집을 운영하면서 바로 이 육아법, 조상의 전통 육아법을 재연했다.

임재택은 상식에서 출발했다. 유아교육이라는 학문의 출발점을 그렇게 보았다. 자연의 순리대로 한다. 사람의 도리대로 아이를 키운다. 몸과 마음과 영혼이 건강한 아이로 키운다. 그다음 그는 애를 키우는 프로그램은 자신이 어릴 때 하던 대로 하면 되겠다고 생각했다. 조상의 육아 지혜를 고스란히 가져와 그렇게 하려고 했다. 자연산으로 키우겠다, 양식으로 안 키우고 자연산으로 키워야겠다. 그는 아이 내부에 무한한 능력과 상상력, 무한한 잠재능력이 있다고 봤다. 우리 조상들이 아이가 한울님을 모시고 있다고 했듯이.

"우리 전통의 유아교육이라는 것은 어릴 때 내가 하고 자랐던 것을 그대로 복원한다는 겁니다. 자연 속에서 도리도리, 잼 잼, 곤지곤지하며 놀았죠. 나는 어릴 때 한 번도 무슨 화학 약품이나 양식을 써 본 적이 없어요. 그리 살았던 것을 그대로 아이들한테 적용한 겁니다. 나처럼 자연과 더불어 크고, 서울대학 졸업하고, 교수까지 되면 나쁜 게 아니잖아요. 아이들한테 스트레스 주면서까지 억지로 교육할 이유가 뭐가 있겠어요." 임재택은 우리 전통의 유아교육은 멀리 갈 것 없이 자신이 시골에서 자라며 경험했던 것이라고 설명했다.

때마침 1993년 부산대학교 보육종합센터 설립이 본격화되자 임재택은 1994년 초부터 김은주를 비롯한 제자 10여 명과 함께 「부산대 부설 어린이집의 유아교육프로그램 개발 준비팀」을 조직해 준비작업에 들어갔다. 물론 그 당시에는 '생태유아교육'이라는 용어는 사용하지 않고 한국 전통 유아교육, 공터놀이식 유아교육, 자연친화적 유아교육 등의 용어를 병용했다. 당시 준비팀은 「보육시설의 노인·아동 상호작용 프로그램 개발연구」 프로젝트를 진행하면서 '가장 한국적인 유아교육이 가장 세계적인 유아교육이 될 수 있다'는 데 모두 공감했다. 그때 개발한 유아교육 프로그램을 통해 기르고자 하는 어린이상(像)인 '신명(神明)나는 어린이'와 신명나는 어린이 한테서 나타나는 '10가지 어린이상'과 교육이념은 지금까지 유지되고 있다. 부산대 어린이집에서 기르고자 하는 어린이상은 '신명나는 어린이'이다. '신명나는 어린이'는 개성과 창의력을 지니면서 흥겨움과 우리 멋이 흘러넘치는 가운데 자연과 하나 되어, 사람과 더불어 행복한 삶을 누리는 어린이다운 어린이를 말한다. 그는 부산대 어린이집에서 추구하는 유아교육을 자연친화적 유아교육, 숲식유아교육, 생태지향적 유아교육, 생명중심적 유아교육 등의 용어들과 병용하다가, 1998년 「생태유아교육 강좌」를 시작하면서부터 '생태유아교육(生態幼兒敎育)'이라는 용어로 통일했다.

  1995년 3월 부산대 어린이집이 개원하자 임재택은 원장을 맡아 준비팀과 218명의 영유아들을 '신명나는 아이'로 키우기 위해 노인·아동 상호작용 프로그램, 산책 프로그램, 텃밭 가꾸기 프로그램, 세시풍속 프로그램 등을 개발하고 실천했다. 그는 또 교사들과 함께 세미나를 통해 동양 사상가의 교육철학이나 대안교육에 관한 책을 읽고 토론을 하는 등 유아교육의 새로운 방향을 모색하는 연구와 실천에 주력했다. 1996년 3월부터 하정연(2007년 제3대 원장 취임)이 원감을 맡아 교사들과 협력·토론을 통해 교육프로그램을 개발하고 적용하면서 어린이집의 안정적 운영에 크게 기여했다. 부산대 어린이집이 생태유아교육의 산실이 될 수 있었던 것은, 기존 유아교육의 문제점을 극복하고 새로운 패러다임의 유아교육을 모색하려는 취지에 공감하는 사람들이 어린이집 운영과 교육프로그램 개발에 흔들림 없이 지속적으로 참여한 덕분이다.

1994년 당시 부산대 유아교육과 4학년으로 「부산대 부설 어린이집의 유아교육프로그램 개발 준비팀」의 핵심 멤버였던 김은주(부산대 유아교육과 교수)는 당시 상황을 이렇게 말했다.

"준비팀원은 6개월, 1년마다 한두 명 바뀌기도 했으나 나를 비롯해 7~8명 선은 유지했어요. 우리는 임재택 교수님이 평소 주장하신 '아이에게 자연을 되찾아주자', '아이다움을 찾아주자'는 새로운 유아교육의 기본 방향에 전적으로 동의하고 실질적인 프로그램을 개발하려 애썼어요. 당시 관심을 끌었던 대안학교 성격의 프로그램 개발을 위해 간디학교와 두밀리자연학교, 민들레학교를 공부했어요. 우리 팀원들은 부산대 어린이집이 기르고자 하는 어린이상(像)을 찾기 위해 자주, 많이 토론한 끝에 '신명나는 어린이'로 정했는데, 신명(神明)이란 단어를 찾아내고는 우리는 서로 행복한 웃음을 지었던 기억이 새롭습니다. 우리가 맨 처음 개발한 것은 산책프로그램이고 이어 세대 간 교류 프로그램를 만들었죠. 그 결과물은 어린이집 운영에 직접 적용되었고, 1999년에는 『얘들아 산책가자: 교사들이 직접 쓴 산책프로그램』(임재택, 하정연, 김은주, 박채숙, 박명숙, 최윤정 공저)이라는 제목의 책으로 발간되었죠. 산책프로그램은 지역사회에 인기가 많았고, 방송도 많이 탔지요. 이후 텃밭가꾸기, 세시풍속, 노인아동상호작용, 손끝놀이 프로그램을 담은 책을 잇달아 내놓았습니다. 2006년까지 모두 12권의 생태유아교육 프로그램 책을 냈습니다. 우리는 임재택 교수님과 함께 생태유아교육의 이론적·실천적 기초를 세웠다는 데 큰 자부심을 가지고 있습니다."

부산대 어린이집 유아교육 프로그램은 모두 자연의 섭리대로 사람의 도리대로 아이를 키우는 우리 조상들의 수백, 수천 년에 걸친 전통 육아 방법에 바탕을 둔 것이다. 우리 조상들이 그렇게 키웠다는 것이 생활 속에 구체적으로 남아있다. 도리도리, 잼 잼, 곤지곤지 등의 유아기 놀이와 밤낮과 계절별, 세시 명절의 의식주 풍습과 예절 등이 고스란히 살아 있다. 설날 차례와 설빔, 음식과 놀이를 비롯해 한식, 정월대보름, 단오, 칠석, 추석의 풍속놀이 등 1년에 걸친 시간 속에 생활이 있고, 먹을거리가 있고, 옷이 있고, 예절이 있고, 놀이가 있고, 또 거기에는 꼭 아이들의 삶이 있었다. 임재택은 이를 그대로 부산대 어린이집에서 재연했다. 텃밭 가꾸기, 손끝놀이, 몸짓놀이, 전통놀이, 전래 이야기와 노래 등을 프로그램으로 만들어 실행했다.

따지고 보면 부산대 부설 유치원 설립이 번번이 무산되고, 대신 보육종합센터와 어린이집을 설립한 것은 임재택으로서는 우리 전통의 유아교육을 본격 시행할 수 있는 천우신조(天佑神助)의 기회가 되었다. 당시 유치원 교육과정은 교육부의 제재를 받았지만 어린이집은 통제를 받지 않았다. 그러니 임재택은 어린이집을 자신의 철학대로 자유로이 운영할 수 있었다. 아이를 살리고, 부모가 만족하고, 상식에 맞게 하면 되는 것이었다. 그가 생각하기에 육아의 가장 상식적, 이론적 원리는 '자연의 순리대로, 사람의 도리대로 아이를 키운다.'는 것이었다. 자연의 섭리대로 가르친다, 사람의 도리대로 키운다, 이것이면 족하지 않은가. 그는 부산대 어린이집 원장직을 1995년부터 2007년까지 12년간 수행했다. 생태유아교육은 철저하게 아이들의 삶의 교육이자 생활 교육이라고 그는 강조한다. '유아교육은 이론으로, 말로만 하는 게 아니다. 아이들은 말로만 키울 수 없다. 몸으로 행동으로 솔선해야 한다.'는 지론을 가진 그는 어린이집 원장 시절 이를 실천하게 되었다며 이렇게 말했다.

"여성 교수더러 어린이집 원장을 맡으라고 했더니 아무도 안 하겠대요. 그래서 제가 직접 어린이집 원장을 하게 되었어요. 하다 보니 12년을

• 노인자원봉사자가 보육시설에 투입되면 보육의 질적 개선 효과를 거둘 수 있다는 부산대 보육종합센터 보고서 내용을 소개하는 국제신문 기사(1995.12.14) [국제신문 제공]

했어요. 원장을 하면서 차근차근 프로그램을 만들고 실행하고 발전시켜 나중에 이름 붙인 게 생태유아교육 프로그램인데, 이건 완전히 일상생활에서 나온 겁니다."

임재택은 부산대 어린이집 프로그램을 효율적으로 실행하기 위해 「노인 아동 상호작용 프로그램」을 운영했다. 부산대 어린이집에서는 생후 6개월짜리부터 5세 아이까지 받았다. 설립 초기에는 신명반이라고 해서 초등학교 1·2·3학년 20명 정도를 한 반으로 운영했다. 근데 유아교육과를 나온 교사들이 이론적으로만 육아를 알았지 실제로는 육아에 무지했다. 심지어 아이를 안을 줄도 모르는 교사가 많았다. 개원하고 한

달쯤 되자 교사들이 육아를 못 하겠다며 자퇴하기도 했다. '이러다 큰일 나겠다' 싶어 그가 고민 끝에 구상한 게 바로 이 프로그램이다. 육아 경험이 많은 할머니 할아버지의 노하우를 빌리자는 것이었다. 집에서 쉬는 할머니 할아버지들에게 자문하고 육아 보조를 받기 위함이었다. 신청을 받아 일주일간 기본교육을 하고 어린이집 각 방에 배치했다. 이들은 보육교사한테 아이 안는 법부터, 밥 먹이는 법 등 육아에 관한 모든 기초적인 일들을 가르쳤다. 그리고 직접 육아에 참여하기도 했다. 이밖에 텃밭 가꾸기, 세시절기 행사 등의 프로그램 실행도 도와주었다. 언제 씨를 뿌리고 거름은 줘야 하는지 등을 교사들한테 가르치고 직접 시범을 보여주기도 했다.

- 부산대 부설 어린이집이 개발해 시행 중인 '노인·아동 상호작용' 프로그램의 내용과 효과를 소개한 부산일보 기사 (2001.08.06) [부산일보 제공]

아이들도 할머니들을 좋아했다. 교사가 안 오면 찾지 않아도 할머니가 없으면 아이들이 난리를 치며 찾았다. 할머니 할아버지는 손자·손녀 같은 아이들과 좋은 친구가 되었다. 이 프로그램의 슬로건은 '노인에게는 일감을, 아이들에게는 노인의 따뜻한 사랑을'이다. 삼성복지재단이 3,000만 원의 연구기금을 지원해줬다. 삼성복지재단은 복지 운동한다고 우리나라 최초로 직장 어린이집인 삼성생명 어린이집을 부산 양정에 설립했다. 당시 임재택은 삼성복지재단 설립에 관해 자문해주고 설립 후 5년간 자문위원을 했다. 이런 인연으로 그는 삼성복지재단 측에 부산대 어린이집 설립 운영준비 자금을 지원해달라고 요청한 끝에 3,000만 원을 지원받은 것이다.

• 부산대 부설 어린이집 원장, 교사들과 함께(1997년)

• 부산대 부설 어린이집 교직원들과 함께(2006년)

부산대 어린이집 교사들은 생명사상을 내면화하기 위해 경주 용담정 천도교 수련원에서 호흡 명상과 동학수련을 1박 2일 또는 2박 3일씩 하고, 광주에 있는 장두석 선생한테서 10박 11일 단식 수련도 받았다. 임재택의 제자들은 대부분 태교, 출산, 수유를 옛날 전통 방식으로 하고 6개월간 모유를 먹인다. 그리고 그 아이를 부산대 어린이집에 데리고 와 다른 아이들과 함께 키운다. 그러다 보니 교사들은 이론과 실천을 겸비한 훌륭한 생태유아교육 교사로 성장했다.

아이를 키우려면 김치도 담그고, 된장, 간장, 고추장도 만들어야 한다. 그러려면 메주도 쑤어야 하고, 또 절기 행사를 하려면 떡도 만드는 등등 노인들의 지혜가 필요했다. 이 프로그램을 통해 텃밭 가꾸기, 산책 프로그램, 도리도리, 잼 잼, 곤

- EBS다큐프라임 「오래된 미래 전통육아의 비밀」에 출연, "생태유아교육은 오래된 미래의 교육"이라고 강조하는 임재택

지곤지에서부터 시작해 거의 모든 프로그램의 아이디어를 임재택이 직접 내고, 이론적인 내용을 보태고, 학생과 교사가 실천한 사례를 모아 책으로 펴냈는데 무려 80권에 달한다. 이 같은 프로그램을 실행한다는 게 알려지자 신문 방송 등 언론은 부산대 부설 어린이집을 집중보도했다. 이를테면 한겨레 신문은 부산대 부설 어린이집을 '오래된 미래 생태유아교육' 산실이라고 규정하고 「자연과 놀고 자연을 먹으니 건강한 동심」(2008.02.18)이라는 제목의 심층 보도를 실었다. EBS다큐프라임은 부산대 부설 어린이집을 중심 주제로 「오래된 미래, 전통육아의 비밀」(2012.05.03)을 방송했다. 전통육아에 기반한 생태유아교육 프로그램이 알려지면서 부산대 부설 어린이집은 '엄마가 가장 보내고 싶은 어린이집'으로 회자되었다. 심지

어 EBS다큐프라임 방송 이후 유아교육·보육을 담당하는 유치원과 어린이집 원장, 교사들의 관광버스 등을 대절해 프로그램을 체험·관찰하는 벤치마킹 방문이 더욱 늘어나 부산대 어린이집은 '전국 유아교육계의 모델'로 자리매김했다.

임재택은 1995년 부산대 어린이집을 설립해 운영하면서 전에 집필한 『유치원 운영관리』(1984)를 전면 개편해 『유아교육기관 운영관리 : 유치원과 보육시설』(1995)을 썼다. 유치원과 어린이집을 합쳐 유아교육기관 운영관리, 즉 유치원과 어린이집 운영관리 체계를 쓴 것이다. 당시는 어린이집이 유아교육기관으로 인정받지 못하던 때이다. 그는 이미 이 책을 통해 유치원과 어린이집의 통합, 즉 유보통합의 의지를 표현했다.

• 유치원운영관리 표지   • 유아교육기관 운영관리

유치원 운영은 교육부 교육과정에 따라 체계적인데 어린이집은 느슨하게 운영되었다. 그만큼 자율적인 운영 여지가 있었다. 임재택은 이 점을 활용해 어린이집 운영을 완전히 자연산으로 실시했다. 교사로 하여금 아이한테 수업을 아예 못하도록 했다. '수업 위주 유아교육'의 폐해를 막기 위함이었다. 그는 교사들이 함부로 아이들한테 가르치는 것을 막기 위해 교사들은 마스크를 쓰도록 했다. 법에 의한 제약이 없었으므로 이 같은 자율적인 운영이 가능했다. 만약 부산대 부설 어린이집 대신 부속 유치원을 설립했다면, 그는 생태유아교육이라는 학문 자체를 창안할 기회를 갖지 못했을지도 모른다. 부속 유치원은 정해진 규정에 얽매여 4~5년마다 교사를 교체하고, 원장도 몇 년마다 교수들이 돌아가면서 할 것이기 때문이다. 1995년 3월 개관한 부산대학교 부설 어린이집은 전국 대학교와 전문대학의 제1호 어린이집이었다.

부산대학교 유아교육과 석·박사 논문은 생태유아교육의 역사를 잘 보여준다. 1996년부터 2000년대 초반까지 석사학위 논문은 생태유아교육의 철학적 기초를 모색하는 연구라면 2003년부터 2006년까지 나온 박사학위 논문은 생태유아교육의 이론 및 실천 체계를 정립한 연구라고 할 만하다. 이를테면 석사학위 논문인 조채영(1996)의 「소파 방정환의 유아교육 사상과 실천연구」, 권미량(1997)의 「유아과학교육의 생태학적 접근」, 김미정(1998)의 「생태학적 유아환경교육 방안 모색」, 김점옥(1998)의 「불교와 동학에 나타난 생명사상의 유아교육적 함의」, 김성옥(1999)의 「생태중심 유아교육에 대한 교수원장교사의 인식에 관한 연구」, 신지영(1999)의 「불교의 생명사상에 나타난 유아교육원리」, 안서영(1999)의 「기독교의 생명사상이 유아교육에 주는 시사점」 등은 생태유아교육의 이론적·철학적 토대를 모색하는 대표적인 연구이다. 이어 2003년 나온 부산대 유아교육과의 첫 박사논문인 김은주의 「생태유아교육의 사상체계 및 실천 원리 연구」는 논문 제목이 말해주듯 생태유아교육 이론의 철학체계와 실천 원리를 종합한 연구라면 이듬해 발표된 하정연의 「생태유아교육 프로그램에 관한 문화기술적 연구」는 생태유아교육의 실천 현장을 심층적으로 참여해 관찰한 질적 연구이다. 권미량(2005)의 「생태유아교사교육 프로그램 모형 개발 연구」는 생태유아교육의 기본 체계에 근거하여 생태유아교사교육 프로그램 모형을 연구, 바람직한 생태유아교육을 실천하는 기반을 마련하고자 한 연구이다. 이들 학위 논문이 나오기까지 학생들은 기존 주류 유아교육 교수들의 학문적 편견과 싸워야 했다. 기존 유아교육과 교수들은 생태유아교육의 이론 체계에 대해 '이게 무슨 학문이냐?', 하는 식이었다. 심사위원 교수들은 대부분 '학위논문이라면 참고문헌으로 영어 원전 논문이나 저서가 꼭 있어야 한다'는 고정관념에 사로잡혀 있었던 것이다. 학생들은 이런 심사위원들 때문에 엄청 고생했다.

• 생태유아교육개론 표지

임재택은 2005년 『생태유아교육개론』을 발간했다. 1995년 3월부터 어린이집 원장을 하면서 10년간 실천한 결과를 정리, 생태유아교육 이론을 체계화하는 차원에서 집필했다. 그 이전의 모든 유아교육 관련 교과서는 서양 이론에 기반한 미국 책을 번역, 짜깁기한 게 대부분이었다. 그에 비해 이 책은 우리 전통 사상에 기반한 생태유아교육 이론과 부산대 어린이집에서 실천한 프로그램을 접목해 집대성한 성과물로 큰 의미를 갖는다. 그는 1년 안식년, 연구년을 받아 경주 황룡동 절골 촌집에서 집필했다.

- 임재택이 2005년 『생태유아교육개론』를 집필한 경주 황룡동 절골의 촌집 전경. 이 시골집은 원래 숯꾼들의 숙소로 쓰인 초가집이었는데, 1990년 아내 김옥자 여사가 친구로부터 우연한 계기로 구입해 기와지붕으로 개량했다. 청정 골짜기의 이 '촌집'은 임재택의 휴식을 위한 별장이자 독서를 위한 서사이며, 부산경남울산지역 환경생태단체 회원과 어린이들의 주말 생태교실이자 수련원 역할을 해왔다.

부산대 유아교육과 석사과정 학생 중에는 1980년대 학생시위 경력자들이 제법 있었다. 이들이 나중에 지역사회 탁아소연합회에서 활동했는데, 임재택은 유아교육의 현장을 공부한 것으로 간주하고 입학을 시켜줬다. 중문과, 불문과, 정치학과, 공대 섬유공학과 학생들도 있었다. 이들은 보육교사 자격증을 받고 교사를 하다 공부를 더 하고 싶어 유아교육과 석사과정에 응시한 것이다. 그는 또 이들에게 보육교사교육원 입학 자격도 주었다. 이들은 탁아소에서 빈민탁아운동 경력을 가진 사람이 유아교육과 출신보다 육아에 훨씬 더 유능하다는 것을 보여줬다.

제9장
대안교육운동
(1996)

임재택 평전
아이행복 세상을 위한 혁명

1987년 민주화 선언 이후 YMCA 교사 운동으로부터 전교조의 대안교육운동이 싹 트기 시작했다. 교육이 이런 식으로 가서는 안 된다는 인식 아래 실질적인 행동으로 이어진 게 대안교육운동, 혹은 대안학교 운동이다.

경남 산청의 간디학교가 첫 사례다. 간디학교는 1998년 설립되었는데, 임재택은 그때 간디학교 설립을 도왔다. 1995년 7월 「대안교육 모색을 위한 워크숍」이란 이름으로 대안교육운동의 첫 전국연대모임이 경기도 용인시 수지구에 성모수지교육원에서 열렸다. 이 워크숍은 서울평화교육센터 주최로 전국 각지에서 대안교육을 실천하는 교수, 학부모, 교육운동가들이 모여 대안교육의 철학과 방향, 실천사례, 연대 방안 등을 논의하는 자리였다. 주요 참가자로는 꾸러기학교 설립자인 정태일 목사, 서울평화교육센터 사무국장이자 대안교육 이론가인 고병헌 교수, 민들레학교 설립자이자 대안교육 철학을 정립한 현병호 선생, 간디학교 설립 준비 관계자인 이계삼 선생 등이었다. 임재택은 대안교육 실천사례 발표자로 초청되어 부산대 부설 어린이집의 생태유아교육 프로그램을 소개하면서 대안교육운동의 초창기 일원이 되었다.

임재택이 대안교육운동에 일찍 뛰어든 데는 그만한 이유가 있다. 그는 1995년 3월 부산대학교 어린이집 개원 이후 사실상 생태유아교육의 길을 걸었다. 그런데 생태유아교육은 황무지였고, 그 교육자는 비주류였다. 당시는 이화여대 유아교육과 출신들이 주류였고, 그들의 유아교육이 정론으로 인정받을 때였다. 임재택은 자신이 주창한 생태유아교육을 대안유아교육이라고 규정을 하고 대안교육운동을 시작했다.

당시 대안학교운동은 정규 초등학교와 중학교의 대안학교 설립을 시도했다. 초등, 중등학교 교육이 대입을 위한 주입식,

강제적·권위적인 수업이다 보니 좀 더 자유롭고 개방적, 창의적인 교육으로 바꾸자는 운동이 일어났다. 임재택은 이들보다 먼저 부산대학교 어린이집 운영을 통해 교실, 수업 중심에서 실외 학습, 놀이 중심으로 유아교육의 방향을 바꿨다. 그는 부산대학교 어린이집 운영을 통해 이미 대안 유아교육을 실행해온 셈이다. 이렇게 1995년부터 대안교육운동에 진심을 다했던 임재택은 1998년 이 운동에서 탈퇴하고 자신의 유아교육을 정상화하기 위해, 주류로 만들기 위해 생태유아교육학회와 생태유아공동체를 만들고 현장을 찾아다니며 동분서주했다.

대안교육운동을 그만둔 이유에 대해 임재택은 다음과 같이 말했다. "아이를 가둬놓고 양식, 양계장식으로, 수업 중심으로 키우는 주류 유아교육이 오히려 대안교육에 불과하고, 우리처럼 아이를 자연 속에서 놀이 중심으로 키우는 생태유아교육이 유아교육의 주류가 되어야 한다고 생각했어요. 1995년 3월 설립된 부산대 보육종합센터는 국가로부터 '한국 보육의 요람'으로 공식 인정받았는데 우리가 왜 대안이어야 하는가, 라는 자각을 하게 되었죠. 기존 유아교육 방식이 사도이고 우리가 정도이다. 따라서 초·중등학교의 대안학교운동은 지지하지만, 생태유아교육을 주류 유아교육으로 키워나가야겠다고 마음먹었기에 대안교육운동을 그만두었습니다."

임재택은 이후 생태유아교육을 주류로 만들기 위해 생태유아공동체를 설립하고 생태유아학회를 창립하는 등 학계와 교육기관 및 생활현장을 아우르는 유아교육학 체계 정립에 매진했다.

제10장
유보통합운동
(1996~)

임재택 평전

아이행복 세상을 위한 혁명

임재택은 대학교수를 하면서 우리나라 유아교육에 대해 두 가지 개혁을 주창했다. 제도개혁과 내용개혁이 그것이다. 제도개혁이란 유보통합, 즉 유아교육을 담당하는 교육부 관할의 유치원과 보육을 담당하는 보건복지부 관할의 어린이집의 통합을 말한다. 내용개혁이란 교실·수업·교사 중심의 기존 유아교육을 자연·놀이·아이 중심의 생태유아교육으로 전환하는 일이다.

1991년 1월 14일 '영유아보육법'이 제정 시행되었지만 이를 지원해줄 학계의 세력이 없었다. 당시 유아교육학계의 주류는 이 법안의 대상인 영유아를 자신들의 직접적인 유아교육 대상이라고 생각지 않았다. 그들은 사립유치원에 다니는 아이들만이 유아교육의 대상으로 여겼다.

영유아보육법 시행에 이어 김영삼 정부가 1995년 5월 31일 교육법을 교육기본법, 초·중등교육법, 고등교육법, 평생교육법의 4법 체제로 정비하는 교육개혁을 단행했다. 기존 교육법은 일본의 학교교육법을 거의 그대로 가져와 이름만 바꿔 1948년 제정된 것이다. 김영삼 정부의 교육개혁을 5·31 교육개혁이라 했다. 당시 임재택은 한국 공교육을 대변하는 부산대 유아교육학과 교수로서 이 교육개혁 작업에 의견을 내기로

• 유아교육체제 이원화의 문제점을 지적한 교육개혁위원회 보고서 내용을 소개한 국제신문 기사(1994.09.07). 이 기사에서 임재택은 "유아교육체제의 이원화로 저소득층 가정의 유아들은 보육시설에, 중산층 가정의 유아들은 유치원에 다니게 됨으로써 계층 간에 위화감을 야기하고 있다. 이를 해소하지 않는 교육개혁은 있을 수 없다."고 주장했다. [국제신문 제공]

했다. 유아교육은 사립유치원에 다니는 중상류층 아이들을 중심 대상으로 교육과정이 짜여 있었다. 그래서 그는 '이건 아니다'라는 생각을 하게 되었다. 대한민국 유아교육이 특정 계층의 아이만을 대상으로 해서야 되겠는가.

"유아교육의 개념이 사립유치원의 중상류층의 아이들을 위한, 일종의 귀족교육이라는 느낌이 들더군요. 유아교육이라면 대한민국의 취학 전 모든 아이를 대상으로 해야 하는데, 기존 교수들은 사립유치원 원장의 입장에서 벗어나지 못한 것 같더군요. '이건 아니다' 싶었습니다." 임재택의 회고이다.

임재택은 그래서 취학 전 아이들도 공교육으로 가야 한다고 생각했고, 부잣집 아이들보다 서민층 아이들한테 더 관심을 가져야 한다고 생각했다. 보육시설에는 저소득층이나 맞벌이 가정 아이들이 많은데 이 아이들은 더 많은 보살핌을 필요로 한다. 그는 미국 교환교수를 다녀오자마자 「우리 아이들 보육을 걱정하는 모임」을 결성한 것도 이 때문이다. 그는 지역사회 탁아소연합회 등 모임 회원 수를 늘리고, 후원금을 받아 부산 서구 아미동, 동구 안창마을 등 열악한 지역의 탁아소에 후원했다. 대학에서 민주화운동을 하다 졸업 후 빈민탁아

운동에 뛰어든 여성들과 연계했다.

마침내 임재택은 유치원 만 5세 무상교육 제도 도입, '유아교육법' 제정, 유보통합 등을 새롭게 주장하며 추진 운동에 나서게 됐다. 그는 유치원과 어린이집으로 나눠진 불평등 구조를 바로잡아 초등학교 이전에 영유아학교(0~2세 영아학교, 3~5세 유아학교, 0~5세 영유아학교)를 6년으로 통합하여 무상교육으로, 생태유아교육으로 전환해야 한다고 생각했다. 젊은 층이 결혼해 마음 놓고 아이를 낳고, 그 아이들이 국가의 보호 속에서 돌봄 교육을 받을 수 있도록 제도 개선을 하자는 것이다. 유보통합 문제는 역대 대통령 선거 때마다 이슈였으며 지난한 노력에도 불구하고 2025년 5월 현재 아직 미완의 과제로 남아있다.

"제가 1997~98년 보건복지부 중앙보육위원회 부위원장 직을 맡고 있을 때, 만 5세 무상교육 논쟁을 계기로 교육부 관할의 3~5세 유치원과 복지부 관할의 0~5세 어린이집으로 이원화된 제도를 일원화해(유보통합) 교육부로 이관, 생태유아교육으로 혁신을 했으면 참 좋았을 텐데 안타까워요. 그때 2조~3조 원만 들였으면 이런 문제가 다 해결될 수 있었다고 봐요." 임재택은 이렇게 회고하며 안타까운 표정을 지었다.

만 5세 유치원 무상교육 추진 운동

(1995~1997)

당시 김영삼 정부는 세계화를 국정 과제로 내세우고 있었는데, 세계 선진국에서는 유아교육과 초·

- 「만 5세아 초등학교입학반대 및 유아교육의 공교육화 추진 연대회의」활동을 소개한 국제신문 기사(1995.09.27). 공동대표인 임재택은 "유아교육의 개혁은 조기입학이 아니라 무상공교육화를 추진하는 방향으로 나아가야 한다. 입학 전 사교육비의 경감을 명목으로 내놓은 조기입학 안은 재고돼야 한다"고 촉구했다. [국제신문 제공]

중학교는 의무교육이자 무상교육이 점차 보편화하고 있었다. 당시 우리나라는 초·중학교 의무교육을 규정하고 있었으나 '무상교육' 개념 자체가 없었다.

마침내 임재택은 "정부가 만 5세아의 초등학교 조기입학을 추진할 게 아니라 '만 5세 유치원 무상교육'을 도입해야 한다."고 주장했다. 초등학교는 의무교육이니까 취학 전 1년 즉, 만 5세만이라도 무상교육으로 하자, 유아교육의 국민적 관심을 높이기 위해 첫 단추로 취학 전 1년은 무상교육을 하자, 고 주장했다. 그는 초·중등교육법 안에 '취학 전 1년 만 5세 무상

• 「만 5세아 초등학교 입학 반대 및 유아교육의 공교육화 추진 연대회의」의 활동을 소개하는 부산일보 기사(1995.10.16). 연대회의 공동대표인 임재택은 "학습능력을 갖춘 특수 재능아를 조기교육시키겠다는 교육부의 개선안은 열악한 우리 교육환경을 고려하지 않은 섣부른 계획"이라고 지적했다. [부산일보 제공]

교육' 조항만 삽입하면 된다고 설명했다.

임재택은 이를 실현하기 위해 1996년 9월 우리 아이들의 보육을 걱정하는 모임 등 26개 시민사회운동단체로 구성된 「초등학교 취학 전 1년 만 5세 유치원 무상교육 실현을 위한 범국민연대모임」을 결성했다. 그는 교육부와 국회 앞에서 시위를 하고, 국회의원들을 만나 설득했다. 김영삼 정부 민주자유당의 제1정책조정위원장이었던 손학규 의원은 임재택 일행의 건의를 듣고 선뜻 "무상교육 해야지."하며 도입을 약속했다. 손학규 의원은 당정협의를 통해 취학 전 1년, 만 5세 유치원 무상교육 실시를 공식화했다. 여론은 호의적이었고 시민의 반응은 뜨거웠다. '만 5세 유치원 무상교육' 시행은 눈앞에 다가온 듯싶었다.

그런데 '만 5세 유치원 무상교육' 시행에는 뜻밖의 복병이 기다리고 있었다. 바로 어린이집 원장들이었다. 교육부 관할의 유치원 측은 '만 5세 유치원 무상교육'을 반겼다. 그러나 보건복지부 관할의 어린이집 측은 격하게 반대했다. 반대 이유는 '만 5세 유치원 무상교육'이 유치원 아이한테만 혜택을 주는 제도가 될 것이기 때문이라는 것이다.

당시 유아교육계 상황은 이랬다. 취학 전 1년이면 만 5세 아이로, 영유아보육법에 따르면 이들은 유치원이나 어린이집에 다닌다. 그런데 교육법 적용 대상에는 유치원만 있고, 어린이집은 없다. 어린이집 측은 초·중교육법에 '취학 전 1년 만 5세 유치원 무상교육' 조항을 삽입하면 그 적용 대상은 당연히 교육부 관할의 유치원 아이이고, 어린이집 아이는 제외될 것이라며 '만 5세 유치원 무상교육' 도입을 반대했다. 임재택은 설

- 「만 5세 유치원 무상교육 실현을 주장하는 시민단체 연대모임」의 활동을 소개한 부산일보 기사(1996.10.02). "군 단위 이하 지역과 도시지역 영세민 자녀를 대상으로 무상교육을 우선 실시한 뒤 단계적으로 대도시지역으로 확대할 경우 정부로서도 큰 부담이 되지 않을 것"이라는 연대모임 공동대표 임재택 교수의 발언을 실었다.
  [부산일보 제공]

득했다. "5·31 교육개혁에 의해 교육법을 바꿀 것이다, 초·중등 교육법 안에 '만 5세 유치원 무상교육' 조항을 넣고, 곧바로 영유아보육법도 '어린이집 만 5세 무상교육' 조항을 넣어 개정하면 된다." 그는 입이 부르터지도록 설명을 해도 반대는 수그러들지 않았다. 그로서는 정말 답답한 노릇이었다.

어린이집 측은 '만 5세 유치원 무상교육' 반대에 그치지 않았다. 이를 주도하는 그를 비난하고 나섰다. 어린이집 원장들이 임재택 규탄 대회를 열었다. 심지어 '임재택이 부산대 보육종합센터 설립비를 횡령했다', '여자관계가 복잡하다'는 등의 모함성 투서를 대학에 넣기도 했다. 어린이집 측이 격렬하게 반대하자 어린이집 관할의 보건복지부도 '만 5세 유치원 무상교육' 반대 입장으로 돌아섰다. 당시 만 5세 아이는 어린이집에 70%, 유치원에 30% 다니는 상황이었다. 그러자 처음에 찬성 일색이던 여론도 반반으로 확 갈라져 버렸다.

임재택은 어린이집 쪽이 '만 5세 유치원 무상교육'의 진정성을 믿지 못한 가장 큰 이유로 자신이 국립대 교수라는 사실 때문인 것 같았다고 술회했다. "어린이집 원장들은 나의 정체는 교육부 소속 공무원인데, 보건복지부를 설득해 부산대에 보육종합센터를 건립해 어린이집 원장을 하면서 실제로는 교육부 관할의 유치원 편을 들고, 만 5세 유치원 무상교육 정책도 그런 이유에서 추진한다고 생각하는 것 같더군요."

[국제신문 제공]

어린이집 쪽에서 무상교육을 반대한 또 다른 이유는 정부의 관리·감독을 원치 않았기 때문이다. 국가예산을 지원받을 경우, 즉 만 5세 아이 무상교육이 시행되면 어린이집은 정부 해당 부처의 감사를 받아야 할 게 뻔하다. 무상교육 반대 이유는 겉으로는 교육부 산하의 유치원 특혜를 내세웠지만 속으로는 정부의 감독과 감시를 받기 싫었던 것이다. '만 5세 유치원 무상교육' 찬성 입장을 밝힌 유치원 쪽에서도 유치원만이 아니라 어린이집까지 대상에 포함되는 것은 원치 않았다. 당시 유치원 측은 어린이집 쪽을 비하하며 동등하게 대우받기를 거부했다. 이들은 법적 용어인 보육이라는 용어 대신 '탁아'라 하고 어린이집 보육시설을 '탁아소'라고 불렀다. 이렇게 보면 어린이집과 유치원 쪽 모두 '만 5세 유치원 무상교육'을 반대한 셈이다. 여기에는 정부 부처의 관할권 싸움도 작용했다.

유아교육
공교육 추진 운동
유보통합운동
(1997~)

　유보통합은 유치원(유아교육)과 어린이집(보육)을 하나의 체계로 통합하여 모든 영유아에게 질 높은 교육과 보육을 공평하게 제공하기 위한 정책이다. 현재 유치원과 어린이집은 각각 교육부와 보건복지부에서 별도로 관리되고 있어, 같은 연령대의 아이들이 다니는 기관에 따라 교육 환경과 서비스에 차이가 발생하고 있다. 유보통합은 이러한 문제를 해결하고, 모든 영유아가 안정적이고 일관된 교육 환경에서 성장할 수 있도록 하는 것을 목표로 한다.

　임재택은 '만 5세 무상교육' 실현을 어렵게 하는 근본 원인이 유치원과 보육시설(어린이집)의 이원화에 있음을 깨닫고 '유보통합(유치원-어린이집 통합)'을 추진했다. 그는 생각했다. 유치원과 어린이집이 둘로 갈라져 유치원에 아이를 보내는 부모와 어린이집에 보내는 부모끼리 싸우고, 관할 부처인 교육부와 보건복지부가 싸운다. 이건 말이 안 된다. 통합해야 한다. 그는 다음해 1997년 9월 「유아교육의 공교육 체제 실현을 위한 범국민연대모임」(31개 단체)을 결성해 상임공동대표를 맡아 주말이면 국회로 올라가 의원실을 찾아다니며 유보통합을 위한 장도에 올랐다.

1996~97년 당시 유보통합에 관한 어린이집과 유치원의 입장에 관해 곽문혁 수연어린이집(부산 금정구 장전동) 원장은 다음과 같이 말했다. 곽 원장은 1990년 결성된 「우리 아이들 보육을 걱정하는 모임」의 회원으로 임재택의 유보통합운동에 동참한 현장 동지 중 한 사람이다.

"그 당시에 저는 어린이집을 운영 중이었습니다. 5~7세 유아들이 대부분 어린이집에서 생활했지요. 우리는 유아교육의 적기성을 중요하게 생각하며 유아교육 과정에 열과 성을 다했습니다. 하지만 사회의 인식은 달랐어요. 부모들은 어린이집 보육과정은 유아의 발달을 돕는다고 생각지 않고, 유치원에 가야만 온전한 유아교육의 혜택을 받는다고 믿는 경향이 많았습니다. 유아들의 발달 현상을 보고도 기관의 명칭에 따라 교육적 신뢰를 달리 하는 것에 안타까움이 컸습니다. 여기에는 어린이집과 유치원의 관할이 복지부와 교육부로 이원화되어 지원 체계가 다른 것도 큰 요인이라고 봤습니다. 자연히 다 같은 대한민국의 영유아가 하나의 정책 시스템에 의해 보육·교육되어야 한다고 생각했습니다."

유보통합에 반대하는 유치원 측에 대해 곽문혁 원장은 이렇게 말했다. "유치원의 반대 이유는 하향 평준화 우려, 종일반 운영 기피, 영아보육 회피, 유치원의 기존 차별적·우월적 위치 고수 등이라는 얘기가 나돌았어요. 유치원 쪽에서 명확하게 '무엇' 때문이라고 밝히지 않았어요. 어린이집 측에서 보기에 그들의 입장은 이 땅의 모든 아이에 대한 사랑과 책임을 외면한 편협하고 이기적인 태도라고 생각했어요."

임재택은 1995년 곽문혁 등이 결성한 민간어린이집연합회(민보련)와 손잡고 유아교육법 제정을 촉구하는 범국민운동을 펼쳐 나갔다. 곽문혁은 그 과정을 다음과 같이 말했다.

"당시 저는 「우리 아이들 보육을 걱정하는 모임」의 일원으로서 늘 열악한 보육정책에 대한 개선점 등을 임재택 교수님과 논의하던 차에 가장 강력한 해결책으로 제시된 방안 – 어린이집을 교육과 보육을 담당하는 유아학교로 만드는 것 – 을 해답으로 생각하며 어린이집이 교육기관으로 위상이 정립되기를 소망했습니다. 그러던 중 임재택 교수님께서 인구 비중은 큰데도 정부 지원이 전무한 민간어린이집의 열악한 보육현장에 관심을 갖고 민보련 발족부터 활동에 직접 동참해주셨습니다. 저는 민보련의 임원을 맡아 어린이집 보육정책과 홍보 활동을 하면서 한편으로는 임재택 교수님께 많은 협조를 받았고, 또 다른 한편으로는 임 교수님의 영유아보육·교육의 제도·내용 개혁 운동에 연대해왔습니다.

임재택 교수님과의 민보련 활동은 자연히 본격적인 유보통합운동으로 이어졌습니다. 처음에는 민간어린이집이 외롭게 시작한 유보통합운동이었지만, 점차 한국어린이집총연합회 전체가 유보통합에 대한 뜻을 하나로 모으고 대선 때마다 후보에게 공약 채택을 요청해온 결과 오늘날 유보통합의 기반이 마련된 것이라고 봅니다. 여기까지 오게 된 건 임재택 교수님의 역할 덕분입니다. 이제 마지막 남은 건 임 교수님이 처음부터 주장해오신 영유아학교의 완전한 실현입니다. 이를 위해 국회는 영유아보육법, 지방교육재정교부금법, 지방교육자치법 등 유보통합 3법을 조속히 통과시키기를 촉구합니다."

역대 정부의
유보통합 관련 정책과
임재택의 활동

김영삼 정부(1993~1998)는 만 5세아 초등학교 취학 문제를 처음 거론했다. 김영삼 정부는 1995년 5·31 교육개혁 과정에서 만 5세아 선별 조기 취학안을 주요 정책 과제로 제시하고, 유아교육계와 학부모 단체를 포함한 대부분의 시민단체들의 강력한 반대에도 불구하고, 법령 개정을 통해 만 5세아 선별 조기 취학을 부분적으로 허용하였다.

임재택은 이 같은 정부 정책에 대해 "만 5세아 조기취학보다 유아교육의 공교육화가 급선무"라고 강조했다. 그는 1995년 9월 부산유아교육학회 등 20여 개 교육 관련 단체를 규합해 「만 5세아 초등학교 입학 반대 및 유아교육의 공교육화 추진 연대회의」를 구성해 적극 활동했다. 이어 그는 교육부의 교육법 개정 추진에 때맞춰 1996년 9월 26개 시민사회교육단체들로 「취학 전 1년 유치원 무상교육 실현을 위한 범국민 연대모임」을 결성, 범국민서명운동을 벌이는 등 활발한 활동을 펼쳤다. 임재택은 더 나아가 1997년 9월 만 5세아 무상교육의 실현뿐 아니라 유보통합 일원화를 지향하는 「유아교육 공교육 체제 실현을 위한 범국민연대모임(31개 시민사회단체, 상임공동대표 임재택)」을 결성해 운동하다, 2004년 유아교육법 제정과 영유아보육법 전면 개정안 통과 후 활동을 마감했다.

김대중 정부(1998~2003)에서는 만 3~5세 유아를 대상으로 유치원(교육부 관할)과 어린이집(보건복지부 관할)의 이원화된 체제를 '유아학교'(교육부 관할)라는 단일 체제로 통합하는 한편 단계적 무상교육을 시행하는 정책방향을 제시했다. 이를 제도화하려는 「유아교육법안」이 1999년 2월 2차(1차는 1997년 11월)로 발의되었다. 그러나 보육계와 보건복지부, 여성계의 반대로 인해 이 법안은 본회의에 상정되지 못했다. 제15대 국회 임기 만료로 폐기되었다. 김대중 정부는 또 집권 5년 차인 2002년 10월 제12차 인적자원개발회의에서 교육부 차관을 단장으로

10개 정부부처 실·국장을 위원으로 하는 유아교육·보육 발전 기획단을 구성하고 정책연구를 추진했으나 성과를 거두지 못했다.

임재택은 「유아교육 공교육 체제 실현을 위한 범국민연대 모임」의 상임공동대표로서 유보통합과 유아교육법 제정 운동을 주도했다. 그는 유아교육과 보육의 통합 필요성을 공론화하고, 유아교육의 공교육 체제 편입과 국가 책임 강화를 촉구하는 한편 국회에 유아교육법을 발의하도록 정책적·사회적 압박을 가했다. 그의 이 같은 활동은 마침내 1999년 '유아교육법안'의 국회 발의로 이어졌고, 유보통합 논의가 국가적 의제로 자리잡는 데 중요한 역할을 했다.

김대중 정부가 유아학교로의 유보통합을 주요 정책으로 추진하고 이를 뒷받침하기 위한 국회의 유아교육법 발의가 이루어진 데는 임재택의 역할이 결정적이었다며 엄기형 한국교원대 명예교수는 다음과 같이 밝혔다.

"제15대 대통령 선거가 있은 해인 1997년 9월부터 제가 김대중 대통령 후보가 소속된 새천년민주당의 교육정책 전문위원으로 일했습니다. 9월 중순으로 기억되는데, 임재택 교수가 국회의원회관으로 저를 찾아와 유아학교로의 유보통합과 유아교육법 제정을 핵심 내용으로 유아교육정책안을 김대중 대통령 후보의 대선공약에 넣어 달라고 요청하더군요. 제가 교육정책(교육학 박사)을 공부한 터라 그의 유보통합 정책안의 중요성을 한눈에 알아보았습니다. 그래서 저는 임 교수의 유아교육정책안에 '3~5세아 단계적 무상교육'을 추가, 정리해 당에 보고했고, 당은 10월 4일 이를 대선공약으로 공식 채택했습니다. 이어 11월 4일 이를 제도적으로 뒷받침하기 위해 새천년민주당 주도로 유아교육법을 발의했습니다. 대선 후 제가 대통령직인수위원회 교육분야 상근자문위원, 교육인적자원부 교육부총리정책보좌관실 등에 근무할 때도 임 교수는 저를 자주 찾아왔고, 유아교육법 통과를 위해 국회를 찾아다니며 동분서주했어요. 유아교육법이 1999년 2월 재차 발의되었으나 끝내 통과되지 못한 게 참 안타깝습니다. 보건복지부의 관할권 상실에 대한 노골적인 반대, 이익집단의 갈등, 주류 유아교육계의 반대 등의 벽을 넘지 못한 것이지요. 하지만 두 차례 유아교육법의 발의로 유보통합 논의가 공론화하면서 이에 대한 공감대가 확산되었다는 것은 성과라고 봅니다. 임재택 교수의 노력이 결코 헛되지 않았지요. 임 교수의 정책제안을 받고 저의 일처럼 공약화, 법안 작업에 몰두했던 기억이 새롭습니다. 임 교수의 열정에 제가 감동했기 때문이지요. 유네스코도 '모두를 위한 교육(Education for All)'을 기치로 내세우고 있잖아요. 같은 맥락의 유보통합은 반드시 이루어져야 하고, 어쩌면 이번 이재명 정부에서 실현될 가능성이 높다고 봅니다. 임 교수는 생태유아교육을 창시한 학자일 뿐 아니라 한국 유아보육 운동사의 획을 그은 보육운동가로도 역사에 기록되어야 마땅합니다."

노무현 정부(2003~2008)의 대표적인 유아교육·보육 정책은 2004년 유아교육법과 영유아보육법 개정으로 설명된다. 유아교육법 제정은 유아교육의 공교육적 성격과 국가 책임을 명확히 했다는 데 의미가 있다. 또 1991년 제정된 영유아보육법 개정을 통해 보육의 공공성 강화와 국가 책임 확대, 보육 서비스의 질적 개선을 위한 제도적 기반을 마련했다. 노무현 정부는 2005년 유보통합 정책으로 유보통합 정책 연구와 실행을 지원하는 국가기관인 육아정책개발센터(현 육아정책연구소)를 설립했다. 이로써 유치원(교육부 관할)과 어린이집(보건복지부 관할) 이원화 체계의 비효율성을 해소하고 평등한 출발선을 보장하기 위한 일원화 논의가 본격화되었다.[1]

노무현 정부는 또 만 5세아 조기 취학 정책안을 사교육비 경감 및 저출산 대책으로 추진했으나, 유아교육계와 학부모 단체를 포함한 시민단체들의 강력한 반대로 보류했다. 결국 만 5세아 조기 취학 계획은 취학 연령의 기준을 만 6세로 하되 부모의 판단에 따라 만 5세나 만 7세에도 취학이 가능하도록 선택의 여지를 두는 내용의 초·중등교육법 개정으로 마무리되었다.

노무현 정부는 유보통합을 위한 관리 부처 일원화 등 실질적인 성과는 거두지 못했으나 유보통합의 필요성에 대한 사회적 공감대와 정책적 기반을 마련했다는 점에서 평가를 받는다. 이는 이명박 정부의 누리과정(만 3~5세 공통교육과정) 등 유보통합 정책의 진전에 토대가 되었다.

임재택이 1997년 9월 결성해 상임공동대표로 활동한 「유아교육 공교육 체제 실현을 위한 범국민연대모임」의 활동이 노무현 정부의 2004년 유아교육법 제정과 영유아보육법 개정에 큰 영향을 미친 것으로 평가된다. 그는 노무현 정부 시기 유아교육법 제정과 만 5세 무상교육이 단계적으로 도입됐지만 보육업무의 여성부로 이관, 교육부와 여성부(보건복지부) 간

갈등, 중복관리로 인한 예산과 인력낭비, 유아교육에 대한 사회적 인식 저하 등의 문제도 발생했다고 지적했다. 그는 유아교육·보육 소관 부처의 교육부 일원화, 유아교육법과 영유아보육법의 통합, 생태친화적 교육과정으로의 전환 등 구체적인 유보통합 실행 방안을 제안했다.

이명박 정부(2008~2013) 역시 만 5세아 조기 취학 정책안을 추진하다 관련 단체와 현장, 학계의 강력한 반대에 부딪혀 이를 철회했다. 여성부로 이관되었던 영유아보육 업무를 보건복지부로 되돌려 놓았으며, 2012년 만 5세 누리과정, 2013년 만 3~5세 누리과정을 추진했다. 유치원과 어린이집 만 3~5세 누리과정(무상교육 지원과 공통 교육과정 운영) 시행은 유보통합(일원화)의 첫걸음으로 평가된다. 하지만 누리과정 시행을 위한 예산이 확보되지 않아 교육청과 지자체의 갈등과 보육 대란을 유발했다.

임재택은 이명박 정부가 유치원과 어린이집에 동일한 누리과정을 강제하고, 이를 이행하지 않을 경우 예산 지원을 중단하는 등 중앙집권적·획일적 정책을 추진한 것에 대해 강하게 비판했다. 그는 누리과정이 '국정화'되어 현장 다양성과 자율성이 사라지고, 교사와 아이 모두에게 과도한 평가와 행정 부담이 전가된다고 지적했다. 특히, 교사들이 13권에 이르는 교사용 지도서와 CD에 따라 아이들을 통제·관리해야 하고, 연간·월간·주간·일일 교육계획안을 작성해야 하며, 300여 개에 달하는 평가지표를 통과해야만 예산 지원이 이뤄지는 현실을 비판했다. 그는 이러한 획일화된 교육과정이 아이들을 '가두리 양식장'에 가두는 것과 같으며, 놀이와 자연 속에서의 자유로운 성장, 다양한 교육철학(생태유아교육, 숲유치원, 레지오에밀리아 등)의 실현을 막는다고 주장했다.

임재택은 누리과정이 아이의 건강과 행복, 자유로운 놀이와 창의성 함양보다는 행정편의와 평가 중심으로 운영되는 현실을 비판하며, 유아교육·보육의 주인은 '아이'임을 강조, 아이들이 교실 밖에서 자연과 놀이터, 숲에서 뛰놀 수 있는 교육과정의 필요성을 역설했다. 이와 함께 그는 언론 기고, 강연, 연구 활동을 통해 누리과정의 문제점과 개선 방향을 지속적으로 사회에 알렸다. 특히, 분권적이고 다양한 교육과정 운영, 교사와 현장 자율성 보장, 생태유아교육 등 대안적 모델을 제시하며, '아이 중심'의 유아교육·보육 정책 전환을 촉구했다. 그는 임재택은 유아교육 4대 학회의 대표자 자격으로 누리과정의 교육 내용이 지나치게 교사·수업 중심임을 지적하고 생태유아교육 내용을 반영할 것을 요구했다.

박근혜 정부(2013~2017)는 유치원과 어린이집 만 3~5세 누리과정 예산 문제를 안고 있었지만, 국무조정실 내 유보통합추진단을 설치·운영(2014~2018) 하면서 유보통합 일원화의 토대를 마련했으나 탄핵으로 유야무야 됐다.

임재택은 2017년 1월 초 전국 53개 유아교육·보육단체가 참여한 「유아교육·보육혁신연대」를 결성해 유보통합운동을 벌였다. 이 단체는 "어린 아이를 국가 경제 발전에 기여할 인력이나 인간 자본의 조기 육성 대상으로 볼 것이 아니라 고귀한 생명과 인권을 가진 주체적 생명인으로 여기고 건전한 성장과 발달, 보호·교육받을 권리를 보장하는 관점으로 유아교육·보육의 패러다임을 전환하라."고 주장했다.

문재인 정부(2017~2022)는 유보통합을 국정과제로 설정하고, 이원화된 관리체계로 인한 서비스 격차와 누적되는 교육 불평등 해소를 목표로 삼았다. 유보통합추진위원회와 자문단을 구성해 사회적 논의를 본격화하고 0~5세 영유아 통합

교육과정 마련, 유치원·어린이집 통합기관(영유아학교) 시범 운영, 교원 자격체계 개편 등 단계적 실행을 계획했다. 또 어린이집 누리과정 예산을 전액 국고에서 지원하도록 해 지방재정 부담과 예산 갈등을 해소하려 했다.[2] 하지만 문재인 정부는 유보통합의 실질적 성과를 거두는 데는 실패했다. 교육부와 복지부 간의 주도권 다툼, 유아교육계와 보육계 간의 갈등, 예산 확보와 재정계획 미흡 등으로 정책이 표류했다. 게다가 문재인 정부는 유보 격차 해소와 보육의 공공성 강화를 명분으로 사회서비스원을 설립해 국공립 어린이집을 요양원 등 일부 복지시설과 함께 관리하도록 해 유보통합을 오히려 이전 정부보다 더 후퇴시켰다는 비판을 받았다. 다만 유아교육의 내용적인 측면에서는 기존 교실·수업·교사 중심의 누리교육 과정을 자연·놀이·아이 중심의 누리교육 과정으로 바꾼 「2019년 개정 누리과정」의 실현을 통해 상당 수준의 개혁을 이루었다. 특히 생태유아교육의 실천사례를 담은 『자연과 아이다움을 살리는 생태놀이』를 5종의 놀이운영사례집 중 하나로 공식 채택했다. 하지만 2020~2021년 코로나19 팬데믹으로 인해 이 놀이운영사례집은 제대로 활용되지 못했다.

임재택은 2017년 초 광화문 촛불정국에서 「유아교육·보육

• 2017년 6월 23일 부산적십자회관 대강당에서 열린 '새 정부 유아교육 혁신 어떻게 할 것인가?' 순회 강연의 임재택

• 순회강연을 듣는 유치원 어린이집 학부모들

혁신연대(53개 시민사회단체)」를 결성하여 유아교육과 보육의 혁신을 주장했다. 촛불시민혁명으로 문재인 정부가 탄생하자 그는 생태유아교육학회와 유아교육·보육혁신연대를 통해 유아교육·보육의 국민주권 정신의 보장을 촉구했다.

임재택은 2017년 6월 17일 광주에서 열린 한국생태유아교육학회 춘계학술대회의 기조발제「새 시대의 영유아보육·교육과정의 혁신, 획일화에서 다양화로」를 통해 "광화문 촛불시민혁명의 정신으로 탄생한 새 시대·새 정부는 국민주권시대, 국민의 권리와 자유, 건강과 행복, 생명과 평화를 보장해야 한다"면서 "대한민국의 유아교육·보육의 주권은 아이에게 있고, 유아교육·보육의 모든 이론과 실제는 아이로부터 나온다"고 천명했다. 그는 새 시대 유아교육·보육혁신의 방향으로 △홍익인간 이념 실현 △공동체 중심의 교육 지향 △분권형 교육 운영 지향 △영유아교육 평등권 보장 등을 제시했다. 또 5대 영역의 혁신과제로 △경직된 공공성(公共性) → 상생·공존 공공선(公共善) △지식 중심 획일화 → 생명 중심 다양화 △불신·통제 행정 → 신뢰·지원 행정 △불안정 무상교육 → 공정·평등 무상교육 △유보 이원화 → 유보 일원화를 적시하고 이의 실현을 위한 추진기구로 국무총리실 산하 민관협동 유아교육·보육혁신위원회 설치·운영을 제안했다.

이와 함께 임재택은 언론 기고문을 통해 새 정부의 유아교육 혁신을 촉구하는 한편 「새 시대 유아교육 혁신, 어떻게

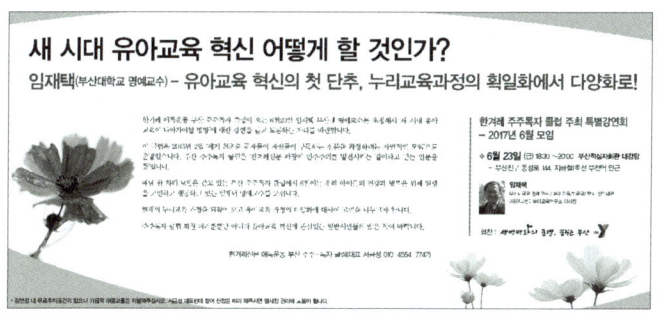

• 한겨레신문 하단 광고로 게재된 순회강연 포스터

할 것인가?」를 주제로 전국 순회 강연회를 가졌다. 한겨레신문 주주독자 클럽이 주최한 순회 강연회는 2017년 6월 23일 부산(부산적십자회 대강당)을 시작으로 7월 12일 서울(서울시청 다목적홀), 8월 23일 광주(조선대 서석홀), 9월 27일 제주(제주학생문화원)으로 이어졌다.

윤석열 정부는 2024년 6월 영유아교육·보육통합추진위원회 회의를 열고 '유보통합 실행계획(안)'을 발표했다. 또 2025년 내에 유보통합 관련 법안(유보통합 3법)을 국회에서 통과시키고 2026년부터 유치원과 어린이집의 통합기관을 출범할 계획이라고 밝혔다. 복지부가 관할하던 어린이집 관련 사무를 교육부로 이관하고, 교육부는 유치원과 어린이집의 통합을 추진하는 '영유아정책국'을 신설했다. 교육부는 2023년 9월부터 영유아학교 시범사업을 운영했으며, 이를 바탕으로 오는 2027년까지 전국 유치원·어린이집의 약 10%(3100곳)를 영유아학교로 지정해 유보통합을 점진적으로 확대할 계획이다. 하지만 유보통합 재원 확보 방안, 교사 자격 통합 논란 등 아직 문제가 산적해 있다.

대한민국
교육대전환 제안서

임재택은 대통령 선거 때마다 후보들에게 '유보통합 공약'을 요청하고, 공약 채택 투쟁을 벌이기도 했다. 2017년 19대 대선 때는 유아교육·보육혁신연대를 결성, 유보통합을 비롯한 유아교육과 유아보육의 혁신 공약을 촉구했다.

그는 2022년 20대 대통령 선거전에서는 더불어민주당 이재명 후보가 '유보통합 공약'을 공식 채택하는 데 결정적인 역할을 했다. 임재택과 이재명의 인연은 이재명이 경기도지사이던 2020년 11월로 거슬러 올라간다. "이재명 지사의 한 측근이 내게 연락을 해와 '내년 대선 때 좀 도와 달라'고 하면서 이 지사

와의 면담을 주선하겠다고 하더군요. 그래서 이 지사를 만났어요. 이 지사는 '고 박원순 서울시장을 지원했던 유아교육계의 조직을 우호세력으로 이끌어달라'고 요청하더군요. 이 지사의 요청에 나는 '고 박원순 시장이 했던 것처럼 유보통합 등 유아교육의 제도개혁과 생태친화보육 등 내용개혁을 시행하면 그렇게 하겠다'고 약속했지요."

그러다가 2021년 6월 30일 예비경선 후보자 등록을 마치고 7월 1일부터 예비경선의 막이 올랐다. 이재명 예비후보 선거운동본부는 7월 1일 첫 공식 모임을 코로나19 팬데믹에 따라 비대면 화상회의 방식으로 진행했다. 이날 화상회의에는 선거운동본부의 주요 관계자, 실무진, 그리고 이재명 예비후보를 지지하는 각계 인사 500여 명이 참여해 선거전략, 조직 구성, 향후 일정 등에 대해 논의했다. 임재택은 이 모임에서 세 번째 발언자로 나서 "이재명 예비후보가 유보통합을 공약으로 내걸고 '아이행복 대통령'을 선언하면 유아교육·보육계의 50만 표를 끌어오겠다."고 공언했다.

7월 11일 이재명, 이낙연 등 본경선 진출 후보 6인이 확정되고 9월 4일부터 대전·충남 지역을 시작으로 전국 순회 경선이 시작됐다. 이재명 후보는 1차 순회 경선에서 '유보통합' 정책을 선언했다. 이에 유보격차 해소, 돌봄정책 우선을 주장했던 이낙연 후보는 2차 순회 경선에서 유보통합으로 선회했다. 20대 대통령 선거의 더불어민주당 후보로 공식 선출된 이재명 후보는 12월 13일 '유보통합 공약'을 공식 발표했다. 그러자 국민의 힘 윤석열 후보도 유보통합 공약을 강조하고 나섰다. 이재명 후보는 "아이들이 어느 시설에 다니든지 격차가 발생하지 않고, 질 좋은 보육과 교육을 받을 수 있도록 유보통합을 추진하겠다."며 유보통합위원회를 구성해 유치원과 어린이집, 교사를 단계적으로 통합한다는 계획을 밝혔다.

하지만 이재명 후보는 2022년 2월 15일 20대 대선전이 돌입됐으나 유보통합 공약 발표를 미뤘다. 임재택은 이재명 후보 선거대책위원회 측에 "조속히 유보통합 공약을 선언하지 않으면 지지를 철회하겠다"고 통보했다. 그러자 선대위는 마침내 '유보통합, 아이행복 대통령'을 선언했다. 그는 "이미 유아교육·보육계의 표가 2/3 이상 떨어져나간 뒤였다. 만시지탄(晩時之歎)이 아닐 수 없었다."고 말했다.

• 민주당 유보통합 결의대회

    20대 대선이 끝나고 2022년 5월 10일 윤석열 정부가 출범했다. 그해 7월 29일 박순애 사회부총리 겸 교육부 장관이 대통령 업무보고에서 초등학교 입학 연령을 만 5세로 낮추는 학제 개편안을 발표했다. 이 정책은 교육계와 학부모의 반발을 불러일으키며 엄청난 사회적 논란을 야기했다. 아이들의 발달 단계를 고려하지 않은 정책으로 사교육 부담 증가와 조기 경쟁을 심화할 우려가 제기되었다. 교육계에서는 '만 5세 초등입학'보다 '만 5세 유아교육 의무화'가 더 현실적이고 효과적이라는 의견이 지배적이었다. 여론이 악화되자 박순애 장관은 그해 8월 8일 자진 사퇴했다. 이어 정부는 만회용으로 '유보통합'을 선언하고 정부조직법을 개정, 보건복지부 관할의 영유아보육 업무를 교육부로 이관하는 등 유아교육·보육

업무를 교육부로 일원화했다. 이로써 우여곡절 끝에 유보통합의 단초가 마련됐다.

임재택은 "지금까지 이뤄진 유보통합의 공헌자를 꼽아보면, 첫째 유보통합을 공식 대선 공약으로 발표한 이재명, 두 번째는 '만 5세 초등입학' 정책이라는 실족을 범한 박순애, 그리고 세 번째는 유보통합을 30년 넘게 주창한 임재택"이라며 "이재명이 새 정부에서 유보통합을 완성해주기를 기대한다"고 말했다.

2024년 6월 정부조직법 개정을 통해 보건복지부 관할의 영유아보육 업무가 교육부로 이관되었으나 후속 입법 추진 미비로 영유아보육·교육 업무 실행에 혼란이 심화하고 있다. 실질적인 유보통합 실행을 위해서는 영유아보육법, 유아교육법, 지방교육재정교부금법, 지방자치에 관한 법률, 교육기본법 등 관련 법령, 시행규칙, 조례 등의 제·개정이 이어져야 한다고 임재택은 강조했다.

정부의 그간 저출생 대책은 대부분의 재정을 주거대책(실제로는 부동산 경기부양)에 사용함으로써 실질적 효과를 거두지 못했

• 2022년 5월 18일 20대 대선 이재명 후보와의 정책협약 후 촬영

• 20대 대선 이재명 대통령 후보 선대위의 영유아교육
대전환 유보통합 총괄특위위원장 임명장

다. 특히 육아휴직 등 부모의 책임하에 영유아를 돌보도록 하는 정책은 △육아휴직을 누릴 수 있는 대상이 적고 자영업, 농어축산업, 비정규직, 중소기업 직장인 등은 사용 불가능하고 △육아휴직의 기간이 영유아 돌봄이 필요한 10여 년의 기간 중 1~2년 수준(최대 3년)에 지나지 않아 육아휴직이 일과 양육의 병행(워라벨) 대책이 될 수 없으며 △급변하는 직업의 세계에서 육아휴직 기간 중 경력단절에 의한 불이익을 회복하기 어렵다. 따라서 부모가 안심

하고 맡길 수 있는 육아대책을 국가가 책임지고 세워야 한다. 이러한 국가정책의 부재 속에서 최근 영유아를 대상으로 하는 소위 '4세 고시', '7세 고시'와 같은 심각한 사회병리적 문제가 발생하고 있다고 임재택은 진단했다.

임재택은 이러한 일련의 실질적인 유보통합 실현을 위한 기본 원칙과 방향을 다음과 같이 말했다.

"유보혁신 방안은 지난 30년 가까운 유아교육 개혁 운동사를 되돌아보면 '정답'이 나옵니다. 우리나라 유아교육·보육문제는, 제도는 해방 후 일본의 유보분리 이원화 체제이고, 내용·방법은 미국의 것을 답습한 교실·수업·교사 중심 교육과정 체제에 있습니다. 따라서 우리의 유보혁신 과제는 교육 제도는 일제(日製), 교육 내용·방법은 미제(美製), 아이는 국산(國産)인 구조적 문제를 해결하는 제도개혁과 내용개혁에 있습니다."

임재택은 이렇게 말하면서 윤석열의 탄핵 후 새롭게 출범하는 새 정부에게 미리 「유보통합시대, 초저출생 극복·아이행복 실현을 위한 대한민국 교육대전환 제안서」를 2025년 4월 18일 부산YMCA 대강당에서 열린 민주부산시민연대포럼 주최, 한국어린이집총연합회, 유보통합범국민연대, 역사바로세우기운동본부 주관의 제3회 포럼 「초저출생 극복·아이행복 세상은 영유아학교로부터」에서 발표했다. 그 내용은 다음과 같다.

1. 대한민국 교육 기본체제 개편

- **요람에서 무덤까지** : 대한민국의 교육 기본체제는 영유아학교 6년, 초등학교 6년, 중·고등학교 6년, 대학 4년, 평생교육기관으로 구성한다. 관련 법률 체계는 교육기본법, 영유아교육법, 초중등교육법, 고등교육법, 평생교육법으로 구성한다.

2. 영유아학교의 위상

- **무상교육 실현** : 영유아학교 6년과 고등학교 3년은 무상교육으로 하고, 초등학교 6년과 중학교 3년은 무상의무교육으로 한다.

3. 영유아학교의 기능(새 시대 · 새 학교 개념 도입)

- **생활학교** : 영유아학교는 0~5세 영유아의 돌봄과 교육을 담당하는 '생활학교(엄마·아빠학교)'의 역할을 한다. 영유아학교는 생명 중심 교육, 공동체 중심 교육, 몸 마음 영혼의 교육을 통해 건강하고 행복하며 신명나는 아이로 키워 신명나는 세상(홍익인간) 실현을 지향한다.

4. 영유아학교의 운영 주체와 유형

- **운영 주체** : 영유아학교는 공립형(공무원 신분)과 사립형(비공무

원 신분)으로 구분하고, 사립형 운영체의 다양성 인정한다.
- **운영 유형** : 영유아학교는 영아학교(0~2세), 유아학교(3~5세), 영유아학교(0~5세)로 구분한다.

5. 영유아학교 교사 자격

- **교사 자격** : 영유아학교(6년)의 교사 자격은 영유아교사 자격증으로 한다.

  ※ 초등학교(6년) 교사 자격은 저학년 교사와 고학년 교사로 구분하지 않고 초등교사 자격증으로 통일하고 있고, 중·고등학교(6년) 교사 자격은 중학교(3년) 교사와 고등학교(3년) 교사로 구분하지 않고 중등교사 자격증으로 통일하고 있다.

6. 영유아학교 교육과정 적용

- **현행 교육과정 적용** : 0-2세 영아보육과정은 '2024 개정 표준보육과정'을, 3-5세 유아교육과 정은 '2019 개정 누리과정 및 놀이운영사례집'을 실질적으로 시행, 적용한다.

7. 영유아학교 운영의 자율성 보장

- **현장 중심 자율성 강화** : 유보통합에 따른 기존 시설의 다양한 성격과 특성을 고려한 현장 중심 자율성을 강화하여 아이 행복 중심의 실질적인 영유아교육을 실현한다.

8. 영유아학교 체제의 성공적 실현

- **적극적인 국가 지원** : 정부의 적극적이고 창의적이고 현실적인

행정·재정 지원을 통해 영유아학교 체제의 안정적 정착과 성공적 실현을 꾀한다. 지자체 보육담당 공무원들의 시도 교육청 및 교육지원청 파견(전출), 영유아학교 업무 지원 및 주관 조치를 시행한다. 유보통합의 안정적이고 원활한 추진, 그리고 성공적인 실현을 이룩한다.

9. 영유아학교 추진위원회 구성

- **영유아학교 체제 정착** : 영유아학교 체제의 조속한 정착과 안정화를 위해 현장과 학부모의 요구를 정책에 반영할 수 있는 민관협치기구를 구성하여 새로운 시대의 올바른 영유아교육 정책 결정에 적극적으로 참여할 통로로서 영유아학교 추진위원회를 구성·운영한다.

임재택은 유보통합으로 이제 국가 차원의 영유아교육 종합대책 수립이 가능하다고 강조했다. 영유아교육을 교육부로 일원화해 0세에서 만 5세까지의 국가 차원의 교육·돌봄 정책을 효과적으로 수립하고 실행하는 것이 바람직하다는 것이다. 특히 영유아학교 체제의 도입으로 불평등한 교육·돌봄 여건을 개선하고, 유치원과 어린이집 간의 격차, 지역 간의 격차를 해소할 수 있다.

• 2025년 4월 18일 부산 YMCA 대강당에서 열린 민주부산시민연대포럼 제3회 포럼 「초저출생 극복·아이행복 세상은 영유아학교로부터」 중 교육대전환 제안서를 발표하는 임재택

또한 유보통합과 함께 교사 자격 및 교육과정의 혁신, 교사 대 원아 비율 상승, 교사들의 근무조건 개선 등을 통해 영유아들이 안전하고 편안하게 교육과 돌봄을 받을 수 있으며, 학부모는 안심하고 아이를 양육하는 효과가 기대된다고 임재택은 강조한다. 영유아학교가 6년간 무상으로 운영되면 학부모는 출산 및 육아비용 부담이 낮아져 실질 육아가 가능하며 둘째아 셋째아 출산의 동기 부여에 큰 도움이 되기 때문이다.

현재 전국국공립유치원교사노동조합, 한국유치원총연합회 등 7개 단체가 지난 1월 유보이원화연대를 결성하여 0~2

세 영아보육과 3~5세 유아교육을 분리해야 한다고 주장, 유보통합의 핵심 기조 자체를 반대하고 나섰다. 하지만 이들의 입장은 전체 영유아교육 기관의 20%가량을 대변하는 수준에 그친다. 이들은 교사의 권익과 어린이집보다 유치원의 우위를 유지하겠다는 입장으로 대다수 학부모의 요구와는 거리가 있다.

제11장
생태유아교육의 탄생

(1998~)

임재택 평전

아이행복 세상을 위한 혁명

생태유아교육은 한국 유아교육의 구조적 문제인 서양식 유아교육에 대한 반성과 유아교육의 본질을 회복하고자 하는 노력에서 태동했다.

생태유아교육은 서양식 유아교육, 실내수업 중심 이른바 '양계장식' 유아교육에서 탈피해 한국 전통 육아 방식에 기반한 아이 중심, 바깥놀이 중심의 '토종닭식' 유아교육이다. 생태유아교육은 부산대학교 부설 어린이집에서의 생태유아교육 프로그램의 개발·적용이라는 실천적 접근과 부산대학교 유아교육과의 학부과정·대학원·교육대학원 석·박사과정과 한국생태유아교육학회의 이론적 접근, 그리고 「우리 아이들의 보육을 걱정하는 모임」과 생태유아공동체와 아이살림평생교육원 등의 운동적 접근에 의해 정립되었다.[1]

• 임재택이 회장을 맡은 「우리 아이들의 보육을 걱정하는 모임」의 생태유아교육 강좌 「21세기 문명의 전환과 유아교육의 새로운 방향」을 소개한 부산일보 기사 (2000.08.29)
[부산일보 제공]

대학 부문에서는 부산대 유아교육과의 생태유아교육 연구와 생태유아교사 양성, 부산대 부설 어린이집의 생태유아교육 실천적 적용, 생태유아교육 관련 연구 논문과 출판물의 발간 보급 등을 통해 생태유아교육을 발전시켜왔다. 이와 함께 학회·협회 부문에서는 「우리 아이들의 보육을 걱정하는 모임」은 생태유아교육의 산파 역할을 했으며, 한국생태유아교육학회는 생태유아교육의 학술적 연구와 확산을 주도했다. 또 한국숲유치원협회는 생태유아교육의 부문 운동으로 숲유치원 확산을 이끌었다. 이와 함께 서남재단의 국제유아교육 심포지엄 「늦게 피어도 아름다운 꽃」도 2010년대 말까지 생태유아교육학회와 연대하여 생태유아교육의 연구와 확산을 위해 크게 기여했다. 지역사회 부문에서는 유치원·어린이집 아이들에게 친환경유기농산물 먹이기 운동과 생태유아교육 실천 운동을 전개한 생태유아공동체의 역할을 빼놓을 수 없다.

부산대학교 보육종합센터와 어린이집은 한국 생태유아교육의 산실이다. 임재택이 1993년 부산대 부설 어린이집의 교육프로그램을 개발하면서 사실상 생태유아교육이 탄생했다. 당시 그는 김은주 등 제자들과 함께 「부산대 어린이집 프로그램 개발 준비팀」을 조직하여 어린이집의 교육 이념과 어린이상(像), 보육 프로그램 등을 구상하고 개발했다. 1995년 3월 어린이집 개원 이후에는 교사들을 중심으로 세미나 시간을 통해 동양 사상가의 교육철학이나 대안교육에 관한 책을 읽고 토론을 하는 등 유아교육의 새로운 방향을 모색하는 연구와 실천에 주력했다. 이와 함께 산책, 텃밭 가꾸기 활동 등 자연친화적인 보육을 실시함으로써 생태유아교육의 기틀을 마련했다. 이 같은 노력은 후에 1999년 「생태유아교육 프로그램」이라는 이름의 책으로 나왔다.

임재택은 주장한다. "유아교육이란 아이를 잉태하고 낳고 키우는 일이에요. 유아교육의 역사는 곧 인류 역사입니다. 한국의 유아교육사 역시 한국인이 아이를 낳고 키운 역사이죠. 특히, 한국에서는 나이를 계산할 때 어머니 뱃속에 있던 열 달을 나이 한 살로 보는 것도 유아교육에서 잉태와 태교의 중요성을 반영합니다."

이에 비해 한국 유아교육학계는 일반적으로 유치원이나 어린이집과 같은 시설이나 기관에서 어린아이를 보호·교육하는 일을 유아교육이라고 여기는 데 근본적인 문제가 있다고 임재택은 판단했다. 한국 유아교육계는 유아교육의 시작[2]을 1840년 독일에서 프뢰벨(Friedrich Wilhelm August Froebel)이 유치원을 창설한 시점으로 본다. 한국 유치원은 19세기 말~20세기 초 일본과 미국을 통해 도입되었으나 그 사상적·제도적 뿌리는 프뢰벨의 1840년 유치원 창설에 둔다. 다시 말해서 한국 유아교육학계에서 말하는 유아교육은 서양에서 시작된 근대 유아교육으로서, 어린아이를 부모와 가정으로부터 분리해 시설이나 기관에서 집단적으로 보호·교육하는 일을 말한다.

한국 근대 유아교육의 시작은 구한말 일본인 원주거류민단에서 1888년에 설립한 원산유치원이며, 이어 1897년 일본인을 위한 사설유치원인 부산유치원이 부산 중구 동광동에 세워지는 등 1910년까지 10곳의 유치원이 일본인에 의해 설립·운영되었다. 한국인이 설립한 최초의 유치원은 1913년 관립경성여자고등보통학교의 부설유치원인 '관립 경성유치원'이다. 그리고 1914년 미국인 선교사 브라운 리(Brownlee, 한국명 부래운)에 의해 이화유치원이 설립되었고, 1916년 중앙유치원이 한국인 박희도에 의해 설립·운영되었다. 이 두 유치원이 지금까지 한국 유아교육을 주도해온 이화여대와 중앙대 유아교육과의 모태이며, 양 대학의 기능 역시 유치원과 유치사범과에서의 유치원 교사 양성에서 시작되었다.

결국, 한국의 근대 유아교육은 조선시대 말 일본인이 설립한 유치원과 그 후 미국인 선교사들이 설립한 유치원에서 비롯되었으며, 일제 35년을 겪고 1945년 광복 후 미국의 강력한 영향을 받아 오늘에 이른다. 따라서 한국의 현대 유아교육은 형식적·제도적 틀은 일본의 영향을 받아 유치원과 어린이집으로 나뉜 유·보이원화 체제이고, 내용적·방법적 측면에서는 미국의 영향을 받아 미국식 유아교육을 실행하고 있다. 요컨대 오늘날 한국 유아교육의 실체를 들여다보면, 제도는 일제, 내용은 미제, 아이는 국산인 셈이다.

주류 유아교육

한국 유아교육학계에서 말하는 한국의 현대 유아교육 역사는 이화여자대학교와 중앙대학교의 유아교육과에서 주도적인 역할을 하면서 △시설이나 기관 위주의 유아교육 △유치원 위주 △수업 위주 △교사 위주 △서양식 위주의 유아교육으로 흘러왔다. 임재택은 이 같은 한국 유아교육계는 다음 다섯 가지의 구조적 문제를 야기했다고 지적했다. ①부모·가정의 육아 기능과 시설·기관의 유아교육 간의 부조화 ②유치원과 어린이집의 갈등(유보 갈등) ③유아교육과 보육의 갈등 ④유아교육 전공자와 비전공자의 갈등 ⑤한국식 유아교육과 서양식 유아교육의 갈등

이러한 현실에서 한국 유아교육학계는 유치원 대상 연령인 만 3~5세 유아교육 위주의 학문적 연구와 풍토를 조성함으로써 아이의 잉태, 태교, 출산 및 육아 분야에는 별로 관심을 두지 않았다. 자연히 취업모 자녀의 보육, 특히 초기에는 영아보육의 활성화에 장애요인으로도 작용했다. 또 학계와 현장에서 유아교육과 보육의 끝없는 갈등을 겪고 있으며, 유아교육학계 내부에서도 전공자와 비전공자의 갈등으로 인해 학회가 분파나 파벌에 따라 수없이 나뉘어졌다. 유아교육 전공자를 강조하는 바람에 유아교육의 학문적 풍토는 폐쇄성이 짙어졌다. 한국의 유아교육은 미국식 내지 서양식 유아교육에 치중한 결과 한국의 역사와 전통과 풍토를 외면하는 외면하는 듯한 모습을 보여왔다.

임재택은 주류 유아교육이론의 가장 큰 문제점으로 양계장식 육아법을 지적했다. 예전엔 닭이나 소, 돼지, 물고기를 양식하지 않았다. 아이도 마찬가지로 자연산으로 다 키웠다. 근데 산업화가 진전되면서 양계장, 양축장, 양돈장, 양어장이 생겨났다. 아이를 그렇게 키운다면 그곳을 '양아장'이라고 불러도 할 말이 없을 것이다. '양아장'에서 아이를 키우는 건 인권 문제의 소지가 있는데도 오히려 영유아보육법, 유아교육법이 합법적으로 뒷받침해준다. 이들 법은 닭, 소, 돼지를 키우듯 아이를 철저하게 제약한다. 문제는 아이를 닭이나 소, 돼지처럼 가둬 키워도 되겠느냐, 이다. 이 같은 문제의식 없이 '가둬 키움'을 정당화하는 게 미국과 유럽의 유아교육 이론이다. '효율적으로 빨리 아이를 성인으로 만들어야 한다', '아이는 무지하기 때문에 빨리 많이 가르쳐야 한다'는 게 이들 이론의 기본 인식이다. 이 이론은 과학자, 대학의 교수, 유아교육 기관에서 절대이론인양 의심없이 실행해왔기 때문에 일반인들도 당연하게 여겨왔다. 그게 발달 심리, 유아교육 이론, 유아기 이론으로 논의되어 왔고, 이 이론을 적용해 보니 얼핏 보기에 대단히 효과적이었다. 한국에서 이를 주도한 세력이 주류 유아교육학계 교수들이다.

학교에 들어가면 수업 시간과 교과가 정해져 있듯이 유치원에도 목표가 있고, 목표 달성을 위해 어떤 내용을 어떤 방법으로 교육한다는 게 구체적으로 정해져 있다. 어린아이를 보는 관점은 일단 어린아이는 '미숙한 사람'이라는 것이다. 아직 인간이 안 된 존재로 본다는 뜻이다. 피아제 인지발달이론에 의하면 감각 운동기, 전조작기, 구체적 조작기, 형식적 조작기가 있다. 여기서 '조작(operations)'이란 아이가 머릿속에서 논리적이고 체계적으로 사고할 수 있는 능력, 즉 머릿속에서 정보를 변형하고 재구성하고 다양한 방식으로 다루는 인지적 활동을 가리킨다. 아이가 논리적으로 맞게, 구체적인 증거를 대면서 얘기하면 그 아이는 '구체적 조작'을 하는 것이다. 아이를 교육하는 목표는 '이성적이고 논리적인 사고 능력을 가진 인간'으로 키운다는 것이다. 이 이론에 의하면 아이들을 빨리 발달시켜 구체적 조작, 형식적 조작기에 이르게 하는 게 유아교육의 목표다. 그러다 보니 조기교육은 당연히 권장된다. 이왕이면 빨리 도달하면 좋다고 보는 것이다. 하지만 임재택은 효과적으로, 빨리 도달하는 데 초점을 맞춘 교육은 옳지 않은 것 같았다. 왜냐하면, 어린아이도 개성이 있고, 인권이라는 게 있다. 아이 중에는 발달이 빠른 애도 있고 늦은 애도 있고, 장애가 있는 아이도 있다. 또 아이는 도시와 농촌 등 환경이 각기 다른 곳에 살기도 한다. 아이도 사람이고, 사람은 말 그대로 각양각색이다. 그는 이런 아이들을 획일적으로 규정하는 건 '아니다' 싶었다.

임재택은 자신이 시골에서 자랄 때 유치원에 다니지 않고 산으로 들로 마음껏 돌아다니며 동네의 형과 동생들과 함께 뛰놀았던 우리 방식이 맞는 것이지, 미국에서 도입한 방식은 좋지 않은 것 같았다. 그는 교육학과 출신으로 '기존 유아교육'에 젖어있지 않았기 때문에 유아교육 전공자들이 보지 못한 문제점을 제대로 꿰뚫어 봤는지도 모른다. 그가 보기에는 아이를 바라보는 눈도 틀렸고, 방법도 틀렸고, 모든 게 다 틀린 것 같았다. 처음에는 박사학위를 받으려고 피아제 인지발달이론을 공부했고, 피아제의 구체적 조작기 등의 발달 단계가 맞는 것 같았다. 그런데 88올림픽을 기점으로 새로운 깨달음이 오고, 이론적으로 완벽하게 설명하지는 못하지만, 어쨌든 '이건 정도가 아니다'는 생각이 강하게 들었다.

임재택은 1990년대 중반 대안교육이 움을 틔우던 때에, 주류 유아교육의 대안교육으로 생태유아교육을 발전시키려 했다. 하지만 3년쯤 하다가 생각을 바꿨다. 생태유아교육이 오히려 유아교육의 본질이자 정상이고 주류이어야 마땅하며, 기존 유아교육이 대안교육으로 물러나야 한다는 생각에서 대안교육운동단체와의 연대를 그만두었다. 임재택은 1998년 즈음부터 기존 주류 유아교육은 틀렸다는 생각을 확고하게 갖게 되었다.

가르치지 않는 교육

교사가 자기 생각을 아이한테 집어넣으려고 하는 것에서부터 유아교육에 문제가 생긴다. 그렇다고 가만히 내버려 두라는 건 아니다. 어떤 주어진 환경에서도 아이가 마음껏 활동하게 해야 한다. 엉뚱한 짓도 할 수 있다. 이때도 생명을 보호하는 차원에서 생명에 위협이 되는 행동 정도만 막아주면 된다. 이것이 임재택의 지론이다.

임재택은 1997년 5월 23일 전남대학교에서 열린 한국유아교육학회에서 논문 「가르치지 않는 유아교육」을 발표했다. 학회장의 논문 발표 요청에 따른 것이었다. 당시 전남대 김영옥 교수가 학회장일 때였다. 그

전에는 모두 이화여대 교수가 학회장을 했는데 그때 이화여대 출신의 지방대 교수가 처음으로 학회장으로 선출되었다. 청중이 1,000명가량 모였다. 그는 이 논문발표를 통해 '가르치는 유아교육'의 현실과 폐해를 진단하고, 새로운 유아교육의 방향과 내용의 생태유아교육을 주창했다. 그는 "이게 유아교육이 나아가야 할 길이다. 애를 가두어 구속해 키우니 아토피가 생기는 게 아니냐."라고 강조했다. 그랬더니 이화여대 이은화 교수가 중도에 일어나 "우리 유아교육이 아이들의 아토피를 가져왔다니, 그게 말이 되느냐?"라고 반박했다. 때마침 당시 이화여대에서는 한층 더 치밀한 교육과정의 유아교육을 지향하는 이론을 개발해 보급하던 때였다. 임재택의 「가르치지 않는 유아교육」은 이화여대가 추구하는 유아교육과 반대 방향을 지향하는 내용이라 이은화 교수의 반발을 살 만도 했다. 하지만 일부 참석자들은 그의 발표가 유아교육의 본질과 이상적인 방향을 제시하는 내용으로 이해하는 분위기였다.

임재택의 당시 「가르치지 않는 유아교육」 발표에 대해 당시 학회장이었던 김영옥 전남대 명예교수는 이렇게 회상했다. "임재택 교수는 유아교육에 진심과 열정을 다하는 교수로 잘 알고 있었어요. 그래서 학회에 발표를 해달라고 요청했고

요. 그의 학회발표 논문은 '유아교육의 본연으로 돌아가자'는 뜻으로 이해했어요. 임 교수 논문의 핵심으로 생명 존중 사상에 바탕한 '아이에게 자연을 되찾아주자'는 데 대해서는 저도 평소 공감하고 있었어요. 당시 전 지구적으로 '생태'가 화두였으니까요. 이은화 교수가 학회장에서 임 교수의 발표에 대해 어떻게 비판했는지 저는 모르겠어요. 보지도 못했고 기억나지 않아요. 이화여대 출신이라고 해서 '생태지향적인 유아교육'을 부정적으로 보거나 백안시하지는 않습니다. 임 교수는 2002년 생태유아교육학회를 창립하고 학문체계를 정립, 유아교육사에 획을 그은 학자임이 분명합니다. 저도 생태유아교육을 긍정적으로 바라봤고, '생태' 주제의 책에 추천서도 제법 써주었답니다."

다음은 임재택이 발표한 「가르치지 않는 유아교육」의 핵심 내용이다:

현대 유아교육, 왜 가르치는가?

현대 유아교육은 유아교육의 서구화, 과학화, 세계화, 정보화를 바탕으로 아이들의 성장과 발달과 변화를 지향하는 구조기능주의 관점을 취하고 있다. 산업문명은 공업화와 근대화 과정에서 성장 이데

올로기를 기반으로 경제 성장과 물질적 풍요를 추구하며, 교육은 경제 발전에 유용한 인력을 양성하는 역할을 담당한다. 우리 사회는 이 과정에서 경제 성장 목표를 초과 달성하고, 공사 기간을 단축하고, 고속 승진하는 것이 미덕으로 작용하는 집단 조급증이 자리 잡게 되었고, 심지어 어린아이들까지 터무니없이 일찍 학원에 보내 선행 학습을 시키는 풍토가 만연하게 되었다. 결국, 현대 유아교육은 어린아이를 '보다 일찍', '보다 많이', '보다 빨리' 가르치는 것으로 자리하면서 아이들의 몸과 마음과 영혼이 황폐해지는 불량품을 양산하는 불량 교육으로 변질해간다.

1980년대 초 유아교육 확충 사업이 추진되던 시점에 등장한 블룸(B. S. Bloom)의 지능발달론은 조기교육의 중요성에 대한 국민적 관심을 끌기에 충분했다. 이 이론은 0~4세에 성인 지능의 50%가 발달하고, 5~8세에 성인 지능의 30%가 발달한다는 것으로 미국 유아교육의 대상 연령인 8세 이전에 성인 지능의 80%가 발달한다는 엄청난 내용이다. 이 이론을 접한 어린아이의 부모나 가족들이 유아교육을 과연 외면할 수 있겠는가? 지금도 유아교육 학자들이나 유아시설 원장들은 어린아이를 가진 부모들에게 위협하다시피 '아이의 지능이 4세 이전에 50%, 8세 이전에 80% 발달한다는데, 당신 아이를 어떻게 할 것이냐?'고 다그치고 있다.

그리고 한국의 유아교육을 가열시킨 허상 중의 다른 하나는 백지설(白紙說)이다. 어린아이들의 마음은 백지상태로 태어나, 자라는 동안 어떤 색깔의 경험을 하느냐에 따라 천재도 될 수 있고, 둔재도 될 수 있다는 가설이다. 이처럼 백지상태의 아이에게 빨간색을 칠하느냐 검정색을 칠하느냐에 따라 달라진다고 할 때, 부모들은 자녀들이 어떤 유아교육 프로그램을 접하느냐에 따라 달라질 수 있다는 일종의 위협에 영향을 받지 않을 수 없다. 결론적으로 현대 유아교육을 통해 키우고자 하는 어린이 상(像)은 궁극적으로 부자(富者)와 승자(勝者)로 만들겠다는 것이며, 그 저변에는 어린아이들의 천심(天心)이 아닌 어른들의 끝없는 욕심(慾心)이 자리 잡고 있다.

가르치지 않는 유아교육의 본질

아이는 자연의 본성을 지니고 있다. 인간을 포함한 모든 생명체는 자연에서 태어나 자연으로 돌아간다. 자연에서 태어난 어린아이는 자연을 그대로 닮고 있다. 어린아이의 몸과 마음과 영혼은 자연의 본성 그대로이다. 아이의 본성은 자연처럼 맑고 밝고 선하고 아름답다. 모든 생명체는 자기 힘으로 살아갈 힘을 지니고 있다. 사람의 아이도 자연의 일부이고 생명체의 하나이므로 자기 힘으로 살아갈 힘을 지니고 있다. 모든 생명체는 자연의 섭리, 자연의 법칙에 따라 생장소멸의 순환을 반복한다. 사람도 같은 길(道)을 따른다. 따라서 아이의 교육은 아이가 본래부터 지닌 힘을 자연스럽게 스스로 힘껏 발휘할 수 있도록 분위기와 여건을 마련해주는 데 있다. 이 교육은 인위적 교육이 아닌 자연적 교육이어야 한다.

따라서 아이의 교육자는 아이의 생명력(生命力), 잠재력(潛在力), 자발성(自發性), 자연성(自然性) 등에 확실한 믿음이 있어야 한다. 아이를 양육하고 교육하는 부모나 교사의 이러한 믿음은 아이를 '자연의 아이', '한울님', '아기 부처', '아기 예수' 등으로 인식하고 대하게 된다. 부모나 교사는 '생명의 꽃'인 아이를 키우는 사람이다. 생명의 꽃은 씨앗 속에 내재된 생명력에 의해 스스로 자란다. 따라서 부모나 교사는 씨앗이 꽃으로 자라는 과정을 지켜보면서 적당한 햇볕과 물과 거름을 주면 된다.

자연의 순리대로 아이 키우기

유아교육은 '어린아이 잘 키우는 일'이다. 그렇다면 '아이가 잘 큰다'는 것은 어떤 상태를 말하는가? 일반적으로 아이가 잘 큰다는 것은 아이가 잘 먹고 잘 싸고, 잘 놀고 잘 자는 상태를 말한다. 또한 '아이가 잘 큰다'는 것은 천지(天地)자연과 교감하고 다른 사람과 교섭하면서 자란다는 것을 말한다. 아이가 자라는 것은 식물이나 동물이 자라는 것과 마찬가지로 자연의 일부로서 자연의 순리대로 하늘과 땅과 교감·교섭하면서 자연스럽게 자라야 한다. 즉, 아이들은 두 발로 땅을 딛고, 머리로 하늘을 이고, 천지자연과 서로 감응하면서 자란다.

따라서 바람직한 유아교육 과정은 아이의 본래 모습대로 그 본성대로 잘 자라도록 길을 열어주는 것이어야 한다. 결국, 바람직한 유아교육 과정은 시대 사회의 변천에 따라 유행처럼 변하는 것이 아니라, 아이들이 잘 자라서 '스스로 살아가는 힘(자생력)'과 '더불어 살아가는 힘(공생력)'을 키워주어야 한다.

아이들이 잃어버린 것 되찾아주기

우리 조상들은 지난 5,000년 동안 자연의 본성을 지닌 어린아이들을 자연의 순리대로 잘 키워왔다. 산업화 과정에서 아이들은 얻은 것보다 잃은 것이 훨씬 더 많다. TV와 장난감과 사탕과 신발을 얻었지만, 사랑과 이웃과 친척과 파란 하늘과 맑은 공기와 푸른 숲과 흙을 잃었다. 결국, 요즘 우리 아이들은 자연과 놀이와 아이다움을 잃어버린 채 살아가고 있다. 우리가 모색해야 할 바람직한 유아교육 과정은 우리 아이들이 잃어버린 자연과 놀이와 아이다움을 되찾아주고, 아이들이 지니고 있으면 안 되는 것들을 버리도록 하는 일련의 활동이어야 한다.

「가르치지 않는 유아교육」 발표에 불편한 심기를 드러낸 이은화 교수는 임재택과 전혀 모르는 사이도 아니었다. 이은화 교수는 이화여대 사범대학장 재임 때 부산대에서 열린 전국 사범대학장회의 참석차 부산대에 왔다. 이 교수는 회의 후 부산대학교 어린이집을 방문하고 싶었던지 그에게 안내를 요청했다. 때마침 점심때라 넓은 1층 홀에서 200여 명의 아이들이 함께 밥을 먹고 있었다. 왁자지껄한 잔칫집이나 도떼기시장이 따로 없었다. 이 교수는 이를 보고 인상을 찌푸렸다. 3층까지 올라가 다 둘러보고 내려오면서 이 교수는 혼잣말을 했다. "이거는 아닌데." 임재택은 짐짓 못들은 체하고 이렇게 말했다. "잔칫집 같지요? 사람 사는 것 같지 않습니까?" 이 교수가 대답했다. "잔치하는 분위기는 있는데, 애들이 식사 예절도 좀 배워야 하지 않을까요?" 이화여대의 유치원 교육에서는 식사 때의 언행, 숟가락 젓가락 놓기, 물 놓는 위치 등 식사 예절을 지켜야 한다. 그가 말했다. "우리는 항상 이렇게 잔치를 합니다. 사람 사는 곳이 북적북적하고 좋지 않습니까?" 이 교수는 인정하지 못하겠다는 표정을 지었다. 하지만 어쩌랴. 당시 부산대 부설 어린이집 입원 대기자가 2,000명이나 될 정도로 부모가 보내고 싶어 하고, 입원한 아이는 나가기 싫어할 정도로 좋아하는 것을.

생명사상을 만나다

임재택은 1990년대 초 서양의 유아교육과 단절하고, 우리의 전통 육아법을 정립해 실행하겠다고 결심하고부터 생명사상에 다가갔다. 1993년부터 부산대학교 부설 어린이집 교육프로그램을 준비하고 2년 뒤 어린이집을 개원해 운영하면서 생명사상을 유아교육의 기본 철학으로 삼게 된다.

임재택이 1990년 미국 위스콘신대학 연구교수를 마치고 귀국해 서양식 유아교육과 단절하고 우리 전통에 기반한 유아교육 체계를 세우겠다고 결심했다. 그가 서양의 교육이론서를 끊고 맨 처음 유안진의 『한국 전통사회의 유아교육』과 허준의 『동의보감』

을 탐독하면서 생명의 본질을 새롭게 이해하고 인간과 자연의 조화에 관한 통찰을 얻었다.

임재택은 또 우리 교육기본법 제2조에 명시된 홍익인간(弘益人間)의 이념을 떠올렸다. 서양 교육이론에 관한 문제의식을 가졌던 그에게 '홍익인간'은 그 어느 때보다 깊은 의미로 다가왔다. 그는 자연히 고조선과 단군의 사상을 공부하기 시작했다. 단군 사상은 천지인(天地人)의 삼재론(三才論)을 바탕으로 자연과 인간, 신이 조화를 이루는 상생의 세계관을 제시한다. 이는 자연을 인간의 부모로 삼는 생태적 세계관과 같은 결이다. 우리 조상들의 전통사상은 자연과 인간, 우주를 하나로 연결하는 통합적 세계관을 바탕으로 형성되었고, 그 핵심은 생명에 대한 존중과 조화를 중시한다는 것이었다. 간단히 말하면 생명사상이다.

임재택이 생명사상을 유아교육의 사상적 뿌리로 여기게 된 결정적인 계기는 한살림 창립이다. 한살림은 생명의 세계관을 바탕으로 도농 직거래와 지역살림운동을 통해 지속 가능한 생활문화를 실천하는 비영리 생활협동조합이다. 한살림은 임재택이 미국 위스콘신대학 연구교수로 떠난 지 한 달

후인 1989년 10월 창립했고, 그가 귀국한 이듬해엔 한국 사회의 이슈 메이커가 되어 있었다.

한살림 창립멤버를 보면, 창립자이자 농민운동가인 박재일을 비롯, 생명사상의 중심인물인 무위당 장일순, 시인이자 생명운동가인 김지하, 한살림 선언의 대표 집필자인 최혜성, 청년문화의 상징인 음악가 김민기, 환경운동가 최열 등 쟁쟁한 인물들이 포진했다. 1989년 10월 28일 대전 신협연수원에서 열린 창립총회에서 발표된 한살림 선언은 생명, 자연, 사회에 대한 깊은 각성과 새로운 생활문화의 실천을 강조하는 내용을 담았다. 주요 원칙으로는 생명에 대한 우주적 각성, 자연에 대한 생태적 각성, 사회에 대한 공동체적 각성, 새로운 생활문화운동, 생명의 질서를 실천하는 사회실천활동, 생활수양운동, 생명의 통일 활동 등을 제시했다. 한살림 선언은 새로운 패러다임의 유아교육을 꿈꾸는 임재택에게 깊은 울림을 주었다.

임재택은 또 한살림 창립멤버 중 특히 무위당 장일순, 김지하의 생명사상을 깊이 탐독했다. 장일순은 생명을 하나로 보고, 모든 존재가 우주의 생명공동체에 속한다고 강조했다. 그의 사상은 불교, 동학, 성서 등 다양한 종교적 전통에서 영감을 받아 인간과 자연, 우주가 하나의 뿌리에서 연결되어 있음을 설파했다. 장일순은 한살림운동을 통해 생명사상을 실천하며, 농업과 환경을 살리는 협동조합 운동을 전개했다. 그의 사상은 생태적 회심과 대전환을 통해 인간과 자연이 조화롭게 살아가는 길을 제시했다.

• 2005년 5월 22일 무위당 장일순 선생을 기리는 모임으로부터 받은 제1회 모범생명운동단체상 부상. 장일순 선생의 난초 그림을 판화가 이철수가 제작한 목판화이다.

김지하는 동학의 시천주(侍天主) 사상을 현대적으로 재해석하여 모든 존재가 유기적으로 연결된 생명의 세계임을 주장했다. 그의 생명사상은 극한의 고통 속에서 얻은 체험적 깨달음에 기반한다. 감옥 생활 중 자연에서 얻은 깨달음을 통해 모든 존재가 신령한 힘(신명)으로 살아 있음을 강조했다.[3]

임재택은 장일순과 김지하의 생명사상을 통해 동학(東學)

을 새롭게 만났다. 그가 경주 절골에 농가를 구입한 것도 바로 이즈음이다. 경주는 동학의 창시자인 최제우가 태어난 곳으로 동학 사상의 발원지이다. 최제우는 1824년 경주 현곡면 가정리에서 태어났으며, 1860년 경주 현곡면 구미산 자락의 용담정에서 동학을 창시했다. 그는 19세기 외세의 위협과 내부적 혼란으로 인해 고통받는 민중을 구제하기 위해 새로운 사상체계를 창안했다. 그는 '시천주(侍天主)' 즉, '한울님을 모신다'라는 핵심 철학을 바탕으로 동학을 창도했다. 그가 말한 한울님은 지극한 우주적 기운, 지기(至氣)이다. 모든 사람은 내 안에 똑같이 한울님을 모시고 있으니 고귀하고 존엄하고 평등하다는 것이다. 만인 평등, 천부 인권 사상이다.

임재택은 동학의 경전인 『동경대전(東經大全)』을 읽으며 '시천주(侍天主) 사상'에 깊이 매료되었다. 시천주 사상은 모든 인간이 하늘님을 내면에 모시고 있다는 깨달음을 강조한다. 이는 임재택에게 낯설지 않았다. 어릴 때 부모님과 동네 어른들로부터 '하늘님을 모시듯 아이를 키운다'는 이야기를 흔히 들었던 터였다.

임재택은 1990년대 중반부터 대학원 석·박사과정의 제자

• 생태유아교육 강의 장면

들과 함께 생명사상이 유아교육에 주는 시사점을 발견하기 위한 학술적 연구에도 박차를 가했다. 그 결과 10여 년간 생명·생태사상을 주제로 한 석·박사 논문이 수십 편 나왔다. 대표적인 예로는, 박사학위 논문으로 「생태유아교육의 사상체계 및 실천 원리 연구」(김은주, 2003), 박사과정 학생인 박영신과 김은주의 「김지하 생명사상의 생태유아교육적 함의」(2004)가 있다. 석사학위 논문으로 「불교와 동학에 나타난 생명사상의 유아교육적 함의」(김점옥, 1998), 「불교의 생명사상에 나타난 유아교육원리」(신지영, 1999), 「기독교의 생명사상이 유아교육에 주는 시사점」(안서영, 1999), 「함석헌 씨알사상의 생태유아교육적 함의」(박영신, 2003), 「장일순 생명사상의 생태유아교육적 함의」(박순금, 2003), 「원불교 은사상에 나타난 유아교육관에 관한 고찰」(이성희, 2004) 등이 있다.

임재택은 1990년대 중반까지도 '생명'과 '생태'를 비슷한 의미로 보고 병용했다. 한때는 생명사상에 기초한 유아교육이라는 의미로 '생명유아교육'이라 이름 지을까도 생각했다. 그러다 1990년대 후반 들어 21세기가 눈앞에 도래한 시점에 인간과 자연의 공존을 모색하는 '생태'가 전 세계의 화두가 되었다. 임재택은 이 같은 세계적 사조에 발맞추어 '생태유아교육'으로 이름 하기로 했다.

생태유아교육이라는 용어가 본격적으로 소개된 것은 1998년 「우리 아이들 보육을 걱정하는 모임」에서 주관하는 생태유아교육 강좌<표1>를 통해서이다. 이 생태유아교육 강좌는

• 강의 장면

현장의 원장과 교사들을 위한 생태유아교사 교육의 출발점이었다. 당시 이 모임의 회장인 임재택은 1998년 6월부터 「21세기 문명의 전환과 유아교육의 새로운 방향」이라는 주제를 내걸고, 2001년 6월까지 6차례에 걸쳐 생태교육과 생명운동 관련 분야의 저명인사들을 모시고 생태유아교육 강좌를 실행하면서, 국내·외 생태체험 연수도 병행했다.

1998년 6월부터 부산대학교 보육종합센터에서 열린 「21세기 문명의 전환과 유아교육의 새로운 방향」 월례 강좌 프로그램을 보면, 1999년 5~7월(전반기) 강좌에 「생태유아교육」이라는 단어가 처음 나타난다. 박이문의 「생태적 세계관과 새로운 문명」에 생태적 세계관을 언급한 데 이어, 김종철의 「지금 생태유아교육이 절박하다」는 발표에서 곧바로 생태유아교육의 필요성을 언급한다. 이어 양희규의 생태체험학습(1박2일)을 하고, 이어 송순재의 「자연 체험과 생태적 교육」 발표가 있었다. 임재택은 1998년에 이어 1999년 전반기 강좌에서도 「생명 중심의 유아교육을 위하여」라는 제목의 주제를 발표했다. 그는 보육종합센터 관장이자 어린이집 원장, 유아교육과 교수로서 큰 주제와 세부 주제를 모두 구상하고 강사도 직접 섭외했다. 이로 미루어 임재택은 21세기를 앞두고 「21세기 문명의 전환과 유아교육의 새로운 방향」으로 생태유아교육을 제시했으며, 그 생태유아교육의 기본 철학과 뿌리를 생명사상에 두었음을 알 수 있다. 특히 임재택은 10월 발표를 통해 처음으로 「생명 중심의 유아교육」을 발표함으로써 유아교육의 방향을 구체적으로 제시함은 물론 생태유아교육학의 주춧돌을 놓았다.

임재택은 「생명 중심의 유아교육」을 통해 "생태유아교육은 기존의 아동 중심 교육에서 생명 중심 교육으로 나아가고자 한다."고 선언하고 다음과 같이 주장했다.

기계론적 세계관에서는 인간이 자연의 주인임을 자처하고 자연 지배의 도구로 기계와 기술을 개발, 이용함으로써 마침내 인간 자신이 주체적인 삶을 잃고 기계의 조종을 받는 하나의 부품으로 전락하고 말았다. 이러한 인간 중심주의가 유아교육에서는 아동 중심 교육으로 나타난다. 아동 중심 유아교육은 아이와 어른의 관계에서 볼 때, 어른보다는 아이에 중심을 둔다는 의미를 지닌다. 이러한 아동 중심적 접근은 아이를 미숙한 존재로 보고 인간으로서의 존재 가치를 인정하지 않고, 단지 어른의 소유물 정도로 바라보던 종래의 접근에 비하면 가히 획기적인 변혁이다. 또 아동 중심 유아교육은 아이와 환경의 관계에서 볼 때, 환경보다는 아이에 중심을 둔다는 의미를 지닌다. 이러한 의미의 아동 중심 유아교육은 아이들의 성장과 발달을 위해 주변 환경을 얼마든지 이용하고 활용할 수 있다는, 조금 극단적으로 표현하면, 유아교육에 도움이 된다면 주변 환경을 얼마든지 조작하고 실험하고 처분해도 상관없는 단순한 물질이나 도구로 본다는 것이다.

이러한 아동 중심 사상은 아이를 보는 시각이 진일보한 사상임에는 분명하지만, 미래를 짊어지고 나갈 다음 세대에게 전수되어서는 안 될 위험천만한 사상이다. 그 이유는 그러한 아동 중심 사상 속에서 자란 아이들은 커서도 자연을 하나의 이용물이나 착취의 대상으로 보고 자연을 마구 파헤친다면 그 결과 인류의 지속가능한 삶 자체에 커다란 위험을 가져올 수 있기 때문이다. 따라서 이제 기존의 인간 중심주의에 기초를 둔 아동 중심 유아교육은 생명 중심 유아교육으로 전환해야 한다. 생명 중심 유아교육은 한 개인으로서의 아동에 국한되는 관점의 교육이 아니라 아동과 아동, 사람과 사람, 나아가 사람과 자연 만물과의 관계성 속에서 교육을 보는, 아동 중심의 관점을 극복한 새로운 패러다임의 유아교육이다.

요컨대 생명 중심 유아교육은 생명존적 세계관에 기초한 유아교육으로서 산업문명 사회의 아이들에게 잃어버린 자연과 놀이와 아이다움을 되찾아주는 교육, 이성과 감성과 영성의 조화로운 교육, 몸과 마음과 영혼을 함께 돌보는 교육을 통해 신명나는 아이로 키움으로써 사람과 자연이 하나 되고, 사람과 사람이 더불어 살며, 아이들이 행복하게 사는 세상을 꾸리고자 하는 소망과 노력의 산물이다.

임재택은 「생명 중심의 유아교육을 위하여」의 배경에 대해 이렇게 말했다. "생명 교육의 틀을 잡아야겠다고 생각했어요. 우리 민족의 홍익인간 사상은 천지인 생명사상이거든요. 천지인 생명사상이 홍익인간(弘益人間) 재세이화(在世理化) 사상이고, 이게 동학으로 나타납니다. 민족정기를 세우려고 한 것이 독립운동의 정신적 뿌리이잖아요. 그 독립운동을 하면서 홍익인간 사상을 새롭게 가져와 독립운동의 지주로 삼았어요. 그것은 단재 신채호 선생의 민족사관에 의한 역사이죠. 원래 우리 민족의 사상, 홍익인간 사상은 유불도를 다 포함하는 풍류 사상입니다. 그게 천지인 생명사상인데 생태유아교육도 그걸 바탕으로 합니다. 그래서 천지인(天地人) 생명사상과 한국 전통 육아를 바탕으로 생태유아교육이라는 독자적인 학문 체계가 필요하다는 걸 생각하게 됐어요. 특히 자연의 섭리와 사람의 도리와 생활의 지혜에 따른 우리 선조들의 5천년 생명·생태적 육아 지혜를 오늘의 유아교육 현장과 가정 양육에서 활용할 수 있는 방안을 찾으려 노력했습니다. 그중 하나가 산업자본주의 사회에서 정도를 벗어난 혼돈의 우리 육아 현실에서 아이들에게 잃어버린 자연과 놀이와 아이다움을 되찾아주는 새로운 패러다임의 '자생적 한국 유아교육인 생태유아교육'을 우리 사회에 뿌리내려야겠다는 각오를 다졌지요. 마침내 1999년에 제자들과 함께 '생태유아교육 프로그램 시리즈'를 발간했습니다."

생태유아교육
프로그램 시리즈

임재택이 제자들과 함께 1999년에 펴낸 생태유아교육 프로그램 시리즈는 생태유아교육의 실천 프로그램 연작이다. 이 시리즈는 한국 전통 육아법과 생명 철학, 생태 사상을 바탕으로 현대 유아교육의 새로운 패러다임을 제시하며, 아이들에게 자연과 놀이, 아이다움을 되찾아주고자 하는 목표를 담았다. 첫 작품은 『선생님들이 직접 쓴 산책 프로그램 – 얘들아! 산책 가자』(임재택, 하정연, 김은주, 박명숙, 최윤정, 박채숙. 양서원, 1999)인데, 아이들과 자연 그리고 교육과의 관계가 잘 드러나 있다. 임재택은 이 책의 머리말을 통해 다음과 같이 말했다.

• 생태유아교육 프로그램 시리즈 전권

"아이는 본래 잘 먹고 잘 자고 잘 놀아야 몸과 마음이 건강해진다. 특히 아이들은 자연 속에서 마음껏 뛰놀아야 한다. 자연은 아이들의 친구이자 선생님이다. 자연은 아이들에게 깨끗한 물과 신선한 공기와 온갖 놀거리와 볼거리를 제공해준다. 개미와 잠자리와 다람쥐는 아이들의 친구이고, 날씨와 계절의 변화는 아이들의 선생님이고, 물과 흙과 돌은 아이들의 놀거리이며, 나무와 풀과 꽃은 아이들의 볼거리이다. 자연은 아이들의 마음을 편안하게 해주며, 꿈을 키워주고, 생기를 북돋아 준다."

산책은 아이들에게 즐거움 그 자체이자 자연과 친구 되기라는 것이다. 이처럼 교실에 갇혀있던 아이들을 '산책'을 통해 바깥으로 자연과 연결시키려고 한 것이 바로 생태유아교육의 한 접근이었다.

두 번째 책은 『선생님 텃밭 가요 : 선생님들이 직접 쓴 텃밭 가꾸기 프로그램』이며, 세 번째 책은 『선생님 세시풍속이 뭐예요 : 선생님들이 직접 쓴 세시풍속 프로그램』이다. 이어 나온 『할아버지 할머니 함께 놀아요』는 선생님들이 직접 쓴 노인 아동 상호작용 프로그램을 담았고, 다섯 번째 책 『손끝으로 만나는 세상』은 선생님들이 직접 쓴 손끝놀이 프로그램을 엮은 것이다. 여섯 번째 책 『선생님! 바깥놀이 해요』는 선생님들이 직접 쓴 바깥놀이 프로그램이며, 『우리가 아껴 쓰고 나눠 쓸래요』는 선생님들이 직접 쓴 절제·절약 프로그램이다. 이어 선생님들이 직접 쓴 『선생님! 우리도 명상할 수 있어요』, 『초기 적응, 이렇게 도와주세요』, 『몸짓으로 자라는 아이들』, 『아이들이 그리는 세상』, 『아이들이 차리는 생명밥상』 등이 있다. 총 12권이다.

이들 생태유아교육 프로그램 책자에는 임재택 외에도 프

로그램 제작에 참여한 모든 사람의 이름이 저자(저작권자)로 들어 있다. 이에 따라 모든 저작권자는 책 전체 인세의 1/n씩 균등하게 지급받는다.

이들 12권의 소책자에 담긴 프로그램은 유아교육 현장에서 자연 친화적이고 생태적인 접근을 실천하는 데 중점을 두었다. 이 시리즈는 생태유아교육의 실천 콘텐츠로 주목받으며, 국내 유치원과 어린이집에서 생태유아교육 모델을 적용하는 데 중요한 기반이 되어 생태유아교육 확산에 크게 기여했다.

아이 교육의 제1원리
-자연의 섭리대로, 사람의 도리대로

2000년 10월 부산대학교 유아교육과 20주년 기념 학술 대회의 큰 주제는 「21세기 문명의 전환과 유아교육의 새로운 방향」이었다. 이 학술 대회에서도 임재택은 「유아교육의 패러다임 전환 : 생태유아교육」이라는 주제 발표를 통해 21세기 유아교육의 새로운 방향은 생태유아교육임을 분명하게 천명했다. 이 외에도 전경수(서울대 인류학과 교수)의 「문명의 전환과 생태공동체의 재창조」, 임재해(안동대 민속학과 교수)의 「민속문화의 자연친화적 성격과 생태학적 교육 기능」, 하정연(부산대 부설 어린이집 원감)의 「생태유아교육의 실천사례와 해결 과제」가 발표됐다.

임재택은 「유아교육의 패러다임 전환 : 생태유아교육」을 통해 21세기 세계관이 산업문명의 지배 이데올로기인 기계론적 세계관에서 생명 중심 세계관 또는 생태론적 세계관으로 바뀌어감에 따라 유아교육도 생태유아교육으로의 패러다임 전환이 시급하다고 강조했다. 그는 생태적, 생명 중심 사상은 멀리 있는 것이 아니라 바로 우리의 전통사상 속에서 그 뿌리를 찾을 수 있다며 동학과 불교, 도가 등을 들었다.

동학에서는 하늘과 땅, 아버지와 어머니 모두를 하나로 보아 천지가 곧 부모요, 부모가 곧 천지라고 말하는 해월 최시형의 천지부모(天地父母)론과 인간을 포함한 모든 만물이 다 존귀한 한울님을 모시고 있으니, 이 세상에 생존하는 모든 생물은 한울님이 한울님을 먹고 사는 것으로 생태계 순환의 원리를 표현한 이천식천(以天食天)과 자연 생명 존중의 극치인 경물(敬物)사상이 그것이다. 해월은 경천(敬天)만 할 줄 알고 경인(敬人)을 할 줄 모르면, 이는 종자를 두고도 땅에 심지 않는 것과 같고, 경천 경인만 할 줄 알고 경물을 할 줄 모르면, 이는 도에 닿지 못한 것이라고 말하며, 물(物)을 공경함에까지 이르러야 덕(德)에 합일될 수 있다고 설파했다.

임재택은 또 관계의 그물인 우주는 본래 하나의 유기적 생명공동체로 보는 불교의 근본 사상인 연기법의 세계관인 인드라망 세계관에서도 볼 수 있으며 주역, 도가 등의 사상에서도 생태의 뿌리를 찾을 수 있다고 했다.

그는 따라서 생태론적 세계관 시대를 맞아 유아교육은 기존 아동 중심 교육에서 생태 중심 교육으로, 개인 중심 교육에서 공동체 중심 교육으로, 이성 중심 교육에서 전인(全人, 몸·마음·영혼) 교육으로 전환되어야 한다고 강조했다. 이 같은 새로운 패러다임의 생태유아교육은 산업사회에서 아이들이 잃어버렸던 자연과 놀이와 아이다움을 되찾아주는 데서 길을 모색해야 한다고 그는 강조했다.

당시 국내의 수많은 대학의 학과에서는 미국과 유럽에서 박사학위를 따고 온 교수들이 강의 중 상당 시간을 자신이 공부한 나라를 칭찬하고, 나머지 시간은 우리나라를 비하하는 데 할애하는 풍조였다. 유아교육과도 예외는 아니었다. 임재택은 이런 교육 현장을 고쳐나가야 한다고 생각했고, 유아교육은 아이들의 삶과 부모들의 삶, 교사들의 삶과 관련된 교육이라고 생각했다. 삶에 상대되는 개념은 죽음이다. 삶이냐 죽음이냐, 살림이냐 죽임이냐는 차원에서 교육을 바라보면 아이들이 보인다. 아이들을 보면 자연스럽게 생명이 샘솟는다. 우주를 움직이는 생기와 원기 가득한 생명의 아이를 구속하면 안 된다. 이론을 갖다 대면 아이들은 구속받게 된다. 이 생명은 구속해 재단하기 시작하면 제대로 성장하지 못한다.

그러니까 아이라는 이 귀한 생명이 용솟음치게 하려면 미국의 유아교육 이론을, 발달심리 이론을 적용해 교육하면 안 된다고 그는 생각했다. 이들 이론은 생명의 아이를 생명의 흐름대로 보지 않고 반드시 제재를 한다. 시간 제재, 공간 제약이다. 미국식 유아교육이라는 게 모두가 시간과 공간의 제재이다. 유치원은 애들을 여러 흥미영역으로 나눠진 교실 공간에 집어넣어 자유선택 활동을 하게 하여 거기에 적응해야 골고루 발달된다고 본다. 이를 효율화하기 위해 시간 낭비가 없이 철저하게 아이를 시간대별로 몰고 다닌다. 자유도 없고 선택도 없는 활동을 '자유선택' 활동이라고 부른다. 임재택은 이 이론 자체가 틀렸다, 그렇게 가르치는 것 자체가 틀렸다고 생각했다.

부산대 부설 어린이집 운영계획서에 있는 유아교육 목표

는 명확하다. 튼튼반, 기쁨반, 스스로반, 바른반 등 반 이름에서부터 튼튼한 어린이, 즐거운 어린이, 스스로 하는 어린이, 예의바른 어린이, 우리 것을 아는 어린이 등으로 아이를 어떻게 키우겠다는 목표와 방향을 분명히 제시한다. 임재택은 신명 나는 아이로 키워서 신명 나는 세상을 만들고 싶었다. 그 신명은 천신지명(天神地明)으로 하늘의 신이 내려와 땅에서 우주적 생명의 기운을 마음껏 발휘하게 하는 것이다. 모두가 다 신명나는 세상, 생명 세상, 이를 홍익인간 이화세계라고 한다.

임재택은 첫 월례 생태유아교육 강좌에서 발표했듯이 자연이 하나 되는 생명 세상을 위한 생명 교육을 하겠다고 다짐했다. 인간 중심 교육이 아니고 생명 중심 교육, 개인 중심 교육이 아니라 더불어 사는 공동체 중심 교육, 인지·지식 중심 교육이 아니라 몸 마음 영혼의 교육을 하겠다고 다짐했다. 그는 1995년부터 제자들과 세미나를 하면서 이런 교육 방향의 교육과정을 짜고 체계를 정립해나갔다. 지금도 그 방향에서 한 치도 변함이 없다. 유아교육의 이론이라는 게 그 깊은 철학이나 사상에 초점을 맞추고 어려운 말로 너무 깊어지면 잘못되고 거짓이라는 방증일지 모른다.

임재택은 자연스럽고 큰 흐름은 바로 '자연의 섭리대로'의 교육이라고 생각했다. 그 자연의 섭리가 인간한테 그대로 작동하므로 이는 곧 사람의 도리대로의 교육이다. 우주 만유의 법칙 그대로의 교육이 바로 자연의 섭리이다. 자연의 섭리를 인간한테 적용하면 사람이 살아가는 몸과 마음과 영혼의 원리가 된다. 우리 몸은 머리와 가슴, 배에다 사지로 구성되었다. 머리에는 지혜, 정신이 깃들어 있고, 가슴에는 사랑과 덕성이, 배에는 체력, 힘이 들어 있다. 그는 이들이 조화와 균형을 잘 이루게 하여, 몸이 튼튼하고 마음이 편안하고 영혼이 맑은 아이로 키우면 되겠다 싶었다. 우리는 원래 더불어 사는 공동체 문화가 있으니 사람과 사람이 더불어 살아야 한다. 자연의 섭리, 사람의 도리란 구체적으로 보면 몸의 생리(生理), 마음의 심리(心理), 영혼의 성리(性理)를 합쳐 이르는 말이라고 임재택은 규정했다.

임재택은 이 같은 기본 철학과 교육 방법을 체계화해 2002년 '생태유아교육학'이라고 이름 붙였다. 우리 민족은 이런 말을 쓰지 않았지만 수천 년 동안 '생태적 세계관' 아래에서 살아왔다. 그게 생활의 육아법이다. 애들 키우면서 텃밭을 가꾸고 산책을 했다. 겨울에는 추워서 바깥놀이가 어려우므로 몸짓놀이, 손끝놀이, 윷놀이를 했다. 그중에 제일 중요한 것이 먹는 일, 먹을거리였다. 이런 육아 프로그램은 모두 생활 프로그램이다. 무슨 특별한 이론이 필요 없다. 그는 아이를 키우는 것은 보편적 원리, 즉 자연의 섭리, 인간의 도리에 따르면 된다는 확신을 가졌다.

제12장
생태유아공동체
(2002)

임재택 평전

아이행복 세상을 위한 혁명

생태유아공동체
(2002)

임재택은 생태유아교육의 초점을 아이들의 몸 마음 영혼을 건강하고 행복하고 평화롭게 한다는 데 두었다. 아이가 건강하고 행복하려면 아이를 키우는 부모나 교사가 건강하고 행복하고 평화로워야 하고 주변 환경, 즉 유치원과 어린이집도 생태적이어야 한다. 주변 사람들이 지향하는 삶 자체가 생태적이어야 한다. 아이들의 몸과 마음을 온전히 건강하게 하려면 지

• 생태유아공동체 로고 : 날 生, 생명의 '生'자를 형상화했고, 가운데 새싹은 생명의 기운이자 아이를 뜻한다. 바깥 테두리는 생명을 담고, 우리 아이들에게 바치는 밥그릇을 의미한다. 또한 두 팔을 벌려 새싹을 안아주고 보살피고자 하는 우리의 의지를 담았다.

식만으로는 안 된다. 아이는 기본적으로 먹고 입고 자야 하는데, 그 바탕이 되는 자연의 공기와 물과 흙이 온전해야 한다.

유치원, 어린이집 내부도 생태적이어야 하므로 결국 구호가 '아이 살림'이 되었다. 아이를 살려야 하고, 주변의 모든 것도 다 살려야 하므로 유치원과 어린이집은 '살림집'이 되어야 한다. 살림집은 죽임의 집이 아니라 살림의 집이다. 그게 바로 생명의 집이다. 숲처럼 생태적인 곳에 사는 것이 공해가 많은 도심에 사는 것보다 더 좋다.

임재택은 이런 교육을 하려면 아이들이 귀한 생명이라는 깨달음을 가져야 한다고 생각했다. 아이가 바로 하느님이다, 이게 우리 민족의 천손 사상, 즉 우리 민족은 하느님의 자손이라는 사상이다. 그러려면 내 안에 아이들에 대한 사랑과 믿음과 정성이 있어야 한다. 이게 생태유아교육을 하는 데 제일 중요한 핵심 가치이다. 아이 살림, 생명 살림의 생태유아교육은 홍익인간의 이념에 닿아있다.

임재택은 1998년부터는 유아교육기관의 원장과 교사 그리고 일반인을 대상으로 「생태적 각성, 생명 살림의 길을 찾아서」라는 주제로 월례 강좌를 개설했다. 생명사상가, 종교인, 공동체운동 이론가와 실천가, 전통사상가, 자연의학 의사와 한의사, 자연건강·자연농업 관련자 등이 강사로 참여했는데, 이를 통해 생태유아교육학과 생태유아공동체 운동의 이론적 기틀을 다졌다. 이 강좌는 20년 동안 이어져 생태유아공동체 운동이 정체되지 않고 끊임없이 혁신을 거듭하는 견인차가 되었다.

임재택은 월례 강좌에 강사로 참석한 녹색평론 대표 김종철에게 "먹을거리 운동을 해야겠다, 애들 키워보니까 먹이는 것을 제대로 해야겠더라"며 생태유아공동체

• 생태유아공동체 창립 준비 상황을 보도한 부산일보 기사(2002.03.4). 유기농산물 먹을거리의 식비부담에 대해 임재택은 "불필요한 과외보다 먹는 게 더 중요하지 않을까요?"라고 했다. [부산일보 제공]

결성을 제의했다. 김종철은 흔쾌히 동의했다. 당시 도법 스님

• 생태유아공동체 준비모임

• 생태유아공동체 창립총회

이 인드라망생명공동체를 결성했고, 불교환경운동연합, 불교생명협동조합이 설립되는 등 21세기를 맞아 생태의 바람이 불 때였다. 또 1989년 결성된 한살림운동이 장일순 박재일 김지하 등이 참여하면서 전국으로 확산할 때이기도 했다.

임재택은 어린이집 아이들의 먹을거리를 매개로 동지들을 모았다. 친환경 유기농산물 먹이기 운동을 통해 아이들의 몸과 마음과 영혼을 살리고 농촌도 살리고 생명도 살리자는 취지로 생태유아공동체 결성에 나섰다. 처음에 협동조합 형태로 설립하려 했다. 협동조합원 300명이 필요해 부산의 400개 유치원 원장한테 제의했으나 최종적으로 5곳만 참여했다. 부산의 어린이집연합회 회원들도 별로 적극적이지 않았다. 그는 하는 수없이 사단법인 형태로 방향을 틀어 유치원 5곳, 민간어린이집 30여 곳으로 출범했다.

임재택은 "유치원·어린이집 아이들에게 친환경유기농산물을 먹입시다. 우리 아이들의 몸과 마음과 영혼을 살리고, 농촌도 살리고, 온생명을 살립시다."라며 '아이살림, 농촌살림, 생명살림'의 기치를 내걸고 2002년 3월 생태유아공동체 창립총회를 가졌다.

부산, 울산, 경남 지역에 있는 유치원, 어린이집 원장들과 당시 김종철 영남대 교수, 도법 스님, 문용린 전 교육부장관, 박기호 신부, 설동근 부산시 교육감, 이병철

- 부산일보의 임재택 생태유아공동체 초대대표 인터뷰 기사(2002.04.01). 임재택은 "병들어가는 아이들의 몸과 마음을 살리기 위해서는 먹을거리부터 바꿔야 한다"고 말했다. [부산일보 제공]

• 2019년 9월 생태유아공동체 부산교육에서 '유아교육의 핵심은 놀이·아이중심교육'이란 주제로 특강하는 임재택

• 2022년 11월 생태유아공동체 회원단체인 어린이집·유치원 원장들과 경남 합천군 가야면 친환경유기농 채소 생산지 비닐하우스를 방문해 생산자의 설명을 듣는 임재택

• (사)부울경생태유아공동체 임재택 이사장이 2022년 11월 경남 합천군 가야친환경쌀영농조합법인과 '친환경쌀 출하 매입 협약식'을 갖고 있다.

전국귀농운동본부 본부장, 윤구병 변산공동체 대표, 허병섭 무주생태마을 대표 등 전국적 저명인사들을 고문으로 모시고 친환경농산물 직거래 비영리단체로 농림부 산하의 '사단법인 생태유아공동체'를 만든 것이다.

임재택과 유보통합운동을 함께해온 곽문혁(수연어린이집 원장)은 생태유아공동체 참여 과정을 이렇게 말했다.

"임재택 교수님의 영유아보육의 제도 개혁과 동시에 내용 혁신의 필요성에 공감하면서 생태유아공동체와 생태유아교육학회의 창립멤버로 참여해 적극 활동했습니다. 특히 생태유아공동체는 형편이 좀 나은 유치원이나 국·공립·법인 어린이집이 망설이거나 외면할 때 우리 민간어린이집은 회원 확대에 적극 나섰습니다. 저는 그때 어린이집의 보육아동들이 안전한 먹거리를 보장받지 못한다는 사실을 알고 생태유아공동체 역할의 중요성을 절감했습니다. 민간어린이집은 비록 정부의 지원은 전혀 없었지만, 민간보육의 진정성과 보육의 질은 훨씬 뛰어나고 창의적이라는 점을 부각시키고 싶었습니다."

아이살림과 생명의 의식농(醫食農)을 연계한 실천 운동인 생태유아공동체의 성격을 구체적으로 살펴보면 다음과 같다.[1]

△ 생태유아공동체는 사람과 자연이 한 생명이라는 이념을 바탕으로 아이살림·농촌살림·생명살림을 지향한다.

△ 생태유아공동체는 유치원·어린이집 아이들에게 유기농산물을 먹여 우리 아이들의 몸과 마음과 영혼을 건강하고 바르게 기르고자 하는 아이살림 운동을 한다.

△ 생태유아공동체는 날로 심각해지고 있는 환경오염과 화학농업으로 죽어 가는 땅과 농촌과 생명을 살리고자 하는 농촌살림·생명살림 운동을 한다.

△ 생태유아공동체는 아이들을 한울님으로 모시는 학부모, 교사, 원장 및 생산자들의 자치적 공동체이며, 농림부에 허가 등록된 사단법인단체이다.

생태유아공동체의 주요 사업은 다음과 같다.

△ 유치원·어린이집과 유기농 생산자 간의 직거래

△ 유치원·어린이집의 식단을 건강한 유기농 먹을거리로 채우기

△ 유치원·어린이집에 먹을거리 교육 프로그램 제공

△ 유치원·어린이집 아이들의 학부모교육

△ 유치원·어린이집의 아이·교사·학부모들이 유기농 생산지 방문·교류

> △ 우리 아이들이 건강하고 바르게 자랄 수 있는 양육·교육환경을 만들고 실천 △도시·농촌이 함께 자연생태계 되살리기

생태유아공동체는 사람과 자연이 한 생명이라는 이념을 바탕으로 아이와 농촌과 생명을 살리기 위하여, 유치원과 어린이집 아이들에게 친환경유기농산물을 먹여 건강하고 바르게 기르고자 했다. 생명농업에 바탕을 둔 생태유아공동체의 친환경급식 운동은 유치원, 어린이집은 물론 초등학교와 중학교에 친환경농산물을 공급하는 친환경 급식을 견인했다. 임재택은 친환경 학교급식 운동의 원조로 오늘날 친환경 급식 보편화의 초석을 마련했다. 그는 생태유아공동체를 운영하다 보니 자연스럽게 친환경학교급식 운동도 하게 되어 「아이들 건강을 위한 국민연대」를 만들어 활동하기도 했다. 당시 친환경 급식, 혹은 관련 단체들이 결성돼 활동했는데 거기에는 생태유아공동체가 항상 중심 역할을 담당했다.

"2005년일 겁니다. 아이 비만 문제가 사회 이슈로 부각된 적이 있었어요. 1988년 아토피에 이어 아이 건강 문제가 사회적인 문제로 떠올랐어요. 근데 지역별 분포를 보니까 제주도

• (사)부울경 생태유아공동체 방문해 직원들과 함께

• (사)부울경생태유아공동체 현판 앞에서

• 2016년 제14차 (사)부산울산경남 생태유아공동체 정기총회에서 회원들과 함께한 임재택(아랫줄 가운데)

• 2016년 제14차 (사)부산울산경남 생태유아공동체 정기총회에서 강연하는 임재택

가 비만이 제일 심해요. 당시 한국생태유아교육학회 일로 교류하던 이용중(제주도 초등학교 교사) 전교조 초대 지부장과 2005년 국회에서 「아이들 건강을 위한 국민연대 결성 선언문(일명 2005인 선언)」을 발표했어요. 그후 전국 40여 개 시민단체의 연대를 이끌어내는 등 2년간의 준비 끝에 2007년 3월 30일 서울 프레스센터에서 「아이들 건강을 위한 국민연대」 출범식을 가졌어요." 임재택의 회고이다.

당시 제주동초등학교 교사였던 이용중(현재 식민사관청산 가야사 전국연대 상임대표)은 이렇게 말했다. "전교조 활동으로 해직된 이후 10년간 친환경·생활·사회노동운동을 했는데, 그 과정에서 요즘 옛날과 달리 비만아가 폭발적으로 늘었다는 걸 알게 됐습니다. 게다가 미국 여성의 수기를 보니 '어릴 때 비만은 여든까지 간다'는 내용이 있더군요. 교사 출신으로 이 상황을 외면할 수 없었어요. 마침 생태유아공동체와 생태유아교육학회 일로 알던 임재택 교수님과 아이비만 퇴치를 위해 범국민운동을 벌이자고 의기투합, 아이건강국민연대를 결성했습니다. 임 교수님은 생태유아공동체를 통한 친환경 건강급식을 통해, 저는 초등학교 기초체력반(걷기) 도입으로 아동 비만을 없애고 건강을 강화하는 실천운동을 펼쳤습니다. 임재택 교수

- 창립 1주년에 즈음해 ㈜사단법인 생태유아공동체의 활동을 보도한 국제신문 기사(2003.04.06). 임재택은 "아이들에게 건강한 먹을거리를 먹이고 농촌도 살릴 수 있다는 데 큰 보람과 기쁨을 느끼고 있다"며 "생태유아공동체 운동이 생명을 살리는 교육으로 발전해 나갈 수 있도록 노력하겠다"고 말했다.
[국제신문 제공]

님은 생태유아교육과 생태유아공동체를 통해 우리나라 아동 건강 증진에 기여한 공로가 매우 큽니다. 훈장을 줘도 모자랍니다."

생태유아공동체는 설립 다음해인 2003년 수도권생태유아공동체(초대 이사장 : 강병수 한겨레신문사 사업국장, 현재 임미령 이사장), 2004년 광주전남생태유아공동체(초대 회장 : 김덕건 광주대 유아교육과 교수)와 대구경북생태유아공동체(초대 회장 : 김정화 수성대 교수)가 설립되었고, 2005년 제주생태유아공동체(초대회장 : 한애경 늘사랑어린이집 원장), 2008년 대전충남생태유아공동체(중부권생태공동체로 명칭 변경, 초

대회장 : 김기태 너른마당유치원 원장), 2009년엔 전북생태유아공동체가 잇달아 설립되었다. 농림부 등록 법인체인 ㈔생태유아공동체는 2011년 6월에는 광역지자체 단위로 독자적 법인체를 갖고 서로 연대하기로 하면서 그 명칭을 ㈔부산울산경남생태유아공동체로 이름을 바꿨다. 2012년에는 산하에 아이살림 평생교육원을 부설기관으로 두기도 했다. 현재 생태유아공동체는 전국 8곳에서 지역별 특성을 살려 운영하고 있으며, 1,300여 곳의 회원 시설, 연간 70억 원에 가까운 친환경농산물의 매출을 올리고 있다.

"생태유아공동체 운동은 생태유아공동체 전국협의회를 중심으로 연대 모임을 정기적으로 가지면서 영유아를 위한 생태적 식생활교육과 생태유아교육 운동을 지속하고 있습니다. 친환경농산물 직거래와 도농교류 프로그램의 활발한 진행으로 전국의 수많은 농촌 친환경 생산자들과 새로운 상생의 기틀을 마련했다는 게 큰 성과라고 봅니다. 생태유아공동체의 활성화는 곧 '아이살림·농촌살림·생명살림'이 구호에 그치지 않고 현실화하는 것으로서 아이들과 우리의 농촌 농업의 미래를 실질적으로 담보해내는 과정이었지요. 전국 최초의 영유아 대상 친환경 급식은 초·중학교의 급식을 공공급

• (사)부울경 생태유아공동체 현판을 설명하며 웃음을 보이는 임재택

식의 영역으로 끌어올려 전국 모든 초등학교가 친환경 급식을 전면적으로 시행하는 데 결정적인 역할을 했다고 자부합니다." 임재택은 생태유아공동체의 역할을 이렇게 자평했다.

생태유아공동체는 뒤에 한국생태유아교육학회와 연계해 지역별로 돌아가면서 학술 대회를 개최하고 참여했다. 학회가 열리면 생태유아공동체 회원들 500~700명이 모여 축제를 벌였다. 동네에서 좋은 일이 생기면 잔치를 하듯 막걸리, 김치, 청국장 냄새가 풍기는 잔치를 벌인 것이다.

생태유아공동체 운동을 하면서 임재택의 부산대 강의도 질이 달라진다. 그중에 재미난 이야기가 있다. 2008년부터 교양학부 강좌로 200~400명이 듣는 대형 강의로 '잘 먹고 잘사는 법'이란 강좌를 개설했다. 그 내용은 소금 양치, 물 많이 마시기, 패스트푸드 안 먹기, 화학약품 멀리하기, 걸어 다니기, 헐렁한 팬티 입기 등 의식주 생활 혁신을 실천하는 걸 과제로 내놓고 생태적 각성과 삶의 실천을 가르쳤다. 그래서 이러한 것들을 생활 속에서 체크하도록 해 제대로 안 하면 학점을 잘 안 줬다. 수강생들은 10여 명을 한 조로 수십 개 조별 과제로 세계 각국의 민족전통의학이나 동·서양의 자연의학에 기초한 생활건강법을 연구발표하기도 했다.

임재택의 이러한 강의 내용은 한겨레신문(2013년 3월 16일자, '건강해져야 A+ 받는 강의')와 조선일보(2013년 7월 13일자, '살 빼고 체지방 줄이면 A+ 받는 대학가의 별난 강의')에까지 소개되었다. 그는 「잘 먹고 잘사는 법」 강좌 운영 과정의 한 토막을 이렇게 소개했다.

"학생들에게 의식주 생활 습관을 바꾸는 게 중요한데 교양 과정이다 보니, 뭔가 과학적 근거를 제시해야 하기에 고심하다 인바디 검사를 받게 했죠. 그래서 수강 전과 종강 때 인바디 검사를 해 변화한 정도만큼 학점을 잘 줬죠. 그랬더니 아토피가 사라졌다거나 변이 좋아졌다거나 체중이 평균 3~5kg 줄었다는 등의 사례가 많이 쌓였어요."

인드라망생명공동체

임재택은 제도개혁을 넘어 제도권 밖의 생명 교육에도 지속적인 관심을 기울여 인드라망생명공동체 공동대표와 현장귀농학교 교장을 역임하였고, 「아이들 건강을 위한 국민연대」를 창립해 상임공동대표로도 활동했다. 생태유아교육학회와 생태유아공동체를 이끄는 임재택으로서는 인드라망생명공동체 운동을 하는 도법 스님(실상사 주지)과 통하는 게 많았다. 그는 자주 실상사에 가서 도법과 이야기를 나누고, 거기서 자고 오곤 했다. 2004년부터 2009년까지 도법 스님과 함께 인드라망생명공동체 공동대표를 했다. 공동대표를 그만 둔 뒤에도 한동안 자문위원을 했다.

당시 김지하 시인이 생명 운동을 외치고 다니고, 생태 운동이 세계적으로 확산되던 때였다. 그때 실상사 도법 스님이 인드라망생명공동체를 만들었고, 생협들이 막 생겨나려던 시절이었다. 생태유아교육과 생태유아공동체에 진심이었던 임재택이 인드라망생명공동체를 이끄는 도법 스님과의 교유는 필연이었다고 하겠다. 생태유아공동체를 운영하는 그는 도법의 알선으로 자연스럽게 현장귀농학교와도 연결돼 2005년부터 2009년까지 현장귀농학교 교장을 맡았다.

임재택은 도법 스님과의 일화 한 토막을 소개했다. "제가 생태교육 프로그램으로 친환경 먹을거리, 텃밭 가꾸기, 도농교류 같은 이런저런 걸 막 하니까 현장귀농학교 교장도 좀 했으면 좋겠다 해서 그렇게 했죠. 나중에는 대안학교운동, 먹을거리 운동도 함께 했어요. 그 뒤 스님께서 불교생협 만드는 데도 사실 제가 기여를 좀 했지요. 제가 한번은 도법 스님께 공개적으로 말했어요. '세상에 무슨 불교가 생명을 위하고 살생하지 말라카면서 부처님한테 공양을 올리는데 농약, 비료 제초제 친 그런 과일과 쌀밥을 올리는 게 말이 되냐?' 도법 스님께서 약간 멈칫하는 걸 느꼈어요. 그 뒤 친환경 불교생협이 만들어졌어요."

또 생태유아교육학회와 생태유아공동체가 주관하는 해외 생태연수에 도법 스님도 동행한 적이 있었다. 부산에서 배를 타고 시모노세키와 후쿠오카 등 일본 지역을 많이 다녔고, 쿠바도 다녀왔다. 해마다 여름방학과 겨울방학 두 차례 정기 해외연수를 진행했는데, 2015년까지 거의 20년 동안 진행했다. 임재택은 해외생태연수를 통해 배운 게 많았다며 이렇게 말했다. "독일 등 유럽은 보육의 역사가 100년 이상 되었어요. 일본과 유럽에서는 초등학교 취학 이전의 아이들한테는 글을 가르치지 못하게 해요. 그쪽에서는 아이들한테 공부를 시킨다는 것은 상식 밖의 일로 생각해요. 반 편성은 혼합반이고 진짜 놀이 중심으로 아이를 키우죠. 미국식이 엉터리고 대만이 엉터리고 우리나라 유아교육이 엉터리예요. 해외생태연수는 나의 유아교육관, 생태유아교육이 옳다는 것을 확인해주었고, 생태유아교육 안착과 확산에 도움이 되었어요."

쿠바의 도시농업과
세계유기농업대회 참관

임재택은 쿠바의 도시농업과 환경교육에 큰 감명을 받았다. 그는 2006년 11월 12일간 쿠바 수도 아바나에서 개최된 세계유기농업대회 한국대표단의 일원으로 쿠바를 다녀왔다. 대표단은 전 농림부장관과 관계 공무원, 친환경농업인단체 대표, 한살림을 비롯한 친환경농산물소비자단체 대표 등 20여 명이었다. 그는 유아교육기관 친환경급식단체인 생태유아공동체 대표 자격으로 참가했다. 소요경비의 반은 개인부담이었으며, 한살림 박재일(1938~2010) 회장과 일정 내내 룸메이트로 많은 얘기를 나눈 것이 참 좋았다고 한다. 거의 모든 가정과 학교 및 기관 단체에서 지렁이 분변토를 활용한 도시유기농업의 체계적인 실

• 쿠바에 동행했던 고 박재일 한살림 회장과 쿠바 아바나 앞바다에서

천과 생활화를 통해 식량자급과 건강 증진을 동시에 달성하는 모습을 보면서 '새들도 행복해 하는 나라, 쿠바'라고 감회를 표현했다.

다음은 임재택의 쿠바 방문기 일부다.

쿠바는 1990년 전후 옛 소련의 지원 중단과 미국의 경제 봉쇄로 국가적 재난을 맞아 자급자족 경제체제 구축에 나섰다. 휘발유가 부족하자 트랙터 대신 40만 마리의 소를 길러 우경(牛耕)으로 전환했고, 화학비료와 농약이 부족하자 전국에 230여 곳의 포식·천적재생산센터(CREE)를 세의 천적을 이용해 병충해를 구제하는 농법을 개발했다. 자구책이던 도시농업 덕분에 쿠바는 1992년 당시 40%였던 식량자급률을 10년 뒤엔 110%로 끌어올렸다. 더욱이 육류에서 채식 위주로 식생활이 바뀌었고, 병원 출입 환자수가 30%나 줄어들었으며, 영아사망률은 미국보다도 낮아졌다. 당시 쿠바는 학교에서도 '한 손에는 책, 한 손에는 호미를'이라며 농업이해교육을 실시했다.

(국제신문, 2006년 11월 26일)

제13장
한국생태유아교육학회 창립
(2002)

임재택 평전

아이행복 세상을 위한 혁명

임재택은 부산대학교 어린이집을 운영하면서 새로운 유아교육 방향을 모색했다. 21세기를 눈앞에 둔 1990년대 후반에는 전 세계적인 화두가 바로 '문명의 전환'이었다. 임재택은 부산대 보육종합센터 차원에서 '우리 아이들 보육을 걱정하는 모임'과 함께 「21세기 문명의 전환과 새로운 유아교육의 방향」을 주제로 월례 강좌를 진행했다. 주제와 관련된 통찰을 던져줄 만한 인사를 섭외해 강좌를 열었다. 여기서 모아진 것이 생명사상과 생태적 세계관이었다. 임재택은 21세기의 새로운 유아교육으로 생명사상에 바탕한 생태유아교육을 생각하고, 드디어 2002년 6월 한국생태유아교육학회를 창립하고 기념 총회를 열었다.

• 2019년 한국생태유아교육학회 개회 전 법륜스님(기조발제), 박원순 서울시장(축사)과 담소하고 있다.

• 축사하는 박원순 서울시장

21세기 문명의 전환과 유아교육의 새로운 방향

1975년 이화여대 유아교육과 교수들이 중심이 되어 한국유아교육학회를 창립했다. 그동안 한국교육학회 산하의 교육심리학회 교육사회학회 교육행정학회 등과 마찬가지로 유아교육학회는 하나의 분과로 있다가 한국교육학회로부터 독립한 것이다. 이화여대 유아교육과와 대립관계에 있던 중앙대 유아교육과 출신 교수들은 1995년 2월 열린유아교육학회를 창립한 데 이어 경북대학교 출신으로 한국행동과학연구소 연구원을 거쳐 미국 오레건대학에서 유아교육 분야 박사학위를 받고 부산대 유아교육과에서 잠시 근무했던 이영석 성균관대학 아동학과 교수가 1995년 12월 미래유아교육학회를 만들었다. 이영석

- 부산일보의 생태유아교육학회 창립 예고 기사(2002.06.03.). 준비위원장 임재택은 "아이와 자연이 한 생명이라는 기본이념을 바탕으로 생태교육의 확산을 위한 실천활동에 주력할 방침"이라고 밝혔다. [부산일보 제공]

교수는 한때 부산대에 재직하면서 임재택과 함께 부산유아교육학회를 창립해 운영한 적이 있다. 이들 학회는 학문과 이론의 바탕은 미국식으로 차이가 없으면서도 구성원의 성향에 따라 별도의 학회를 만들어 운영했다.

임재택은 이런 상황을 보면서 같은 내용을 가르치면서 이름만 다른 학회로 운영할 게 아니라 확실히 차별되는 내용과 철학으로 학회를 만들어야겠다고 생각했다. 때마침 임재택에게 자신감과 확신을 갖게 해준 배경이 있었다. 그것은 2002년 3월부터 시작한 한국생태유아공동체였다. 그는 2년의 준비 끝에 결성된 한국생태유아공동체를 발판으로 2002년 6월 한국생태유아교육학회를 결성한 것이다.

부산대학교 본관 대회의실에서 6월 8일 열린 한국생태유아교육학회 창립총회의 대주제는 「21세기 문명의 전환과 유아교육의 새로운 방향」이었으며, 윤구병(변산공동체 대표, 전 충북대 교수)이 「스스로 살아남기, 더불어 살아남기」를 주제로 기념강연을 했다.

임재택은 창립총회에서 「한국생태유아교육학회 창립을 준비하면서」라는 제목으로 학회 창립의 배경과 취지를 다음과 같이 밝혔다.

> 저희가 한국생태유아교육학회를 준비하게 된 것은 20세기 말 산업문명의 폐해로 인류가 당면한 자연 생태계 파괴와 인간성 상실의 위기를 극복하려는 작은 몸부림입니다. 성장과 개발, 자본과 경쟁의 논리에 매몰된 현재의 기계론적 세계관으로는 절멸 위기에 처한 자연 생태계를 보전하고 인간성 회복은 고사하고 인간의 생존을 담보하는 것 자체가 어렵습니다. 이러한 상황에서 지금의 기계론적인 세계관은 생태론적인 세계관으로 전환되어야 합니다. 우리는 생태론적 세계관으로의 문명 전환을 통해 사

람과 자연이 하나 되는 세상, 사람과 사람이 더불어 사는 세상, 그리고 우리 아이들이 행복하게 사는 세상을 꾸리고자 합니다.

이를 위해 우리는 지난 1995년부터 부산대 부설 어린이집을 중심으로 생태유아교육 프로그램을 개발, 적용해왔습니다. 그 결과 유치원 어린이집 아이들에게 적용할 수 있는 바깥놀이, 산책, 텃밭 가꾸기, 세시풍속, 노인·아동상호작용, 절제 절약, 명상, 몸짓놀이, 손끝놀이 등 다양한 프로그램을 개발하여 전국적으로 보급하고 있습니다. 1998년부터는 '21세기 문명의 전환과 유아교육의 새로운 방향'을 모색하기 위해 환경 생태 생명 문제에 깊은 관심을 가진 원로와 전문가들을 모시고 여러 차례 강좌와 교육 연수 및 국내외 체험 학습의 기회를 가진 바 있습니다.

올해 3월부터는 우리 아이들에게 가장 중요한 먹을거리 문제를 개선하기 위한 일을 추진하고 있습니다. 그 일은 바로 유치원 어린이집 아이들에게 유기농산물을 먹여 우리 아이들의 몸과 마음과 영혼을 살리고, 피폐해져 가는 우리 농촌을 살리자는 취지 아래 사단법인 생태유아공동체를 창립했으며, 지난 5월 24일 농림부로부터 사단법인 등록 허가를 받았습니다. 이 공동체에는 40여 개 유치원과 어린이집(원아 수 약 5,000명)이 회원으로 참여하고 있습니다.

그동안 생태유아교육의 확산을 위해 이제 학회를 만들어야 하지 않겠느냐는 주위의 요청도 있었습니다만 특별히 저희가 한국생태유아교육학회의 창립을 서두르게 된 데는 그럴 만한 이유가 있습니다. 최근 우리 아이들의 양육·보호·교육 여건이 참담할 정도로 나빠지고 있다는 사실입니다. 우리 아이들 두 명 중 한 명이 제왕절개로 태어나며, 아이들 열 명 중 아홉 명이 엄마의 젖을 먹지 못하고 소젖을 먹고 자랍니다. 이들은 그대로 이어서 패스트푸드와 인스턴트식품을 먹고 자랍니다. 그 결과 우리 아이들에게 소아비만, 소아당뇨, 아토피성 피부염 등 신체적 질환이 급속히 늘어나고 있습니다. 최근 2~3년 전부터는 아이들의 아토피 피부염이 열 명 중 두세 명 정도로 늘어나고 있습니다. 아이들의 연령이 어릴수록 훨씬 더 심해져 갑니다. 뿐만 아니라 우리 아이들이 패스트푸드와 인스턴트식품에 길들여지면서 매우 공격적이고 산만해져 정서 불안, 신경증, 스트레스 등 정신적 질환이 나타나고 있습니다.

그럼에도 불구하고 아이들 키우는 어머니들은 조기교육 열풍, 특히 영어교육 열풍에 휩쓸려서 어린아이들의 영어 발음을 잘하게 하기 위해 혀를 수술하는 상황에까지 이르렀습니다. 가정에서는 아이들에게 조기 특기교육, 문자교육을 위해서 수십만 원씩을 쓰면서도 아이들에게 아침밥을 먹이지 않는 경우가 두 명 중 한 명 정도입니다. 그리고 유치원이나 어린이집에서도 아이들의 몸과 마음을 다스리는 일보다는 학습에 치중하고 있습니다.

현대 산업문명의 최대 피해자는 아이들입니다. 성장과 개발, 자본과 경쟁의 논리가 지배하는 지금의 유아교육은 분명히 정상이 아닙니다. 지금 우리 아이들은 자연과 놀이와 아이다움을 잃어버리고 몸과 마음과 영혼이 병든 아이로 자라고 있습니다. 즉 요즘 아이들은 양계장 닭처럼 키워지고 있습니다.

양이 극에 달하면 음을 위해 물러나는 것이 자연의 이치입니다. 한국생태유아교육학회는 이러한 자연의 이치에 따라 양계장 닭처럼 키워지는 우리 아이들을 토종닭처럼 자라게 하는 일을 하고자 합니다. 이 일은 바로 한 시대를 살아가는 성인으로서 분명 선업을 짓는 일입니다. 한국생태유아교육학회는 학력, 전공 분야, 직업, 연령, 지역, 성별에 관계없이 아이살림 교육살림 생명살림에 관심 있는 모든 사람들과 함께 하고자 합니다. 또한 학회는 아이살림 교육살림 생명살림에 도움이 되는 일이라면 학술적 연구, 현장 실천, 교육과 연수, 출판, 홍보 및 운동 등 어떤 일이든지 하고자 합니다. 그간 많은 분들의 수고와 도움으로 한국생태유아교육학회가 창립하게 되었습니다. 이러한 취지에 공감하고 관심을 보여주신 분들을 비롯한 각계 인사들의 의견과 조언을 수렴하여 우리 아이들이 행복하게 사는 세상을 꾸리는 데 최선을 다하고자 합니다. 여러분들의 적극적인 관심과 참여를 부탁드립니다. 감사합니다.

임재택은 이날 창립총회에서 가진 언론인터뷰에서 이렇게 말했다.

"한국생태유아교육학회는 유아교육의 새로운 패러다임 정립, 이의 실천 모색을 위해 교수 중심의 학회가 아니라 유아와 초중고 교사, 유기농 생산자, 일반인 등이 광범위하게 참여해 실질적인 방법론을 찾는데 지혜를 모아가도록 노력할 것입니다. 우리 아이들 두 명 중 한 명이 제왕절개로 태어나고, 열 명 중 아홉 명이 모유 대신 우유를 먹고 자라는 현실이 안타깝습니다. 앞으로 생태유아교육 강좌와 프로그램 확산, 유치원·어린이집의 교육실천사례 발굴·소개, 자연분만과 모유 먹이기, 유기농산물 먹이기와 관련해 이론과 실천을 함께 이끌어내는 데 함쓰겠습니다."(국제신문 2002, 06.09)

한국생태유아교육학회는 대학의 교수와 대학원생뿐 아니라 현장의 유치원·어린이집 원장과 교사들이 모두 참여했다. 특히 현장 사람들은 임재택 생태유아교육의 핵심 철학이 담긴 「가르치지 않는 유아교육」을 듣고 처음엔 황당해하다가 나중에 수긍하고 빠져들었다. 우리 조상들의 지혜가 담긴 전통의 유아교육법을 재연해보니 진짜 가능하고 훌륭하다는 것을 실감했던 것이다. 보통 학회는 교수들 중심으로 이뤄지는

- 생태유아교육학회 초대회장 임재택을 인터뷰한 국제신문 기사(2002.06.10). 그는 "학력, 전공, 직업, 나이, 지역, 성별에 관계없이 뜻있는 사람들이 모여 아이살림, 교육살림, 생명살림에 도움이 되는 일들을 연구하고 실천하고자 한다"고 말했다. [국제신문 제공]

데 반해 한국생태유아교육학회는 교수뿐 아니라 현장의 원장과 교사, 학생, 그리고 학부모가 다 참가했다. 또 이론보다 실천과 경험 사례 발표 위주로 학회가 진행됐다. 자연히 여느 학회와는 달리 시끌벅적하면서 열기가 높았다.

이어 「아이살림 생명살림의 유아교육을 위하여」라는 주제로 2002년 12월 열린 추계학술발표에서 임재택은 「아이들의 삶과 생태유아교육」을 주제로 기조 발제를 했다. 2003년 춘계 학술대회는 「생태유아교육의 뿌리를 찾아서」를 주제로 우리 전통사상과 유아교육을 탐색하는 기조 발제와 4건의 주제가 발표되었다. 2003년 추계학술발표회는 「유아교육 근본으로 돌아서기」라는 주제로 열렸는데, 도법 스님(지리산 실상사 주지)이 「아이교육 생명살림을 향한 발돋움」을 발표했다. 이날 학술대회에서는 부산대 박준건(부산대 철학과) 교수가 「생태론적 세계관에서 본 자연, 아이 그리고 교육」을 발표했다.

2002년 추계학술대회 기조 발제를 통해 임재택은 21세기를 맞아 기계론적 세계관에서 생태론적 세계관으로 전환됨에 따라, 유아교육도 새로운 패러다임의 생태유아교육으로 바뀌어야 한다고 주장했다. 곧, 아동 중심 교육에서 생태 중심 교육으로, 개인 중심에서 교육에서 공동체 중심 교육으로, 이성 중심 교육에서 전인(全人, 몸·마음·영혼) 교육으로 전환해야 한다고 강조했다.

그는 생태유아교육의 개념을 제시했다.

"생태유아교육은 생태학(ecology)과 유아교육(early childhood education & care)의 합성어입니다. 생태유아교육은 생태존적 세계관에 기초한 유아교육이자, 생태학적 접근의 유아교육이며, 자연친화적 유아교육입니다. 생태유아교육은 자연의 본성을 지닌 아이와 자연과의 신체적, 정신적 교류와 교감을 통해 인간과 자연의 공생, 상생의 지혜를 터득하고 실천하도록 하고자 합니다. 생태유아교육은 산업문명의 피해자인 아이들이 잃어버렸던 자연과 놀이, 그리고 아이다움을 되찾아주려고 합니다."

임재택은 나아가 생태유아교육이 지향하는 세상과 생태유아교육의 목적, 즉 키우고자 하는 어린이 상(像)을 제시했다. 생태유아교육이 지향하는 세상은 첫째, 사람과 자연이 하나 되는 생명공동체 세상, 둘째, 사람과 사람이 더불어 사는 사람공동체 세상, 셋째, 아이들의 몸 마음 영혼이 건강하고 행복하게 사는 아이행복 세상이다. 생태유아교육이 키우고자 하는 아이 상(像)은 '신명(神明) 나는 아이'인데, 신명 나는 아이의 구체적인 모습으로는 ①튼튼한 아이 ②즐거운 아이 ③스스로 하는 아이 ④새로운 것을 생각하는 아이 ⑤예의바른 아이 ⑥생명을 존중하는 아이 ⑦일을 귀하게 여기는 아이 ⑧우리 것을 아는 아이 ⑨지구를 지키는 아이 ⑩더불어 사는 아이 등 10가지를 제시했다.

임재택은 연간 2회의 학술대회와 학회지 『생태유아교육연구(The Journal of Eco Early Childhood Education & Care)』 발간, 국내외

생태유아교육연수 등을 통해 '생태유아교육'의 학문 체계 정립과 유아교육 현장에서의 실천적 적용을 통해 유아교육의 올바른 방향과 지침을 제공해왔다. 그는 1995년 부산대학교 부설 어린이집을 설립하고 2007년까지 12년간 원장을 역임하면서 자신이 주창한 생태유아교육 이론을 교육 현장에서 몸소 실천하며 검증했다. 부산대학교 유아교육과 석·박사과정에서 후학을 양성하고 이들과 함께 연구 활동을 병행하면서 생태유아교육학이라는 새로운 학문 체계를 세워나간 것이다.

생태유아교육은 한국 유아교육의 한계를 극복하는 것은 물론, 미래를 여는 청사진으로서 상당한 영향을 미쳤다. 양계장 닭처럼 실내에서만 주로 지내던 아이들이 바깥으로 숲으로 나가면서 토종닭처럼 건강하게 자라므로, 기존의 유아교육의 흐름을 바꾸는 데 결정적으로 공헌했다. 즉 기존의 교실·수업·교사 중심의 유아교육을 자연·놀이·아이 중심의 유아교육으로 전환해 몸 마음 영혼이 건강하고 행복하고 평화로운 아이들로 키우는 쪽으로 바람을 일으킨 것이다.

임재택은 생태유아교육의 실현을 위해 2019년 9월 현재 전국 7개 지역(부산·울산·경남, 수도권, 중부권, 대구·경북, 광주·전남, 전북, 제주)의 생태유아공동체 설립을 견인했고 그 결과 2024년 말 현재 전국 1,300여 곳의 유치원과 어린이집이 참여했다. 그는 또한 생태유아교육의 활성화를 위해 교사 대상 생태유아지도사 1, 2, 3급 과정을 두어 생태유아교사 양성에도 주력했다. 서울, 경기, 대전, 대구, 부산 등 전국에서 생태유아지도사 양성 과정이 개설되어 총 2,000명 넘는 인원이 배출되었고, 이 양성 과정은 전국의 유아교사 양성 대학과 대학원의 교과목으로 채택, 확산 중이다.

미국과 유럽에서 유아교육이 도입된 지난 100여 년 동안 한국 유아교육계는 양적으로 괄목할 만한 성장을 이루었으나, 아쉽게도 우리 고유 사상과 문화에 맞는 학문체계를 세우는 데에는 큰 성과를 내지 못했다. 외국에서 유입된 유아교육 이론이 판을 치면서 교육 현장은 점차 아이들의 행복은 뒷전이고 외국 이론 전시장을 방불케 하는 상황에까지 이르게 되었다. 이런 현실에서 임재택은 자연의 순리와 사람의 도리(몸의 생리 + 마음의 심리 + 영혼의 성리) 그리고 우리 조상의 전통 생활 육아 지혜에 바탕을 둔 독창적이고 개혁적인 '생태유아교육'이라는 새로운 패러다임의 유아교육 학문체계를 세웠다.

2002년 생태유아교육학회 창립 이래 20여 년의 춘계·추계 학술대회〈표2〉 주제와 발제자의 면면을 보면 생태유아교육의 이론과 실제의 진화 과정을 단번에 알 수 있다. 대표적인 기조 발제 사례는 다음과 같다. △생명문화운동에서 본 아이살림·생명살림의 유아교육(김지하 시인, 2004추계) △아이들에게 빌린 지구, 무슨 일이 일어나고 있는가?(김명자 전 환경부 장관, 2011춘계) △한국 전통육아, 왜 잊혀졌는가?(임재해 국립안동대 교수, 2012춘계) △유아교육과 한국의 미래(도올 김용옥 선생, 2016춘계) △혼돈의 육아 현실, 유아교육의 정도를 찾아(법륜 스님, 2016추계) △풀꽃 같은 아이들, 푸르게 자라게 하라(조정래 소설가, 2018춘계) △손잡지 않고 살아남은 생명은 없다(최재천 이화여대 석좌교수, 2021춘계) △아이들을 정성으로 모시지 않는 세상은 희망이 없다(도법 스님, 2021추계).

임재택은 1998년부터 해오던 비정기 생태 강좌 「생태적 각성-생명살림의 길을 찾아서」를 2009년부터는 월례 강좌 형식으로 바꿔 진행해왔다. 또한, 2015년부터 2017년까지 3년간 수도권공동체에서도 월례 강좌를 진행하도록 했다. 이때 월례 강좌에서 발제를 해준 사람들이 변산공동체 윤구병 대표, 실상사 도법 스님, 정토회 법륜 스님, 녹색평론 김종철 대표, 흙집학교 '흙처럼 아쉬람' 고제순 대표, 자연치유의학자 겸 외

• 2021년 12월 코로나로 인해 온라인으로 진행중인 생태유아교육학회 추계학술대회에서 실상사 도법 스님이 기조발제를 하는 모습이 영상을 통해 전해지고 있다.

과의사 전홍준, 죽변교회 이현주 목사, 대구가톨릭대 정홍규 신부, 동일한의원 한의사 박석준 등 우리나라의 대표적인 생태 지성들이다.

임재택은 특히 생태유아공동체와 생태유아교육학회를 만들 때 김지하 시인의 생명사상과 동학 사상에서 큰 영감을 얻었다. 김지하의 생명사상은 현대 문명의 위기를 극복하기 위한 대안을 제시하려는 사상적 접근을 한다는 점과 동학이나 고대 사상을 재해석하여 한국 철학의 전체적인 흐름을 고찰하고 있다는 점에서 그 가치를 인정받고 있었다. 이러한 김지하의 생명사상을 '생명살림'이라는 공통된 화두로 유아교육을 풀어 생태유아교육에 주는 시사점을 연구한 것이 박영신·김은주의 「김지하 생명사상의 생태유아교육적 함의」[1]라는 논문이다. 이들은 논문에서 '아이는 한울님이자 천지부모요, 홍익인간이고 이화세계를 이끌어갈 존재요,

신령과 생명을 제 안팎에 모신 영성 - 생명적 존재이므로 모시고 살려야 하며, 모시고 살리되 틈을 가지고 조심하는 교육이 요구된다'고 밝혔다.

임재택은 녹색평론 발행인 김종철(1947~2020) 선생을 잊을 수 없다고 말했다. "김종철 선생은 생태유아공동체를 만드는 데 큰 기여를 하셨고, 특히 생태유아교육의 이론적 뒷받침을 많이 주셨죠. 김종철 선생님한테 영향을 받은 것 중 하나가 심층생태학이에요. 저는 심층생태학을 잘 몰랐지만 자연의 순리대로 하면 옛날 우리 시골에서 하던 대로 그대로 가야 하니까 그 사상이 유아교육뿐만 아니라 한살림의 이론적 바탕도 됐단 말이죠. 특히 김 선생은 생태유아공동체를 협동조합 방

• 2022년 11월 한국생태유아교육학회 창립 20주년 기념 학술대회에서 '산업문명을 넘어 생태문명의 씨알이 되는 생태유아교육의 도전'을 주제로 강연하는 임재택

식으로 만들라고 저한테 조언을 많이 했어요. 그런데 협동조합을 만들려면 유치원, 어린이집을 300곳 이상 모집해야 하는데 그게 불가능하더군요. 그래서 사단법인으로 바꿨어요. 근데 김종철 선생이 처음엔 좀 화도 내고 하셨는데 나중에는 다 이해를 해주셨어요."

오늘날 아이들은 자연의 순리에 벗어난 인위적이고 반생태적인 삶과 교육환경에서 자라면서 몸과 마음의 아픔을 호소하는 '아토피'를 앓게 되었고 그 수는 점차로 증가하기 시작했다. 임재택은 기존의 서양식 유아교육, 양계닭장식·가두리 양식장식의 유아교육은 생명의 원리와 사람의 도리에 따르는 자연산 유아교육과는 어긋나는 교육이라고 생각하고, 이러한 믿음과 확신에서 혁신적인 발상의 전환을 통해 창안한 것이 곧 생태유아교육이다. 생태유아교육은 우리 민족 고유의 생명사상과 전통 육아법을 기본으로 동서양의 생명·생태 사상에 바탕을 둔 새로운 패러다임의 유아교육이다. 특히 생태유아교육은 자생적 한국 유아교육인 동시에 자연의 섭리와 사람의 도리에 따른 유아교육이기에 보편적 세계 유아교육이다. 나아가 이는 삶으로 실천하는 유아교육이자, 연구와 실천이 함께 가는 유아교육이며, 생명 위기 극복을 위한 유아교육

• 한국생태유아교육학회 20주년 기념식에서 제자들과 함께

이기에 결국 '오래된 미래의 유아교육'이라고 할 만하다. 생태유아교육은 또한 2020년 코로나 팬데믹과 기후 위기 상황에서 인류의 생존과 지구생태계 위기 극복을 위한 글로벌 유아교육, 'K-생태유아교육'이라고 임재택은 주창했다.

임재택은 이렇듯 생태유아교육을 학문적, 체계적 정립과 실천적 접근으로, 서양 유아교육 일색인 한국 유아교육의 파행적 운영을 비판, 극복하고 한국 전통의 육아법과 생명사상을 토대로 새로운 패러다임의 유아교육 모델을 제시했다. 그렇게 시작한 생태유아교육 운동의 결과는 현재의 교실·수업·교사 중심의 누리과정을 자연·놀이·아이 중심의 누리과정으로 개편하여 2020년 3월 시행된 2019년 개정 누리과정 개정에 결정적으로 기여했다. 2016년부터 3년간 한국생태유아교육학회 춘계, 추계 학술대회의 주제와 유보혁신연대(53개 단체)의 활동이 이를 뒷받침한다.

임재택은 생태유아교육학의 핵심 개념을 다음과 같이 설명한다.[2]

생태유아교육의 3대 원리

자연의 순리(자연법), 사람의 도리(양심법), 조상의 생활 지혜(생활법)

생태유아교육의 이념 및 방향

- 교육이념은 생명 중심 유아교육, 공동체 중심 유아교육, 몸·마음·영혼의 유아교육을 지향한다.- 교육 방향은 자연과 놀이, 아이다움을 되찾아주는 유아교육을 지향한다.

생태유아교육의 목표 및 목적

- 생태유아교육의 목적은 사람과 자연이 하나 되는 생명공동체, 사람과 사람이 더불어 사는 사람공동체, 아이들이 행복하게 사는 아이행복 세상, 즉 '신명나는 세상'을 실현하고자 한다.
- 생태유아교육의 목표는 아이들의 몸 마음 영혼이 건강하고 행복하고 평화로운 '신명나는 아이'로 키우고자 한다.

생태유아교육의 개념

생태유아교육(生態幼兒敎育)이란 무엇인가? 생태유아교육의 개념을 한마디로 정의하는 것은 아직은 적절하지 않다. 왜냐하면 생태유아교육은 이제 막 하나의 개념으로 탄생하여 자라고 있는 어린 생명체이기 때문이다. 이와 같은 생태유아교육이라는 어린 생명체의 본성(本性)과 본질(本質)을 충분히 탐구하기도 전에 그 개념을 미리 규정하는 것은 결코 올바른 접근이 아니라고 본다. 따라서 생태유아교육의 개념을 한마디로 규정하거나 정의하기보다는 생태유아교육의 의미를 다각적으로 검토함으로써 그 본질에 접근하고자 한다. 여기서는 생태유아교육의 의미를 다음 몇 가지로 제시하고자 한다.

> **첫째, 생태유아교육은 생명사상 내지 생태론적 세계관에 바탕을 둔 생명론적 접근의 유아교육(幼兒敎育)이다.**

생태유아교육은 생명학(life studies)과 생태학(ecology)을 비롯한 우리나라와 동·서양의 생명사상에 바탕을 둔 유아교육이다. 따라서 생태유아교육은 아동 중심 유아교육을 포괄하면서 그것을 넘어서는 보다 높은 차원의 근원적인 생명 중심 유아교육이다.

> **둘째, 생태유아교육은 새로운 패러다임(PARADIGM)의 유아교육이다.**

생태유아교육은 최근 산업문명의 최대 피해자인 우리 아이들의 병든 몸과 마음과 영혼을 살리고, 나아가 성장과 개발, 자본과 경쟁의 논리가 지배하는 지금의 유아교육 현실을 개선하고자 하는 새로운 패러다임의 유아교육이다. 생태유아교육은 유아교육의 대안이 아니라 주류가 되어야 하며, 선택적 고려 사항이 아니라 필수적 실천 사항이 되어야 한다.

> **셋째, 생태유아교육은 자연의 순리에 따르는 자연친화적 유아교육이다.**

생태유아교육은 자연의 본성을 지닌 아이들을 자연의 순리대로 스스로 잘 자라도록 돌보고 기르는 일을 하는 것이다. 본래 아이는 부모의 자식, 사람의 아이인 동시에 자연의 아이다. 따라서 생태유아교육은 아이를 사람의 아이이면서 자연의 아이로 기르는 것으로서 자연의 순리(順理)대로, 사람의 도리(道理)대로 아이를 기르는 것을 의미한다.

> **넷째, 생태유아교육은 아이를 한울님으로 모시는 아이살림의 교육이다.**

생태유아교육은 아이라는 생명을 한울님으로 모시고 살리는 아이모심과 아이살림의 교육이다. 여기서 아이는 자연의 본성을 지닌 뭇 생명체 중의 한 생명체이다.

> **다섯째, 생태유아교육은 생명의 원리에 따라 아이라는 생명을 모시고 살리는 생명 살림의 교육이다.**

아이라는 생명체 속에는 본래부터 한 사람으로 스스로 더불어 살아갈 수 있는 무한한 잠재력을 지닌 생명의 씨앗이 유전인자 형태로 내재되어 있다.

> **여섯째, 생태유아교육은 우리 조상들이 아이를 기르던 지혜에 바탕을 둔 오래된 미래의 유아교육이다.**

우리 조상들은 지난 5,000년 동안 동아시아에 터를 잡고 자식들을 길러 세계적으로 드높일 만한 찬란한 민족문화를 꽃피웠다. 그러한 조상들의 자녀 양육 지혜를 오늘의 현실에서 창조적으로 활용하려는 것이 생태유아교육의 관심이고 접근이다. 이런 측면에서 생태유아교육은 우리 민족의 문화이고, 우리 민족과 아이들의 삶이고 생활 그 자체이다.

• 한국생태유아교육학회 학회발표문집

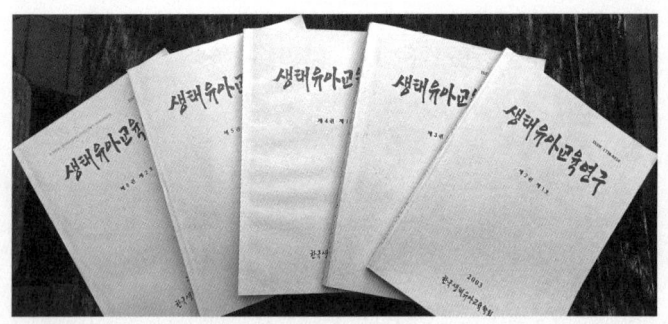

• 한국생태유아교육학회 학회지 ≪생태유아교육연구≫

제14장
해관 장두석 선생과의 만남

(2005)

임재택 평전

아이행복 세상을 위한 혁명

임재택의 생태유아교육은 민족생활의학자인 해관 장두석(1938~2015) 선생과의 교류를 통해 더욱 깊어졌다. 임재택은 2005년 즈음에 한민족생활문화연구회 이사장이던 장두석 선생을 만나 민족생활의학을 통한 생태적 삶과 조상의 육아 지혜에 대해 큰 가르침을 받았다. 장두석 선생은 당시 교수를 '생명 죽임의 미제(美製) 학문을 하는 괴수'라고 할 정도 교수 사회를 신랄하게 비판했다. 장두석 선생은 그에게 "생태유아교육을 하는 교수라는 사람이 단식을 비롯한 민족생활의학의 체험도 하지 않아서야 되겠는가?"라며 민족의학 체험을 권유했다. 이를 계기로 임재택은 10박 11일 몸마음 수련 단식을 하며 장두석 선생과 교류했다.

"2008년 9월에는 해관 선생께서 우리 집을 방문해 저희 어머님께 큰 절을 하시고 식물원이 내려다보이는 빌라 1층 집 앞 아름드리 소나무를 둘러보고 김치에 막걸리 한잔을 하시면서 비로소 저를 교수로 인정해주셨어요. 그리고 학산(鶴山)이라는 호를 지어주시고 얼마 후 '학산송헌(鶴山松軒)' '경천애인(敬天愛人)'이라고 쓴 큰 액자 2점을 보내주셔서 지금도 마루 양쪽 벽면 상단에 걸어놓고 있어요." 임재택은 해관 선생과의 인연을 이야기하며 마루의 액자를 가리켰다.

• 해관 선생으로부터 선물로 받은 鶴山松軒 편액 앞에서. 학산은 선생이 지어준 임재택의 호, 학산송헌은 금정산 발치 소나무숲 속에 있는 임재택의 자택을 가리킨다.

2014년 10월 2일부터 6일까지 단군릉 개건 20돌 기념 「단기 4347년(2014) 평양 단군릉 개건 20주년 개천절 민족공동행사」

• 2014년 10월 '평양 단군릉 개천절 민족공동행사'의 남측대표단의 일원으로 참여한 임재택 교수가 평양 경성유치원을 방문 원아들과 기념촬영을 했다. 사진 앞줄 왼쪽부터 임재택, 고 장두석 선생, 춤꾼 이애주 서울대 교수

가 있었는데 임재택은 한국생태유아교육학회 회장으로서 남측대표단(46명) 일원으로 참가했다. 그는 4박 5일 방북 기간 장두석 선생과 함께하면서 특히 북한의 유아교육에 관심을 갖고 유심히 살펴보았다. 그는 단군민족평화통일협의회 개천절민족(남북·해외)공동행사준비위원회가 펴낸 「개천절 남측대표단 평양방문기 - 개천절, 남북이 하나 되다」라는 보고서에 「통일의 씨앗을 보다」라는 제목의 북한 유치원 참관 소감문을 올렸다.

우리나라 텔레비전에서 북의 유치원을 보여줄 때는 아주 심하게 경직

• 2014년 10월 '평양 단군릉 개건 20주년 개천절 민족공동행사' 참가차 방북 일정 중 한복을 입은 북한 여성 안내원과 함께 기념촬영을 했다. 사진 왼쪽 맨 끝이 임재택, 다음이 고 장두석 선생, 서금성 선생(오른쪽 끝)

된 교육을 하는 것 같아 많이 걱정스러웠는데, 직접 대면해서 보니 생각했던 것보다는 많이 그런 것 같지 않았다. '유치원 아이들이 자는 시간'이라며 '깰 때까지 기다려야 한다'고 일정을 바꾸는 것이라든가, 자유분방함은 남쪽 아이들보다 덜 했지만 천진난만하고 호기심에 찬 아이들의 얼굴에서, 평소에 가졌던 우려와 걱정이 많이 줄어들었다. 아이들을 귀하게 생각해서 잘 교육하려고 노력하는 어른들의 모습에서 진지함을 느낄 수 있어 다행스러웠다.

"방북하고 나서 저는 전 세계 유일한 분단국가라는 이 현실에 대해 후손들, 선조들 앞에 정말 창피한 마음이 많이 들었어요. 이유를 불문하고 남북이 자주 만나야 해요. 그리하여 남

• 해관 장두석 선생 10주기 추모제에 참가한 임재택

• 해관 장두석 기념관 전경

북의 유치원 아이들도 함께 손잡고 뛰노는 '아이행복 세상'의 꿈이 이뤄지도록 노력해야겠다는 생각을 많이 했지요. 그런데 이런 꿈들이 짓눌리는 현실이 참 안타깝고 답답해요." 임재택의 방북 소감 중 하나이다.

임재택은 그 뒤 장두석 선생의 민족생활의학을 비롯한 우리 민족의 전통의학을 생태유아교육의 주요 사상과 생활건강법으로 받아들이게 됐다. 2006년 5월 한국생태유아교육학회 춘계학술대회 주제로 「자연의 순리·조상의 지혜로 아이 키우기」를 채택하여 초등학교 2년 중퇴의 무학에 가까운 민족생활의학자 장두석 선생을 초청해 발표 자리를 마련했다.

해관은 그 학술대회에서 「민족생활의학 원로가 본 육아의 문제와 대안」을 발표했는데, 맺음말을 통해 다음과 같이 주장했다.

> 요즘 신생아부터, 유아, 초중고, 대학에 이르기까지 조울증, 비만, 아토피, 치아부전, 정신분열, 자폐, 소아암, 당뇨병 등 각종 질환에 시달리고 있다. 의료비는 40조 원에 이르러 재정이 파탄 날 지경에 이르고 있다. 자본주의의 상술에 젖은 병원은 환자를 윽

박질러 실험 대상으로 삼고, 병 주고 약 주며 '재산 잃고 생명 잃는' 이중고를 겪게 하고 있다. 한편으로는 정체성 없는 정부, 얼빠진 정치인, 관료는 생명이요, 주권이자 삶의 뿌리인 농업을 송두리째 들어내려 하고 있다. 농촌에서 아이 울음소리가 그친 지 오래이며, 개구쟁이들의 해맑은 웃음소리도 들리지 않는다. 농촌이 없이 교육 문제는 풀리지 않는다. 발 딛고 선 대지의 모성을 뒤로 하고 차디찬 콘크리트 바닥에서 교육이 꽃피고 열매 맺기를 바라는 것은 많이 배운 우리네 식자들의 착각일 뿐이다.

점수만이 최고의 가치가 된 오늘, 아이들은 묻는다. "무엇 때문에 공부해야 되요?"라고. 우리나라의 교육을 이끄는 사람들은 대부분 미국에서 박사를 받은 사람들이다. 그래서 나는 그들을 교육의 CIA(미중앙정보국) 요원이라고 이름한다. 그들은 서양식 교육 방식만 들여온다. 오늘날 어린이집, 유치원 교육과정은 미국 박사가 짠 프로그램으로 280여 가지의 온갖 교육이 진행된다고 한다. 또한 초·중·고·대학도 마찬가지이다. 부모들의 즉자적 욕구에 영합하고 돈벌이 방편으로 교육을 몰아간다. 그들은 우리의 현실과 미래에 대해 가슴 깊은 느낌으로 생각하지 않는다. 그들에게 맡겨진 우리 교육의 미래를 찾아오자.

우리의 역사는 수천 년에 이른다. 그 역사를 살아낸 조상들이 과연 우리의 교육을 책임져 나갈 유산으로 아무런 생활육아 지혜도 남기지 못했단 말인가? 그런 점에서 생태유아교육을 지향하는 본 모임에 거는 기대가 크다. 자연과 환경, 농사, 일과 놀이의 가치를 알게 하는 교육, 척박한 교육 현실에 영합하지 않고 먼 내일을 생각하는 교육을 해낼 수 있으리라 믿는다.

어린이집과 유치원 교사의 역할은 공부를 가르치는 것이 아니다. 공부는 자연이 가르친다. 교사는 아이들 건강의 바탕이 되는 질 좋은 먹을거리를 항상 고민하는 손 바쁜 찬모(饌母), 아이들의 생활태도와 잠자리와 의복까지 보살피는 발 바쁜 침모(針母), 어머니의 부족한 사랑의 공간을 넉넉히 채워 주는 가슴 따뜻한 양모(養母)가 되는 것이다.

정서적으로 가장 민감한 시기인 유아교육과정에서 생태유아교육학회와 어린이 교사 제현들의 역할이 너무도 큼을 강조하면서 교육자 여러분들의 분발을 촉구한다.

임재택은 숲유치원 문제로 너무 무리했던지 2011년 추석을 일주일을 남기고 와사풍이 왔다. 치료를 위해 그는 21일간 단식을 했다. 장두석 선생의 도움을 받아 단식을 하며 금정산 일대를 등산하고 약 한 알 먹지 않았다. 체중이 13kg 줄면서 와사가 완치됐다. 단식과 산행에 의해 몸이 기적처럼 완전 리빌딩된 것이다.

제15장
숲유치원운동
(2010~)

임재택 평전

아이행복 세상을 위한 혁명

임재택 하면 또 빼놓을 수 없는 것이 '한국형 숲유치원' 모델을 제시해 전국적으로 확산시켰다는 사실이다. 임재택은 1990년 이후 어린이집과 유치원에 펼친 생태유아교육 운동에 이어 2010년 5월 (사)한국숲유치원협회를 설립 초대, 2대 회장을 맡으면서 숲유치원이라는 이름의 유아숲교육 운동을 전개해 전국의 유치원과 어린이집으로 확산하는 데 크게 공헌했다. 숲유치원은 1990년대부터 생태유아교육의 일환으로 아이들을 산과 들과 냇가로 데리고 다니는 산책 프로그램에서 한 걸음 더 나아간 자연 교육과정이다. 그가 늘 말해온 밀집된 아파트, 콘크리트 유치원, 콘크리트 어린이집에 갇혀 양계닭처럼 자라고 있는 아이들을 숲으로, 자연으로 데리고 나가 토종닭처럼 키우고자 하는 소망을 현실화한 것이다.

임재택은 '숲과 아이들의 행복한 만남, 숲유치원', '수입형 숲유치원이 아닌 한국형 숲유치원', '어린아이들을 숲으로 데리고 가는 선업(善業)을 짓자', '숲유치원 활성화에 동참하는 유아교육 혁명가가 됩시다!' 등의 구호를 내걸고 아이들을 숲으로 데리고 나가는 국민운동을 주도했다.

당초 숲유치원은 산림청에서 나온 구상이다. 우리나라는 산지가 전체 면적의 70%를 차지한다. 전 세계에서 전쟁, 땔감, 벌목 등에 의해 민둥산으로 변모한 산지를 울창한 산림으로 바꾸는 데 성공한 유일한 나라로 꼽힌다. 그렇지만 그동안 숲을 활용한다는 생각과 관심을 갖지 못했다. 산림녹화 사업, 송충이 잡기, 방화림 조성 등에 정책의 초점을 맞추고 있다가 산림녹화에 성공하고 소득 수준이 조금씩 높아지면서 이제 산림을 이용하자는 쪽에 초점을 맞추면서 착안한 게 숲유치원이다.

2008년 북부지방산림청에서 처음으로 독일의 숲유치원,

스위스의 숲유치원에 관한 세미나를 개최했다. 당시에는 숲유치원이라고 하지 않고 숲속유치원으로 불렀다. 유럽의 숲속유치원을 도입하니 마니 하는 뉴스가 신문에 가끔 보도되기도 했다. 임재택은 처음엔 '어떤 작자가 무슨 장난을 치나?' 하고 생각했다. 그런데 자신의 유아교육의 기본 방향이 아이들을 유치원 내 교실에 가두어 키우는 것이 아니라 실외에 놓아두고 놀이를 즐기도록 하며 키우는 것이고, 또 좀 더 멀리 산책을 하며 돌아다니는 것이지 않은가.

임재택은 아이들이 가까운 숲이나 공원에서 노는 산책 프로그램을 30년 동안 해왔고, 이를 보급하려고 책도 썼던 만큼 2008년 산림청에서 추진하는 숲유치원에 주목했다. 게다가 때마침 산림청 공무원이 자신을 찾아와 숲유치원 활성화 사업을 이끌어주기를 부탁했다. 그는 처음에는 두 번이나 거절했는데, 산림청의 담당 공무원인 권태원 사무관이 끈질기게 도와달라고 요청해 돕기로 결심했다.

권태원(한국숲유치원협회 이사)은 당시 상황을 이렇게 회고했다. "숲교육을 확산하기 위해 이를 주도할 인사를 찾던 중 '유아교육의 전국구' 비중을 가진 임재택 교수를 알게 돼 삼고초려를 했지요. 임 교수와 함께 숲유치원을 통해 아동의 숲교육을 활성화하고 한국숲유치원협회와 전국 지회를 설립해 전국에 확산했으며, 특히 이를 제도적으로 보장하기 위해 「산림교육의 활성화에 관한 법률」(산림교육법)을 제정해 숲유치원과 숲교육을 제도적으로 정착했습니다. 숲교육은 10여 년이 지난 지금까지도 산림청의 대민서비스 중 가장 활성화한 사업으로 평가됩니다. 임재택 교수의 역할이 거의 절대적이었지요. 여기에는 아이행복을 위한 임 교수의 투철한 교육관, 탁월한 역량과 뜨거운 열정, 그리고 산림청의 지원금(녹색자금) 등을 단 1원도 개인적 용도로 쓰지 않는 청렴(淸廉)과 엄정(嚴正)의 성품 덕분이라고 감히 평가합니다."

임재택은 참여를 전제로 2가지 조건을 내세웠다. 첫째 조건은 유럽형·스위스형·독일형 등 수입형 숲유치원은 안 된다, 대신 한국형 숲유치원을 하겠다는 것이다. 독일형인 숲유치원은 숲속에 유치원을 자연친화형 건물, 이를테면 콘크리트 건물이 아니라 금방 허물어버릴 수 있는 대피소 같은 유치원을 지어 정부의 인가를 받은 공립숲유치원이다. 근데 만약 이런 숲유치원을 산림청하고 같이 했다간 그는 온전히 정년퇴임할 수 있으리란 보장이 없다는 생각이 들었다. 왜냐하면 어린아이들 대상의 유치원, 어린이집, 유아학원 관련 단체들이 자신의 업무를 침해한다며 그를 가만히 놔둘 리 없기 때문이다. 그래서 임재택은 독일형 숲유치원은 안 된다는 조건을 내건 것이다. 그는 '한국형 숲유치원'을 하되 숲유치원의 정의를 '숲과 아이들의 행복한 만남'으로 규정했다.

그런데 문제는 숲유치원이 활성화하려면 유치원, 어린이집 아이들을 숲으로 데리고 나가야 한다. 그래서 부모들한테 숲유치원을 계속 홍보해 유치원, 어린이집이 아이들을 숲으로 데리고 나가도록 했다. 그는 '만약 그러지 않으면 내가 숲과 아이들과의 만남 활동을 하는 숲유치원을 전국에 만들어 버리겠다', 하고 유치원 어린이집 측에 으름장을 놓기도 했다.

두 번째 조건은 숲유치원협회 결성과 유아숲지도사 양성 과정 개설을 내걸었다. 산림청은 임재택의 제안을 다 받아들였다. 2011년 제정된 「산림교육의 활성화에 관한 법률」(산림교육법) 관련 내용을 반영해 제도화했다. 그리하여 전국에 수백 곳의 숲유치원이 만들어졌다. 유치원, 어린이집에서도 아이들을 숲으로 데리고 나가기 시작했다. 그는 한국숲유치원협회 정관에 회장의 임기는 2년으로 하되 1회에 한해 연임이 가

• 부산대 부설 어린이집 숲유치원 아이들

• 아이들의 숲속 교실

능하다는 규정을 넣었다. 그리고 숲유치원이 영원히 존속하도록 협회와 17개 시도지회 조직을 만들었다. 창립한 지 1년 6개월 만이었다. 한국숲유치원협회 창립 회장인 그는 회장의 임기를 2년으로 하고 1회에 한해 연임 가능하도록 규정을 만든 이유는, 회장의 독재를 원천 차단하면서 동시에 후임이 누가 되더라도 숲유치원이 지속될 수 있도록 체계를 세우기 위한 조치였다. 그는 원래 생태유아교육의 하나로 산책 프로그램을 운영했듯이, 숲교육은 바라던 방향이었던 터라 숲유치원과 숲교육의 안착을 위해 열과 성을 다했다. 덕분에 한국숲유치원협회와 산하 17개 시도지회는 그간 10년 넘게 회장 등 임원이 바뀌어도 전·현 집행부 간 금전적 다툼이 전혀 일어나지 않았다. 초대, 2대 회장이었던 임재택이 모범을 보이고 제도적 장치를 마련했던 덕분이다.

숲유치원 효과의 핵심은 뭘까? 임재택은 다음과 같이 설명했다.

"숲과 아이들이 만나면 몸과 마음과 영혼을 가진 아이들의 몸은 튼튼해지고, 마음은 넓어지고 영혼은 맑아진다. 숲에서 뛰놀면 신명이 난다. 진짜 홍익인재가 된다. 애를 가둬 스트레스를 받게 키우면 DNA에 문제

• 아이들의 숲 산책

• 부산대 부설 어린이집의 한국형 숲유치원 아이들, 3~5세 혼합반(5+5+6=16명). 세종시교육청 첫 공립숲유치원 혼합연령반(4+6+8=18명)으로 이어져 현행 '2019 개정 누리과정'의 3, 4, 5세 통합교육과정의 기초가 되었다.

가 생긴다. 호연지기를 지닌 아이로 키우려면 숲에 데리고 나가야 한다. 숲에서 되도록 많은 시간을 보내면 더 좋다. 시간에 구속받지 않고 보다 많이 자유롭게 노는 게 더 좋다. 아이들을 숲에 자주 가게 해 자유롭게만 해주면 숲에서 활동의 질과 품격과 놀이의 다양성이 무한대로 높아지게 된다. 아이들이 아이디어를 무한대로 발휘해 노니까 교사가 체계적으로 계획을 세울 필요가 없다. 계획이라는 것은 막상 아이들을 숲에 데리고 가면 어른들의 생각만큼 잘 안 통한다. 결론적으로 한 장소에 자주 가는 게 좋고, 매일 가면 더 좋다. 최소 3일형(일주일에 3일 가는 것)을 하고 한 번 가면 적어도 서너 시간은 머무는 게 좋다."

임재택은 '아이들이 있는 곳에 숲유치원 활동이 있어야 한다'는 생각에서 숲유치원 활성화를 위한 전국 보고대회를 연 1회 정례화했다. 산림청과 동부지방산림청, 북부지방산림청, 남부지방산림청이 강원도 등 산속에 위치해 그곳에는 아이들이 없다는 문제가 있었다. 그는 첫해 보고대회를 2011년 12월 17일 부산에서 열었다. 공교롭게도 이날 북한 김정일 국방위원장이 사망했다. 전국에 비상이 걸리는 바람에 예정했던 행사가 제대로 치러지지 못하는 아쉬움을 남긴 채 마무리되었다.

그다음 해 제주도 보고대회에 이어 제3회 대구 보고대회에는 산림청장과 지역 국회의원, 지방자치단체장이 참석하면서 활성화되기 시작했다. 해가 갈수록 참가 열기가 높아지면서 최근에는 전국 보고대회를 서로 유치하려고 시도지회 간 경쟁이 치열할 정도이다. 한국숲유치원협회 전국지회는 산림청도 지원하고, 지자체에서도 자금 지원을 해주어 매년 1억 원 가량의 예산을 지원받았다. 주로 유치원과 어린이집 원장인 시도지회 임원들이 업무를 원만하게 잘 처리해나간 덕분에 숲협회가 활성화되었다. (사)한국숲유치원협회는 2010년 5월 협회 창립 당시 50여 곳의 회원 시설이었는데, 2012년 말까지 전국 17개 시도에 지회가 결성되는 등 1,000여 곳으로 확대되었다. 정부기관인 산림청과 지방자치단체의 협조와 지원 아래 한국형 숲유치원이 전국에 빠르게 확산되면서 붐을 일으켰다.

임재택은 2010년 산림과학기술개발 사업의 총괄연구책임자를 맡아 2012년부터 3년간 국내외 숲유치원 운영 실태 및 운영 방안, 활성화 방안에 대한 기초 연구와 숲이라는 자연생태교육 현장의 식물, 곤충, 야생 조류에 대한 조사를 통해 생태학습 콘텐츠를 확보했다. 그는 또한 숲에서 겪는 아이들의 경험을 질적으로 연구하는 한편 숲 경험의 교육적 효과를 분석하는 등 숲교육의 이론 체계 정립을 위한 노력을 지속하고 있다.

임재택은 더 많은 아이들을 숲으로 데리고 나가기 위한 고민을 하던 중, 2012년 녹색사업단의 녹색자금 지원사업에 「한국형 숲유치원 활성화를 위한 원장·유아교사·숲해설가 연수과정」에 관한 지원사업을 신청, 전국 17개 지회에서 약 2,400명의 원장·유아교사·숲해설가를 대상으로 숲교육을 실시했다. 이 숲교육을 통하여 숲유치원 활동에 대한 바람직한 방향을 제시하고 전국에 숲유치원 확산에 기여했다. 또 산림청과 한국마사회, '(사)나를 만나는 숲'과 협조 체계를 구축하고 숲유치원 국내·국제 세미나를 지속적으로 개최하는 등 숲유치원의 활성화에 주력했다. 그는 또 한국숲유치원협회와 전국 시도지회 간의 협력을 통한 숲유치원 활성화 전국보고대회, 유아숲지도사 양성 과정 개설·운영, 전국 시도별 유아숲체험원(장)과 유아동네숲터 조성, 숲유치원 활성화를 위한 조례 제정 등의 운동을 지금도 지속하고 있다.

임재택은 2013년 10월 18일 제12회 '산의 날'에 박근혜 정부

• 2013년 10월 18일 산의 날을 기념해 숲유치원을 전국에 확산한 공로로 신원섭 산림청장으로부터 녹조근정훈장을 받는 임재택

로부터 녹조근정훈장을 받았다. '숲과 아이들의 행복한 만남' 인 숲유치원을 전국적으로 확산한 공로다. 박근혜 정부는 국민행복시대를 기치로 내걸었는데, 산림청의 주도로 개설한 숲유치원은 국민행복시대를 실현한 대표적인 사업으로 평가받았다. 산림청은 국민선호도 순위에서 1위를 차지한 데는 숲유치원도 한몫했다고 판단, 그 수훈갑인 임재택에게 녹조근정훈장을 추천했다. 그는 한국 숲유치원의 창시자로 공인된 것이다.

산림청은 숲유치원에 이어 둘레길, 유아숲체험원을 만들어 시민들의 호응을 받았다. 이게 모두 부모들과 관련되다 보니 선거에서 표와 연결되었다. 국회의원, 지자체장이 마다할리 없으니 일사천리로 진행되었다. 이렇게 숲유치원이 전국에 확산,

• 임재택이 2013년 받은 녹조근조훈장

활성화하자 산림청은 자신들의 대민봉사활동이 돋보이는 것이어서 반색했고, 이에 발맞춰 조직도 늘렸다. 예전엔 산불예방활동이 전부이다시피 했던 산림청의 대국민 서비스가 복지, 치유, 교육, 명상 분야로 확대되었다.

부산숲유치원협회에는 100여 곳의 유치원, 어린이집이 소속되어 있다. 전국 17개 시도지회를 다 합하면 전국의 2,000~3,000곳의 유치원, 어린이집이 소속되어 있다. 그 인원만 해도 엄청나다. 여기에다 얼마 후 유아숲사랑단이라는 일

• 2014년 대전에서 행한 숲학교 국제심포지엄에 참석한 사람들이 기념촬영을 했다.

종의 유아보이스카웃 운영제도가 '산림교육법'에 포함되었다. 유아숲사랑단은 일종의 유아숲감시단이다. 숲에서 담배를 피우거나 쓰레기를 버리는 사람은 스카프를 맨 유아숲사랑단원의 제재를 받는다.

임재택은 2014년 2월 정년퇴임 후에도 한국형 숲유치원의 활성화와 정착을 위해 다양한 활동을 지속적으로 펼쳤다. 그는 2015년 4월 보다 많은 아이가 숲을 사랑하고 아끼며 건강하고 행복하게 자라도록 '사단법인 부모애숲'을 설립, 이사장을 맡아 여전히 많은 역할을 이어가고 있다.

임재택은 숲유치원을 활성화하는 데 참 고마운 분, 큰 역할을 한 사람이 있다며 다음과 같이 말했다. "생태교육, 숲교육을 하려면 생물도감만 있으면 됩니다. 보리 출판사 대표인 윤구병 선생이 예산 5억 원을 들여 생물도감을 만들어주었어요. 윤구병 선생이 처음엔 나를 시원찮게 여기는 듯했으나, 시간이 지나면서 나의 진정성과 역량을 확인했는지 조건 없이 생물도감을 출판해주더군요. 그 도감에 나오는 새와 식물들은 사진이 아니라 모두 세밀하게 그린 그림입니다. 사진으로 만드는 것보다 공력이 수십 배 더 들었을 겁니다. 윤구병 선생도 '전 세계에서 세밀화 도감은 보리 출판사의 것이 유일하다'며 자랑하시더군요. 게다가 윤구병 선생은 자신의 재산도 사회에 기증한 것으로 알고 있어요."

한국숲유치원협회의 17개 지회는 숲유치원 활성화의 터전이다. 유치원과 어린이집을 아우르는 지회 결성은 결코 쉬운 작업이 아니었다. 그 지역의 유치원과 어린이집, 두 단체의 갈등을 해소하면서 동참하게 만든 것은 여간 힘든 일이 아니었다. 임재택이 지회당 3~5회 방문해 설득하고 조율한 결과이다. 지역 차이 없이, 빈부 차별 없이, 유치원과 어린이집 차별 없이 통합한 결과이다. 이는 임재택이 지난 20여 년간 유보통합을 위해 이미 열과 성을 다했던 진정성을 두 단체 관계자들

• 한국숲유치원협회 회장이던 2015년 임재택(앞줄 가운데)이 '캐나다 미국 숲유치원 교육 연수' 참가자들과 함께 기념사진을 찍고 있다.

이 잘 알고 있었기 때문에 가능했던 일이기도 했다. 그는 요즘 숲에 노니는 아이들과 교사를 보면 참으로 뿌듯함을 느낀다.

- (사)한국숲유치원협회(회장 강신영)와 산림청, 국회 농림축산식품해양수산위원회가 주최한 제4회 대한민국 유아숲교육대회가 '숲에서 키운다, 내일을 키운다'는 주제로 2025년 6월 10일 국회 본관 의원회관 대강당과 국회 본관 앞 잔디마당에서 유아, 교사, 학부모, 산림교육 관계자, 국회의원 등 약 2500명이 참석한 가운데 열렸다. 사진은 국회 본관 의원회관 대강당에서 열린 개막식 모습.

- 12·3 내란 시 무장 헬기와 군인들이 점령했던 국회 잔디마당에 아이들의 웃음꽃이 활짝 피었다. 지난 10일 국회에서 열린 제4회 대한민국 유아숲교육대회 중 국회 본관 앞 잔디마당에서 생태놀이를 마친 아이들과 대회 관계자들이 기쁜 표정으로 기념 촬영을 했다. 우원식(뒷줄 왼쪽 여섯 번째) 국회의장, 강신영(왼쪽 다섯 번째) 한국숲유치원협회 회장, 임재택(우원식 의장 오른쪽) 한국숲유치원협회 고문, 이영옥(오른쪽 끝) 행사 준비위원장, 위성곤(아랫줄 왼쪽) 더불어민주당 국회의원(농해수위원장), 이미라(왼쪽 세 번째) 산림청 차장, 허영(왼쪽 두 번째) 더불어민주당 국회의원.

제16장
좋은부모자격증
(2013~)

임재택 평전

아이행복 세상을 위한 혁명

'좋은부모자격증' 과정은 2013년 경남 진주시 육아종합지원센터에서 맨 처음 시작되었다. 진주시는 2012년 10월 육아종합지원센터를 설립해 직영키로 하고 육아지원팀장(현재 육아종합지원센터장 역할)에 당시 진주여성회 회장이던 김수정을 임명했다. 여기에는 김수정의 농촌탁아소 운영 노하우 활용 외에도 여성회를 자신의 우호세력으로 끌어들이려는 당시 진주시장의 의도가 깔려 있었다.

진주시 육아종합지원센터의 실무적인 운영책임을 맡은 김수정은 임재택한테 도움을 요청했다. 그는 1990년대 빈민·탁아 운동을 하면서 진주시농민회, 진주여성회와 인연을 맺은 터였다. 김수정의 요청을 받은 그는 농촌탁아소 설립과 운영을 도와주었다. 농촌에도 아이를 돌봐줄 곳이 필요했다. 김수정은 그때 쌓은 신뢰를 바탕으로 그에게 육아종합지원센터의 운영 자문을 의뢰했다. 나아가 어린이집 운영 지원뿐 아니라 부모의 의식 개혁을 위한 부모교육을 요청하면서 좋은부모자격증반을 개설하자고 제안했다. 임재택은 흔쾌히 수락했다. 그때까지 생태유아교사 자격증 과정을 운영하면서 유아교육을 위해선 부모교육이 필요하다는 것을 실감했던 터였다.

김수정(진주시농민회 정책실장)은 당시 좋은부모자격증반 개설 제안 배경에 대해 이렇게 말했다. "여성이 부모 역할 준비가 되어야 아이를 인격체로 보고 잘 키울 수 있다고 생각했어요. 그리고 아이 키우는 방식은 생태보육이 좋겠다고 봤어요. 왜냐하면 저도 1999년 아이를 낳아 키웠는데, 아이가 아토피로 고생했거든요. 그러다 보니 자연스럽게 생태유아교육 전문가인 임재택 교수님을 찾게 되었고, 육아종합지원센터의 프로그램을 맡아달라고 요청했어요."

이렇게 하여 진주시 육아종합지원센터에 처음으로 좋은부모자격증반이 탄생했다. 마침내 임재택은 2013년 「즐거운

• 2013년 진주시 제2기 좋은부모자격증반 수료식

부모·행복한 아이」라는 주제로 영유아부모와 고등학교 3학년 예비부모를 대상으로 좋은부모자격증반을 개설했다. 영유아부모 수강생이 2시간짜리 10강좌를 이수하면 '좋은부모자격증'을 진주시장 명의로 주는 프로그램이었다. 이 자격증반은 인기가 높아졌다. 한국생태유아교육학회는 이어 진주시와 업무협약(MOU)을 체결하고, 고3 수험생을 위한 예비부모교육반, 영아부모반, 유아부모반, 아버지교실 등을 잇따라 개설했다. 좋은부모자격증반이 학부모들로부터 큰 호응을 받자 개강식·수료식에 참석한 이창희 진주시장은 만면에 웃음을 띠었다. 이창희 시장은 그를 극진히 대접하고 '진주를 빛낸 최고의 인물'이라고 치켜세웠다. 임재택은 제주에서 개최된 한국생태유아교육학회 2014년도 춘계학술대회의 주제 발표자로 이창희 시장을 추천했고 이 시장은 「건강도시 진주, 아이행복 세상을 실현하는 생태유아서비스 - 진주시 육아종합지원센터 운영사례」를 발표했다. 이창희 시장은 무척 고무되어 그와 김수정 팀장에게 감사를 표했다. 하지만 아쉽게도 2년 뒤 김수정이 진주시 육아종합지원센터 육아지원팀장 재임용을 받지 못해 좋은부모자격증반은 이어지지 못했다.

"좋은부모자격증 운동은 세상에서 가장 거룩하고 가슴 떨리는 말인 부모, 그 부모상(像)을 전통적인 것에서 현대에 맞게 새롭게 다시 세우자는 운동의 하나입니다. 요즘 일부 젊은 세대들은 부모가 되는 것에 대해 불안한 마음을 갖고 있으며, 힘든 일 중의 하나로 인식하는 경향이 있어요. 우리의 교육과정이 결혼의 사회적 의미와 부모의 올바른 역할에 대해 가르쳐 주지 않는 것도 한 원인이라고 봐요. 좋은부모자격증반의 의미는 바로 이 지점에 있다고 봅니다." 임재택은 좋은부모자격증의 의미를 이렇게 설명했다.

요즘 한국 사회는 출산율이 세계 최하위 수준이며, 모유 수유율도 마찬가지이다. 우리 사회 부모들은 자신이 손수 만든 이유식이 아닌 조제 이유식으로 아이를 키우고, 자연의 밥상이 아닌 인스턴트와 패스트푸드로 키우며, 비싼 장난감을 사주고 학원에 보내야 부모 역할을 한다고 잘못 알고 있다. 이처럼 부모다움과 가정의 소중함을 잃어가는 현대사회에서 좋은 부모자격증반은 참된 부모상을 세우는 획기적인 교육 프로그램으로 평가받을 만하다.

임재택은 부모교육의 의미를 이렇게 평가했다. "진정한 교육은 부모에서 시작되는 거라고 봐요. 좋은 부모교육 운동은 교육의 근본을 되찾는 것이며 이를 통해 아이도, 가정도, 사회도, 국가도 살리는 것입니다. 아이 교육을 이야기하기 전에 부모교육이 중요하다고 말하고 싶어요. 이러한 좋은 부모교육을 학교 교육에 어떻게 지혜롭게 접목할 방법을 고민해봤으면 합니다. 이제 부모교육을 넘어 조부모 교육도 필요한 시대가 온 것 같아요. 특히 저출산 고령화 사회를 맞아 부모교육과 함께 조부모 교육도 함께 고민해 가족공동체의 건강성과 지속성을 유지하는 것 또한 미래사회를 위해 정말 중요한 것이라 생각해요."

그는 진주시 육아종합지원센터 운영 경험을 살려 좋은부모자격증반에서 생태 부모교육으로 한 걸음 더 나아갔다. 이는 생태교육의 대상을 유아에서 유아 부모로까지 확대한다는

• 2016년 부산 해운대구육아종합지원센터의 '제3기 좋은부모자격증반' 수료식에서 수강생과 강사로 참여한 윤구병 변산공동체 대표, 백선기 해운대구청장, 임재택 한국생태유아교육연구소 이사장이 기념촬영을 하고 있다.

의미를 넘어 생태유아교육은 부모의 생태적 마인드가 우선되어야 한다는 현실론을 반영한 것이다. 임재택은 2015년에는 경기도 시흥시, 부산시 해운대구와 협약을 맺고 이 시대에 부모 됨의 참뜻을 살리기 위한 생태부모학교를 설립, 좋은부모자격증반을 운영해 좋은 반응을 이끌어냈다.

임재택은 생태 부모교육에 대해 "아이들을 신명나게 키울 뿐만 아니라, 자신과 가족들의 삶도 행복하게 가꾸어 우리 사회가 다함께 더 나은 질 높은 사회로 나아가기 위한 것"이라며 다음과 같이 덧붙였다.

"현재 우리나라 유아교육의 핵심 화두는 창의·인성교육이죠. 그렇지만 유아교육 현장의 교육풍토와 부모들의 조기교육 바람은 아이들이 창의적으로, 바른 품성으로 자라는 데 방해를 해요. 그래서 생태 부모교육을 통해 부모들에게 넉넉한 자연의 품속에서 자유와 여유를 가지고 놀이를 통해 아이를 키우는 생태적 관점과 실천 방법을 제공하려 합니다. 이건 언젠가부터 가정교육을 잃어버린 현대 부모의 역할을 올바르게 세워나가는 매우 중요한 일이라고 생각합니다."

임재택은 부산대 정년퇴임 1년 후인 2015년 4월 생태 부모교육 운동의 연장선에서 '사단법인 부모애숲'을 설립했다. '부모애숲'은 아이와 부모, 가족이 함께 즐길 수 있는 숲길 코스와 숲체험 프로그램을 개발하고 부산시어린이회관, 부산어린대공원과 업무협약을 맺어 신나고 즐거운, 다양한 숲교육을 제공하기 위함이었다. 생태유아교육에서 생태 부모교육으로 본격 나아가자는 포석이기도 했다.

임재택은 2013년부터 최근까지 경남 진주시, 부산 해운대구, 경기도 시흥시, 충남 당진시와 아산시, 서울 영등포구와 도봉구 등의 지방자치단체와 협력하여 영유아기 부모를 대상으로 생태 부모교육을 진행해왔다. 이는 조기교육과 사교육에 시달리는 한국 부모들에게 참부모의 길을 제시하고 아이와 부모가 함께 행복하게 살아갈 수 있는 길을 열기 위함이었

• 해운대구의 '좋은부모자격증'

다. 그는 앞으로 지방자치단체와 더욱 협력해 생태 부모교육을 전국적으로 확대하고 그 내용도 고등학생을 대상으로 하는 예비부모교육, 조부모 교육 등으로 확대할 계획이다.

특히 요즘 조부모의 경우 현대사회에서 육아에 많은 역할을 담당하고 있으나 전통사회의 조부모와 달리 지식 위주의 조기교육을 선호하는 사람들도 많다. 따라서 아이 양육방식에 대한 조부모의 생태적 각성이 시급하며, 생태 조부모 교육의 확대 필요성이 여기에 있다. 한국생태유아교육연구소에 따르면 해운대육아종합센터의 생태 부모교육 수강생 100명 중 4, 5명은 조부모이다. 이들은 대체로 '수강하기를 참 잘했다'는 내용의 후기를 남긴다고 한다.

제17장
한국생태유아교육연구소
(2013~)

임재택 평전

아이행복 세상을 위한 혁명

학자들은 대개 대학이나 연구소에 소속돼 자신의 실험실을 갖고 연구한다. 유아교육학자 임재택은 부산대학교 소속의 교수 신분으로 부산대 부설 어린이집을 실험실로 갖고 연구했다. 부산대 어린이집 외에도 부산지방법원 어린이집 등 5, 6곳의 직장 어린이집을 위탁 운영하며 제자들을 취업시키고 충분한 연구 자료를 얻었다. 교수가 정년퇴임 하면 소속과 연구실을 모두 반납해야 한다. 현장 혹은 실험을 위주로 하는 학자로서는 연구를 이어가기 힘들게 된다.

 임재택은 정년퇴직을 1년 남겨둔 2013년 지인으로부터 부산 해운대 센텀시티 지식산업단지의 사무실을 구입하라는 권유를 받았다. 듣고 보니 퇴직하면 연구실 책들을 어디에 옮기나 하고 고민하던 차에 사무실이 필요할 것 같았다. 그리고 한국숲유치원협회 부산지회의 유아숲지도사 양성 과정도 운영해야 하기 때문에 좀 넓은 사무실이 필요했던 터에 제안한 곳은 안성맞춤이었다. 그런데 그 사무실을 구입하려면 사업자등록증이 있어야 했다. 궁리 끝에 그는 평소 꿈꾸었던 생태유아교육학의 완성을 위한 한국생태유아교육연구소를 설립하고 그 사무실을 구입해 둥지를 틀었다. 한국숲유치원협회 부산지회의 유아숲지도사 양성 과정이 제대로 운영되지 않자, 그는 '㈔부모애숲'을 결성하여 여기서 유아숲지도사 양성 과정을 대신 운영했다.

㈔한국생태유아교육연구소의 화두는 '아이들에게 자연과 놀이와 아이다움을 되찾아주자'이다.

임재택은 한국생태유아교육연구소 홈페이지 이사장 인사말에서 다음과 같은 다짐을 밝혔다.

아이들에게 자연과 놀이와 아이다움을 되찾아줍시다

생태유아교육은 이 땅의 아이들을 자유롭고 천진난만하며 생명력으로 반짝이는 토종닭처럼 키우고자 하는 교육입니다. 방법은 어렵지 않습니다. 아이들에게 자연과 놀이와 아이다움을 되찾아주는 것입니다.

자연과 더불어 자란 아이들은 몸이 건강합니다. 자연 치유력과 면역력을 회복해 잔병치레를 하지 않습니다. 천지자연을 친구 삼아 신나게 뛰어노는 아이들은 마음이 건강합니다. 우울증, 과잉행동장애와 같은 마음의 병이 생길 틈이 없습니다.

심신이 건강한 아이들은 저절로 머리가 밝아집니다. 굳이 교과서와 문제집이 없어도 자연의 순리와 인간의 도리를 스스로 깨우칩니다. 이런 경험들이 쌓여서 인성이 되고 몸으로 발현되어 태도와 습관이 됩니다. 그렇게 행복한 아이들이 자라서 행복한 어른이 됩니다.

이는 우리 조상들이 5천년 역사를 통해 쌓아온 아이 키움의 지혜이기도 합니다. 산과 들에서 아이들을 마음껏 뛰어놀게 하고, 사랑과 정성으로 양육하며 억지로 하지 않고 너그럽게 지켜보는 인내야말로 아름다운 육아의 본능입니다.

사단법인 한국생태유아교육연구소는 이 당연한 육아의 지혜가 이 시대 우리 아이들의 삶 속에서 마땅히 실현될 수 있도록 앞으로도 흔들림 없이 연구하고 실천해 나갈 것입니다.

• 한국생태유아교육연구소 현판 앞에서

(사)한국생태유아교육연구소의 주요 사업[1]은 다음과 같다.

△ 연구·개발·운영·보급(생태유아교육, 생태교육 관련 콘텐츠 연구 개발 및 대중적 확산) △생태기관 전환 컨설팅(일반유아교육기관을 아이살림·생명살림의 교육을 실현하는 생태유아교육기관으로 바꾸는 사업)

△ 생태가정 전환 컨설팅(생태적 부모 됨의 중요성을 깨닫고 가정의 온 식구가 생태적 육아와 삶을 실천하는 사업)

△ 교육 및 연수(생태유아지도사과정, 좋은부모자격증반 등 교사·학부모·관계자·일반인 대상 교육 및 연수)

△ 위탁운영(영유아보육 및 초중등 생태환경교육 관련기관 위탁운영 및 민·관 공동 프로젝트 수행)

△ 출판 및 홍보(생태유아교육, 숲교육 등 생태교육 관련 지적 콘텐츠 개발 및 출판·홍보)

△ 하계·동계 정기 해외 연수(숲교육, 생태교육을 실천하는 전 세계 유아교육기관 및 단체 방문을 통한 인적·문화적 교류)

△ 해외 교류 및 연대(향후 한·중·일을 연결하는 동북아 생태유아교육의 허브 지향)

(사)한국생태유아교육연구소가 거둔 주요 성과 가운데 '해운대구 생태유아교육 시범어린이집 사업'은 생태유아교육을 현실에 적용하고 확산 가능성을 확인했다는 점에서 큰 의미를 지닌다.

연구소는 이 사업을 2016년부터 2025년 현재까지 9년째 진행해왔다. 이 사업은 보육현장에서 2019년 개정된 놀이 중심·영유아 중심의 교육과정을 실현할 수 있는 역량을 키우고, 아이들의 몸 마음 영혼이 건강하고 행복하게 성장할 수 있도록 돕는 것이 목적이다. 이는 마음 놓고 아이 낳아 키우기 좋은 도시 해운대구 만들기의 초석 역할을 하고 있다고 해운대구 측은 밝혔다.

• (사)한국생태유아교육연구소가 위탁운영 중인 해운대구육아종합지원센터의 2018년 개관식 행사의 하나로 관계자들이 떡을 자르고 있다.

생태유아교육 시범어린이집 사업은 2016~2017년은 연구소가 직접 진행했고, 2018년 해운대구육아종합지원센터 개관 이후에는 센터의 운영을 위탁받아 이 사업을 수행해왔다. 센터의 2024년도 9년차 사업보고서[2]에 따르면 시범사업을 진행한 기관은 첫해 3곳을 시작으로 매년 10~15곳씩 총 102곳(전체 151곳의 63.5%)으로 집계됐다. 만족도 조사결과 시범사업을 진행한 어린이집의 90%가량이 '만족'을 표시했고, 생태전환 컨설팅 부분에 높은 점수를 줬다. 시범어린이집 학부모 설문 결과 99.4%가 '자녀한테 도움이 된다'고 응답했다. 자녀의 주요 변화로 △채소와 과일에 대한 관심증가 △새로운 음식에 대한 거부감 축소 △수면시간이 규칙적으로 변하고 수면의 질 향상 △다리가 튼튼해지고 근력과 체력의 증가 △잔병치레와 감기 횟수 감소 등을 들었다. 이들 부모의 절대다수는 생태유아교육 프로그램을 인지하고 있으며, 특히 산택 및 바깥놀이 프로그램을 가장 선호하는 것으로 나타났다.

조사 결과, 이 사업에 참여한 어린이집의 부모는 생태유아교육의 실천이 자녀의 식생활, 수면상태, 신체건강, 면역력에 대한 긍정적인 변화를 체감하고 어린이집의 생태유아교육 실천에 적극적으로 찬성하고 있었다. 나아가 이들 부모는 어린

• ㈔한국생태유아교육연구소가 위탁운영 중인 해운대구육아종합지원센터(권선임 센터장)의 2019년 해운대구 생태유아교육 시범 어린이집 사업보고대회 중 생태기관 전환 컨설팅에 참여한 어린이집원장들이 센터로부터 받은 '생태유아교육 마중물상' 상장을 펼치고 임재택 ㈔한국생태유아교육연구소 이사장과 함께 기념사진을 찍고 있다.

이집뿐만 아니라 가정에서도 생태유아교육 프로그램 실천을 희망하는 것으로 나타났다. 이는 생태유아교육이 유아보육·교육 현장뿐 아니라 가정으로 확산 가능성을 보여준다. 또한 해운대구 육아종합지원센터에서 지난 9년간 추진한 생태어린이집 전환컨설팅뿐만 아니라 생태가정 전환컨설팅 사업 성과인 것으로 해석된다.

한국생태유아교육연구소는 해운대구 외에도 경기도 시흥시 생태어린이집 시범사업(2016.05~11)을 수행한 데 이어 서울 도봉구 생태보육컨설팅 지원 사업을 2018년과 2019년 두 차례

• 한국생태유아교육 시리즈 6권

성공적으로 수행했으며, 2019년에는 서울시 생태친화형 보육을 위한 실태 및 요구 조사를 실시했다. 이와 함께 연구소는 서울시 연구조사 학술용역사업으로 「보육 선진국의 유보통합 과정 및 통합 시스템 연구」와 「누리과정 개편에 따른 서울시 어린이집 평가 체계 및 질 관리 시스템 개선안 연구」를 시행했다. 특히 연구소는 2018년 한국생태유아교육 시리즈 도서 7권을 발간, 생태유아교육의 학술적 토대를 다졌다.

이와 함께 연구소는 생태유아교육의 확산을 위한 지도자 양성 과정을 체계적으로 운영해왔다. 한국생태유아교육학회는 2012년 생태유아교사 자격증 과정을 개설해 1, 2, 3급 교사

자격증을 발급했다. 그런데 교육부가 '자격증 관리법'을 들어 민간기관은 교사 자격증을 줄 수 없다며 '교사'라는 용어를 쓰지 못하게 했다. 이에 따라 학회는 자격증 이름을 생태유아 교사 대신 생태유아 지도사로 바꾸어 생태유아교육 지도사를 양성해왔다.

연구소는 생태유아공동체 회원 기관을 대상으로 원장·교사 교육을 진행했다. 임재택은 여기서 나아가 앞으로는 '생태유아교육 지도사 양성 과정'을 생태유아교육의 이론과 실천을 예비부모, 부모, 조부모, 교사들을 대상으로 운영, 생태유아교육의 확산을 꾀할 계획이다. 이러한 생태유아교육이 바탕이 돼 생태초등교육, 생태중등교육으로 확대되고, 대학교육을 포함해 생태평생교육으로 이어지는 게 우리 사회의 새로운 교육개혁이 될 것이라고 그는 믿는다.

임재택은 한국생태유아교육연구소 설립 취지와 미래 비전을 다음과 같이 설명했다.

"한국생태유아교육연구소는 퇴임 1년 전인 2013년 설립했고 2016년 사단법인으로 전환해 활동의 폭을 넓혔습니다. 생태유아교육연구소는 제가 부산대학교 교수직을 퇴임하면서 그간 하지 못했던 생태유아교육의 학문 체계를 공고히 하고 싶어서 만든 것이죠. 지구생태계·기후위기 시대인 21세기 인류의 중심 화두는 생태주의 내지 생명주의라는 데 대체로 동의하고 있죠. 저는 그동안 생태농업과 생태영양학을 학문적 근간으로 한 생태유아공동체 운동, 생태건축으로 유아교육기관 짓기 운동, 자연의학에 바탕을 둔 영유아 자연건강프로그램 개발 등 생태주의를 기반으로 한 다양한 학문들과의 연계 속에서 생태유아교육의 양적 확산에 치중하다 보니 학문적 깊이 면에서 미흡한 부분이 많았다고 생각합니다.

앞으로 동서양의 생명사상을 바탕으로 자연의생학, 후성유전학, 양자물리학, 뇌과학, 에너지의학, 파동의학, 한의학과 동양의학 및 아유르베다의학, 에너지심리학, 자연면역학, 항노화학, 호흡·명상, 보완대체의학 등 백세시대에 대비한 영유아-부모-교사-조부모로 이어지는 무병장수의 생태적 삶과 교육의 통합적 관점에서 생태유아교육의 이론적 체계를 공고히 하여, 생태유아교육이 한 시기의 유행으로 흘러가는 프로그램이 아닌 보편적 세계 유아교육으로 자리 잡을 수 있도록 관심과 에너지를 집중할 계획입니다."

임재택은 생태유아교육의 학문 체계 정립과 유아교육 현장에서 생태유아교육 실천을 견인하는 한국생태유아교육연구소에서 나아가 부설 생태유아교육기관을 설립하여 생태유아교육기관 운영의 모범을 제시하겠다는 포부를 밝혔다. 그는 부설 생태유아교육기관의 영유아를 대상으로 한 다양한 연구 활동으로 영유아기 아이들의 건강과 행복을 위한 유아교육프로그램을 적극 개발할 계획이다.

• 임재택 이사장이 2020년도 동남권원자력의학원 어린이집(위다겸 원장) 미술전시회장을 찾아 아이들과 함께 미술작품을 감상하고 있다.

이러한 계획은 결국 공유와 공감을 바탕으로 이뤄져야 한다고 그는 강조한다. "저는 앞으로 생태유아교육을 실천하는 전국의 유치원과 어린이집 교직원과 학부모들이 매년 1박 2일 정도로 함께 모여 자연·놀이·아이 중심의 생태유아교육 실천의 다양한 모범 사례들을 자랑하고 정보를 나누는 배움과 나눔과 축제의 한마당 행사(생태유아교육 전국보고대회)를 지속적

- 2021년 2월 25일 ㈔한국생태유아교육연구소 임재택 이사장과 홍순원 해운대구청장이 좌동 다함께돌봄센터(김지영 센터장) 위·수탁계약을 체결한 뒤 기념사진을 촬영하고 있다.

으로 개최할 생각입니다. 그동안 해외의 다양한 사례들을 수집하고 직접 견학하며 준비한 내용들을 갖고 2020년 한번 해보았는데 참 좋았어요. 앞으로는 우수 사례들을 발굴해 출판 홍보 보급은 물론 정부와 지자체, 교육청과 협의하여 시상하는 방안도 모색 중입니다."

그동안 누리과정의 수업 중심에 익숙했던 교사들이 짧은 시간 내에 자연·놀이·아이 중심의 교육과정에 적응하는 것은 쉬운 일이 아니라고 임재택은 말한다. 전국보고대회는 생태유아교육기관에 속한 교사들뿐 아니라 전국의 많은 교사와 함께할 계획인데 특히 원장, 교사, 영양사, 조리사, 사무원, 운전기사, 학부모, 조부모 등 영유아보육과 관련된 다양한 종사자의 목소리를 반영하는 게 매우 중요하다는 것이 임재택의 생각이다.

한국생태유아교육연구소를 통해 임재택은 또 하나의 새로운 야심찬 실험연구를 진행 중인데, 초등학교 학생 대상의 다함께돌봄센터 운영을 통해 생태유아교육을 넘어 생태초등교육으로의 확산 가능성을 확인했다.

• 해운대구 좌동 다함께돌봄센터 어린이들이 2024년 12월 16일 텃밭장터 수익금을 좌2동 행정복지센터에 기탁하고 기념사진을 찍었다. 아이들은 회의를 통해 기탁처를 정하는 등 사회적인 나눔을 배우고 실천하고 있다.

연구소는 초등학생 대상의 좌동과 반여동 다함께돌봄센터 2곳을 해운대구청으로부터 위탁받아 각각 5년, 4년간 운영 중이다. 이들 돌봄센터는 초등 1~6학년 학생을 방과 후 1시부터 6, 7시까지 돌보는데, 연구소는 숲산책, 바깥놀이, 텃밭가꾸기, 세시풍속 등 생태유아교육 프로그램을 적용해 운영한다. 특히 센터는 학생들의 의견을 수렴해 센터의 프로그램을 자체적으로 기획하고 실행하도록 '아동자치회의' 운영을 지원한다. 좌동 돌봄센터의 경우 손수 키운 작물을 판매하는 '좌동아이들의 텃밭장터' 행사에 학부모자원봉사자를 모집해 운영했다. 학생들은 직접 기획한 이 행사의 수익금을 지역의 취약계층을 위해 기부했다. 학부모들은 센터 프로그램 활동을 통해 몸과 마음이 한층 건강해진 자녀의 모습에 만족감을 보인 동시에 센터에 깊이 신뢰하게 되었다. 이는 센터가 실시한 학부모 만족도 조사 결과[3]로 뒷받침된다.

조사 결과 학부모들은 센터의 전반적인 프로그램에 '매우 만족' 88.2%, '만족' 11.8%로 거의 절대적인 만족을 나타냈다. 이들은 자녀가 차분해지고, 긍정적이고 자기감정을 잘 표현하고, 밝아지고, 뭐든 해보려는 자신감이 생겼다는 등의 긍정적인 변화를 만족의 이유로 들었다.

• 2016년 설립한 사단법인 한국생태유아교육연구소에서 인터뷰 하는 임재택

"요즘 초등학교 4학년이면 대개 사춘기에 들어 혼란스러워합니다. 근데 아이들이 돌봄 센터에서 혼합연령반으로 생태활동을 하며 지내다 보면 스트레스를 받지 않아서 그런지 사춘기를 수월하게 넘겨요. 부모들은 신기해하면서도 감동하더군요. 초등학교 때부터 생태교육을 받으면 스트레스를 덜 받고 감성적으로나 지적으로 훨씬 잘 성장한다고 생각해요."
센터에서 지낸 아이들을 지켜본 임재택의 소감이다.

부산 해운대구 반여동 아시아드선수촌 아파트의 반여 돌봄센터는 4년째, 좌동의 돌봄센터는 5년째 운영 중인데, 그는 여기서 '생태초등교육의 희망'을 확인했다고 말했다. 임재택은 다함께돌봄센터 운영을 통해 생태초등대안학교의 엄청난 잠재 가치와 성장 가능성을 확인했다. 초등교육을 생태친화형 교육으로 확산하는 것이야말로 일반 유아기관의 생태기관 전환 컨설팅 확산과 안착에 결정적 계기가 될 것이라고 그는 확신했다.

한국생태유아교육연구소가 위탁운영 중인 해운대육아종합지원센터에서 실시한 프로그램 중 좋은부모자격증반도 매우 의미 있는 성과를 거뒀다. 2017년부터 매년 상반기, 하반기 두 차례 개강하고 수료식을 가졌다. 수강생이 처음엔 50명이었다가 그다음엔 70명, 나중엔 200명으로 늘었다. 강좌는 날로 인기가 높아져 젊은 부모뿐 아니라 할머니 할아버지들도 수강했다. 당시 백선기 해운대구청장(2014년 7월 1일~2018년 6월 30일)은 개강식과 수료식에 한 번도 빠지지 않고 참석해 흡족한 표정으로 축사를 했다. 4년간 900명이 수료했다. 10강좌 중 첫 강의는 매번 임재택이 맡고 마지막 강의는 윤구병이 맡았다.

방송통신대학에서 유아교육을 전공했다는 백선기 전 해운대구청장은 좋은부모자격증반에 대해 이렇게 회고했다. "아이 교육이 중요하다는 건 새삼 말할 필요가 없지 않습니까. 근데 아이 교육을 제대로 하려면 부모가 이를 깨닫고 또 배워야 합니다. 다들 대학 나오고 한 분야의 전문가가 되었다고 해도 아이 교육에는 부족한 게 많은 게 사실입니다. 그래서 저는 구청장이 되어 좋은부모자격증반을 의지를 갖고 운영했습니다. 때마침 이 분야의 전문가이신 임재택 교수가 잘 운영해 주민들로부터 칭찬도 많이 받았습니다."

백선기 청장에 이어 해운대구청장에 당선된 부산대학교 교수 출신의 홍순원 청장은 2018년 어느 날 해운대구청 공무원을 대상으로 박원순(1955~2020) 서울시장 초청 강연을 마련했다. 이날 박원순 서울시장은 임재택을 일으켜 세우곤 "서울은 모든 걸 수출하는데, 임재택 교수의 좋은부모자격증반은 서울에서 수입할 겁니다. 해운대구청 공무원 여러분께서는 임재택 교수를 모시고 잘하십시오."라고 말했다. 그러나 안타깝게도 홍순원 청장은 이 자격증반 운영에서 전임 백선기 구청장의 인기를 이어가지 못했다. 현재 서울 도봉구, 충남 아산, 당진, 경기도 시흥시 등 전국의 다수 지자체에서 좋은부모자격증반이 성황리에 계속되고 있다.

제18장
정년퇴임, 그리고 방정환한울어린이집

(2014)

임재택 평전

아이행복 세상을 위한 혁명

임재택의 삶의 여정에서 2014년은 두 가지 큰 사건으로 기억된다. 그 하나는 35년간 봉직한 부산대학교 교수직의 정년퇴임(2월)이며 다른 하나는 방정환한울어린이집 이사장 취임(8월)이다.

임재택은 정년퇴임에 임박해서도 정년퇴임 준비를 따로 하지 않았다. 신경쓸 겨를이 없었다는 게 더 적절할 것 같다. 그는 그동안 해왔던 일을 계속했다. 이를테면 생태유아공동체를 이끌었고, 2012년엔 산림청과 더불어 전국 17개 시도에 숲유치원을 늘리고 숲교육 활성화를 위해 전국을 다니며 일주일에 수차례씩 외부 강연을 다녔다.

그러다 어느 순간 정년퇴임이 1년도 채 남지 않았음을 깨달았다. 일반적으로 정년퇴임은 '사회적 죽음'이라고 표현될 만큼 단순한 직장 생활의 마침표를 넘어, 오랜 기간 쌓아온 사회적·교육적·학문적 경력의 공식 마감을 의미한다. 35년간 교육자로서, 학자로서 그리고 생태유아교육 운동가로서 대학을 넘어 폭넓게 활동해온 임재택으로서 정년퇴임이 목전에 다가오자 저도 모르게 상념에 젖어드는 것도 무리가 아니었다.

"2013년 6월쯤일 겁니다. 문득 정년퇴임이 다가왔다는 걸 느끼면서 '나는 지금까지 뭘 했지?' 하는 생각이 들더군요. 우리민족 전통의 유아교육을 되살린다며 생태유아교육 한다고 바둥거리면서 정작 소파 방정환(1899~1931)의 교육철학 하나 살려내지 못했다는 자괴감이 몰려왔어요. 게다가 민족운동의 구심점이었던 동학을 계승·발전시킬 대학은 고사하고 초·중·고등학교, 심지어 유치원 하나도 없는 상황에 대한 죄책감과 부채의식이 밀려와 조금이라도 빚을 갚아야 겠다는 생각이 강하게 들었어요."

임재택이 정년퇴임을 목전에 두고 교육철학자인 소파 방정환 선생한테 빚진 마음을 가졌다는 것은 그의 학문적 궤적

- 2014년 2월 부산대 정년퇴임식장에서 나란히 앉은 임재택과 장혁표 전 부산대 총장.

을 추적해보면 결코 우연이 아니다. 소파는 잘 알려진 대로 한국 최초로 어린이날을 제정하고 '어린이'라는 용어를 공식화하여 어린이를 독립된 인격체로 존중받아야 할 존재로 자리매김한 아동교육철학자이자 아동문학가, 아동문화운동가 그리고 독립운동가였다. 동학의 3대 교주 의암 손병희의 사위이기도 한 소파의 사상적 원류는 동학이다.

- 천도교 장흥교당 행사 후 김동환 교령(왼쪽 네번째), 정정숙 교화관장(왼쪽 첫번째) 등과 함께

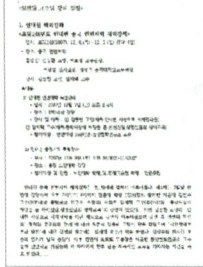  

- 옌벤대학 강좌 안내문
- 인내천 포럼 일정
- 방정환한울어린이집 추진 과정

임재택은 1990년 이후 서양식 유아교육을 버리고 전통육아법에 기반한 우리식 유아교육을 연구하면서 생명사상과 동학사상을 연구했다. 그는 제자의 석사논문 「소파 방정환의 유아교육 사상과 실천연구」(조채영, 1996), 「불교와 동학에 나타난 생명사상의 유아교육적 함의」(김점옥, 1998)을 지도하는 등 동학에 나타난 생명사상과 생태유아교육적 함의를 발견하려고 애썼다. 이어 2000년 그는 제자 조채영과 함께 『소파 방정환의 유아교육사상』을 썼다.

이 책은 한국 근대 아동교육운동의 선구자 방정환(1899-1931)의 교육철학을 체계적으로 분석한 학술서다. 이 저서는 서구 중심의 유아교육 이론에 편중된 한국 교육계에 경종을

울리며, 동학(東學) 사상에 기반한 방정환의 독창적 교육관을 재조명한다. 또 방정환 사상의 동학적 기원을 살피면서 그가 천도교소년회 활동을 통해 '어린이 섬기기는 하늘 섬기기'라는 실천적 원리를 제시한 과정을 상세히 분석했다.

• 소파 방정환의 유아교육사상 표지

그는 또 부산대학교 부설 어린이집 개원 10년 만인 2005년 『생태유아교육개론』을 집필했다. 어린이집 원장을 하면서 10년간 생태유아교육의 이론연구와 실천의 결과물을 집대성한 것이다. 그는 이 책에 대해 여느 번역 위주의 책과는 차원이 다른 학문적 성과물이라는 자부심을 갖고 있다.

생태유아교육 이론의 바탕은 우리 전통의 생명사상이며, 이는 유·불·도를 융합해 현대화한 동학사상과 직결된다. 자연히 『생태유아교육개론』에는 동학사상이 짙게 배어있다. 동학사상의 핵심은 '내면의 하늘을 섬긴다'는 시천주(侍天主) 사상이다. 여기서 한울사상이 널리 알려져 있는데, '한울'은 우주의 근원적 에너지이자 생명의 총체로 이해하며, 모든 존재가 신성함을 내재하고 있음을 주장한다.[1] 시천주 사상은 '천주를 모신다'는 한자 뜻 그대로, 인간의 몸과 마음에 천주(天主)가 내재해 있음을 선언한다. 동학의 사상체계에서 시천주(侍天主) 사상과 생명사상(生命思想)은 서로 긴밀하게 연결된 이론적 축을 이룬다. 시천주가 인간 내면의 신성함을 강조하는 영성적 기반이라면, 생명사상은 이를 확장하여 우주적 차원의 생명 존중을 주장하는 실천적 윤리로 발전했다.

임재택은 이 책을 2006년부터 대학의 생태유아교육 강의 교재로 지정했다. 1학년 2학기 필수과목으로 모든 학생이 들었고, 교육대학원 석사 과정 학생과 일반대학원 석·박사 과정에서도 『생태유아교육개론』은 필수과목의 교재로 반드시 읽어야 하는 책이 되었다. 그는 또 생태유아지도사, 생태유아교사 자격증 과정에도 이 강좌를 이수하도록 했다.

그는 강좌 개설에 그치지 않고, 사상적·철학적 교육을 생각했다. 유아교육 교사가 갖춰야 할 것은 단순히 지식만이 아니라 실천력이며 제대로 실천하려면 정신적, 철학적 무장을 위한 수련을 해야 한다고 생각했다. 그는 학기를 마치고 희망자를 받아 경주 용담정 수련원에 입소시켰다. 용담정은 동학을 창시한 수운 최제우 선생이 1860년에 수련을 하다 깨달음을 얻고 동학을 창도한 곳이다. 수련원을 운영하는 천도교 측은 학생들의 1박 2일 혹은 2박 3일 과정의 수련원 입소를 거의 무료로 받아주었다.

임재택은 용담정 수련을 민족종교인 천도교가 아닌 동학이라는 개념으로 수용했다. 서학이 아닌 동학, 동아시아의 학문으로서 동학이라는 개념이다. 그는 학생들에게 종교가 아니라 우리민족의 사상이며 그 원류는 홍익인간 사상이라고 설명했다. 1905년 동학의 3대 교주였던 의암 손병희가 일제의 극악한 탄압을 피하기 위해 동학을 천도교로 바꾸었다는 내력도 얘기해주었다. 동학은 유교 불교 도교 3교의 사상과 5000년 전 단군의 사상을 수운이 1860년에 융합해 재탄생 시킨 우리 민족 고유의 사상이다. 강의를 수강한 학생들은 거의 다 용담정 수련에 참가했다. 학생 수련은 2006년 시작해 2013년까지 이어졌다.

천도교 측은 부산대 유아교육과 학생들의 용담정 수련을 크게 환영했다. 특히 동학사상이 짙게 밴 생태유아교육을 창안하고 실천하는 임재택의 노력을 높이 샀다. 김동환 교령

(2007~2009)은 우리 민족사상을 해외동포한테 교육하는 프로그램에 그를 강사로 동참시켜주었다. 그는 중국 옌볜대학 대학생 특강을 비롯해 4박 5일간 지린성(吉林省)의 훈춘시(琿春市) 등 옌볜(延边)조선족자치주의 도시 순회강연을 진행했다. 천도교 교인이 아닌 일반인의 강사 참여는 매우 이례적인 일이었다. 당시 정정숙 교화관장은 "중등학교 교장 출신인 김동환 교령은 동학 전파에 매우 적극적이었다. 전라도의 동학 유적지를 순례하며 유적 발굴과 강연을 할 때도 임재택 교수를 참여시켰다"고 전했다. 이를 계기로 임재택은 동학을 한층 더 깊이 공부했다.

그런 와중에 2013년 6월 어느 날, 임재택은 정년퇴임이 1년도 채 남지 않았다는 사실을 문득 깨달았다. 순간 지난 30여 년간의 교수 생활이 머릿속에 재생되어 빠르게 지나갔다. 잠시 후 생각을 가다듬었을 때 머릿속에 남은 건 생태유아교육의 사상적 기반인 동학사상이었다. 동학사상은 그의 학문체계를 세워주었고, 학자로서, 생태유아교육자이자 활동가로서의 그를 성장시켜주었다. 그는 동학에 크게 빚진 마음이 들었다. 그 마음은 곧바로 어린이운동가인 소파 방정환 선생에 대한 죄송함으로 이어졌다. "소파는 소춘 김기선 선생과 함께 어린이와

• 용담정 앞에서 임재택

• 최제우 동상 앞에서

• 용담정 표지석

• 수운 묘지에서 용담수도원 최상락 원장과 함께

동학 하고 연결된 토대를 만들고, 어린이 인권 문화 예술 창작 등 어린이 문학을 비롯해 전반적인 어린이 운동을 했어요. 어린이날을 세계 최초로 지정하고, 어린이 잡지도 만들고, 전 세계적으로 루소, 케사드, 페스탈로치 이런 사람보다 훨씬 큰 업적을 남겼죠. 그런데 되돌아보니 한국 교육계가 교육철학자로서의 소파를 전혀 언급하지 않았더군요. 교육철학 분야는 페스탈로치, 루소, 몬테소리, 피아제, 듀이 등 서양 학자 일색이에요. 한국 교육계가 우리나라의 교육철학자인 소파 방정환을 언급조차 하지 않았다는 사실을 떠올리곤 '이건 뭔가 잘못되었다' 하는 생각이 들더군요. 게다가 가만히 보니까 소파 방정환에 관한 것을 학교나 대학에서 가르치지도 않고, 어린아이를 키우는 교사들한테도 소파의 교육철학을 가르치지 않더군요. 심지어 소파의 사상적 뿌리인 천도교 산하에도 소파를 기리는 초등학교는 고사하고 어린이집 하나도 없더군요."

임재택에게 이 같은 현실은 마음의 빚이 되었다. 그 빚을 갚아야겠다는 생각 끝에 소파를 기리는 초등학교, 하다못해 어린이집이라도 하나 만들자는 구상을 하게 되었다. 그러던 중 2010년 천도교 교인 중 젊은 사람들이 한울연대라는 환경단체를 결성했다. 한울연대 회원은 초창기 30~40명이 됐는데 임재택은 그들과 교류하며 서로 돕는 사이가 되었다. 그러던 2013년 12월 그동안 교류하던 김용휘 한울연대 공동대표와 양산 통도사 인근에서 차를 마시며 얘기를 나누던 중 그는 김용휘 공동대표에게 의중을 내비쳤다.

"내가 내년이면 정년인데, 돌이켜보니 동학사상과 천도교에 빚을 많이 졌어요. 동학사상을 전파해 나갈 학교 하나도 없는 것이 안타깝고 회한이 됩니다. 특히 우리가 자랑할 만한 교육철학자 소파 방정환 선생이 교육계에서 사라졌어요. 그의 이름이 붙은 초등학교 하나 없습니다. 소파의 정신과 교육철학을 계승 발전시킬 '방정환학교'를 설립하면 좋지 않겠습니까. 초등학교가 어려우면 어린이집이라도, '방정환어린이집'을 만들면 어떻겠습니까?"

김용휘 공동대표는 그의 말을 듣고 망치로 머리를 맞은 듯한 충격을 느꼈다며 다음과 같이 말했다.

"2013년 12월에 생태유아교육의 선구자인 부산대 유아교육학과의 임재택 교수님을 양산 통도사 근처에서 만났습니다. 이런저런 이야기를 나누다가 우리나라에 '방정환'의 이름이 들어간 초등학교가 하나도 없다는 이야기를 들었어요. 순간 놀랐죠. 설마 방정환의 호를 단 '소파초등학교'는 있겠거니 했어요. 스마트폰으로 검색해보니 소파초등학교도 없던군요. 순간 '이게 뭐지?' 하는 생각이 들었어요. '어린이' 하면 방정환인데, 어떻게 초등학교 하나 없을 수가 있나? 망치로 머리를 맞은 느낌이었습니다. 당시 나는 '천도교한울연대'라는 환경단체의 공동대표를 맡고 있었습니다. 마침 2014년 1월 1일 신년맞이 수련회가 경주 용담정에서 열렸습니다. 거기서 임재택 교수님이 하신 이야기를 꺼내었습니다. 그랬더니 참가했던 분들이 적극 호응하면서 '우리라도 방정환학교를 만들어보자'고 했습니다. 그렇게 신년 아침, '결의'가 이루어졌습니다."

그 용담정 신년수련회에 참석했던 정진숙 동학소년회 대표는 이렇게 회상했다.

"중국에서 국제유치원을 운영하다 한국의 누리과정을 배우러 귀국했어요. 근데 정작 한국에서 실제로 보니 누리과정이 아이들을, 생명을 죽이고 있더라고요. 누리과정 폐해의 심각성을 눈으로 목격하고 나니 환경 타령만 하는 사람들이 한심하게 느껴졌어요. 심지어 화가 나기까지 했죠. 그래서 내가 '아이를 살릴 어린이집'을 만들자고 제안했고, 다들 좋다고 했어요."

그해 1월 29일 용담정 신년수련회 모임에 참석했던 한울연대의 김용휘 공동대표와 정진숙, 한미영은 임재택한테 어린이집 관련 자문을 얻기 위해 부산을 방문했다.

그리하여 임재택이 쏘아올린 '방정환학교' 건립 제안은 한울연대의 결의로 이어지면서 '방정환한울어린이집' 설립이 급속히 진행되었다.[2] 한울연대는 3월 2일 어린이집 설립 준비모임을 대전 신도교구에서 갖고 바람직한 어린이집의 형태를 모색했고, 그달 18일 방정환한울학교 설립 추진위원회 구성을 위한 임시집행위원회를 열었고, 나흘 뒤 방정환 한울학교 추진위원회 1차 모임을 가졌다. 이어 4월 10일 사업계획서 작성과 성금모금 방안을 제안했고, 5월 2일 방정환한울학교 사업설명회를 천도교 중앙종부에서 개최했다. 한울연대는 5월 10일 전북 부안에서 열린 정기공부 모임에서 방정환한울학교 조직형태와 방향을 논의했다. 한울연대는 6월 14일 대구 대덕교구에서 임재택을 강사로 초청한 가운데 정기공부 모임을 갖고 건립할 어린이집 이름을 '방정환한울어린이집'으로 확정했다. 임우남 등 27명이 참석한 이날 모임에는 임재택은 방정환한울어린이집 건립 성금 500만 원을 쾌척했다. 6월 23~27일 한미영, 정진숙, 박진태 등 3인은 임재택의 알선으로 부산대 어린이집

- 방정환한울어린이집 개원식 플래카드

- 방정환이야기마당 안내 리플릿

- 방정환이야기마당 장면

- 방정환한울어린이집 개원 봉고식

참관 실습을 했으며, 이어 8월 4일 김용휘 공동대표 등 4명이 임재택을 방문해 방정환한울어린이집 건립 진행상황을 공유하고 향후 운영방향에 대해 자문을 들었다. 어린이집 건립 성금은 8월 15일까지 총 8641만 원(기탁자 81명)으로 집계되었다. 8월 30일 개원했다. 임재택은 초대 이사장을 맡았다.

방정환한울어린이집(경상북도 경주시 현곡면 용담로 705)은 소파 방정환 선생의 교육이념인 '스스로 자라고 서로 배우는 기쁜 우리'를 내걸고 자연과 함께 하는 생태 중심 교육, 공동체와 마을이 함께 하는 열린 교육, 기쁨과 자율을 중시하는 교육을 실천하는 곳이다. 동학(東學) 사상과 소파 방정환 선생의 교육철학을 기반으로 자연과 영성이 어우러진 생태유아교육의 현장이기도 하다.

방정환한울어린이집의 '한울'은 동학의 '한울' 개념에서 따왔다. 어린이집 내부에는 '어린이는 한울입니다'라는 글귀가 붙어있다. 이 표현은 동학의 '모심과 공경사상'과 소파 방정환의 아동존중 철학에서 비롯되었다. 동학에서 '한울'은 한울님, 우주 전체, 혹은 우주적 생명과 신성한 영혼을 의미하며, '어린이는 미숙하고 보호받아야 할 존재가 아니라, 이미 온전하

• 방정환한울어린이집 개원 봉고식에서 청수를 봉헌하는 임재택

고 거룩한 한울님(존재)으로 받들어야 한다'는 의미이다.

한울어린이집의 주요 교육과정은 생태 중심 프로그램으로 구성되어 있다. 매일 산책을 넘어 숲·들·계곡으로의 나들이를 실천하고, 흙 언덕에서 미끄럼타기, 나무 오르기,

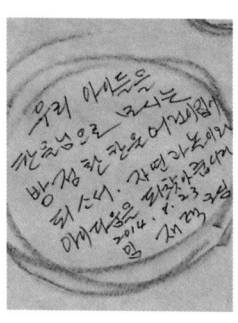

• 임재택이 쓴 방정환한울어린이집 개원 기원문

흙으로 요리 만들기 등 자유로운 탐험을 통해 신체적·정서적 역량을 키운다. 특히 아이들의 먹을거리에 각별한 신경을 쓰는데, 식단의 90% 이상을 친환경 유기농 재료를 사용한다. 한살림생협과 생태유아공동체에서 직접 조달한다. 어린이집의

실내는 화학물질을 배제한 생태목공 기법으로 제작되었는데, 특히 바닥은 모두 오동나무로 마감하는 등 바닥부터 천장까지 아이들이 접촉하는 모든 공간은 천연소재로 꾸며져 있다.

임재택은 방정환한울어린이집의 의미에 대해 이렇게 말했다.

"방정환한울어린이집은 우리민족의 전통사상인 하늘 땅 사람이 하나라고 하는 천지인(天地人) 사상, 생명사상, 내 안에 한울님을 모시고 있다는 한울사상을 실현하는 학교입니다. 동학에서는 이를 시천주(侍天主)라고 하는데, 하늘과 땅 사람을 다 합쳐 하늘이라고 보고 내 안에 하늘님을 모시고 있다는 게 우리민족의 사상이고 이게 평등사상이고 생명사상이자 모든 사상의 근간이 됩니다. 그러니까 방정환한울어린이집은 우리 민족 고유의 사상을 실현하는 전형적인 학교예요. 내가 생태유아교육으로 추구하는 것이 홍익인간, 천지인, 생명사상이니까 맥락은 같은 겁니다. 대학의 생태유아교육보다 이것은 더 깊은 영성을 가진 학교죠. 동학이 몸에 밴 사람들이 운영하니까 아이들 교육에 진짜 깊이가 있어요. 우리는 이론과 실제가 어우러지는 생활 속의 교육을 하는데, 감성과 이성 수준을 넘어 감성과 영성의 수준까지 가야 그게 진정한 교육이라고 봐요. 그래야 깨달음을 얻고 진정한 '모심'을 실천할 수 있거든요. 내가 생태유아교육

• 방정환한울어린이집 임우남 원장, 최경미 교사와 함께

을 하면서 학생들한테 그 영성을 얻게 하려고 용담정 수련회에 참여시킨 거예요."

임재택은 방정환한울어린이집이 동학의 본산인 경주를 넘어 서울 등 전국 각지로 확산되기를 진심으로 바랐다. 하지만 처음 생긴 지 11년이 지난 2025년 현재까지 늘리지 못하는 현실이 그의 가슴을 아프게 했다. 그나마 현재 경주에는 천도교 용담정 성역화 작업이 정부와 경북도 지원 아래 이루어지는 등 동학이 조금씩 활성화하면서 일반인에게 친근해지고 있는 게 위안이다. 임재택은 몇 년 전부터 정진숙 등이 재추진, 활성화하는 동학소년회의 명예이사장을 맡아 울타리가 되어주고 있다.

- 천도교 동학소년회 회원들이 2024년 2월 전북 임실군 천도교 임실교구 본당에서 동학국제학교 설립을 위한 포럼을 갖고 기념사진을 촬영하고 있다. 이날 포럼에는 김창식(앞줄 왼쪽 네 번째) 천도교 임실교구장, 정진숙(뒷줄 왼쪽 두 번째) 동학소년회 대표, 이병창(뒷줄 왼쪽 세 번째) 임실진달래교회 목사, 임재택(앞줄 왼쪽 세 번째) 동학소년회명예이사장 등이 참석했다.

- 천도교 동학소년회 관계자들이 2025년 2월 22일 경주시 천도교 경주교구에서 제5회 (사)동학소년회 정기총회 & 동학국제학교 설립 2차 포럼을 갖고 기념사진을 찍었다. 박연환(왼쪽 끝) 경주교구장, 여태전(앞줄 왼쪽) 건신대학교 대학원 대안교육학과 교수, 정미라(뒷줄 왼쪽 세 번째) 경주한살림 대표, 정진숙(뒷줄 오른쪽 두 번째) 동학소년회 대표, 임재택(앞줄 오른쪽) 동학소년회 명예이사장

제19장
생태전환 컨설팅
(2016~)

임재택 평전

아이행복 세상을 위한 혁명

좋은부모자격증반 운영을 통해 생태 부모교육의 중요성을 실감한 임재택은 아이를 생태적으로 키우기 위해서는 유치원 어린이집 등 기관과 가정이 생태적으로 탈바꿈해야 한다는 걸 깨달았다. 마침내 임재택은 '생태전환 컨설팅'의 돛을 올렸다. 그가 이사장으로 있는 ㈔한국생태유아교육연구소는 2016년부터 부산시 해운대구, 경기도 시흥시, 서울시 도봉구와 생태전환 컨설팅 업무협약을 맺고 추진했다.

생태전환 컨설팅에는 유치원·어린이집 같은 유아교육 기관을 대상으로 하는 생태기관 전환 컨설팅과 일반 가정을 대상으로 하는 생태가정 전환 컨설팅 등 2가지가 있다. 생태기관 전환 컨설팅은 기존의 인지 교육, 수업 중심 교육, 실내 중심 교육, 교사 주도 교육에서 벗어나 진짜 놀이교육, 따뜻한 정성과 돌봄의 교육, 아이들이 주체가 되는 교육을 하도록 유아교육기관에 조언하고 실천방안을 제시해준다. 임재택은 이를 간단히 "양식 유치원·어린이집을 자연산 유치원·어린이집으로 바꾸도록 도와주는 것"이라고 설명했다. 생태유아교육 환경을 조성해 생태유아교육 프로그램을 도입·시행하는 것을 도와주는 것은 물론 이에 앞서 교사교육, 부모교육을 해준다.

임재택은 유아교육학자로서 부산대학교 부설 어린이집을 생태적으로 운영한 경험을 바탕으로 이를 널리 확산하고 싶은 마음에서 생태기관 전환 컨설팅을 추진했다며 다음과 같이 말했다.

"유아교육은 아이가 스스로 잘 자라도록, 더불어 잘 자라도록 돌보는 일이자 본래 그 아이의 생명을 키우는 일이에요. 그러나 안타깝게도 산업사회에서 아이들은 양계닭처럼 시설 내에 갇혀서 부모나 교사의 감독 아래에 미리 짠 계획에 따라 자연과 놀이와 아이다움을 잃어버리고 키워지고 있지요. 저는 그동안 아이들에게 자연과 놀이와 아이다움을 돌려주기 위해 생태유아교육의 학문적 체계를 세우고, 부산대 어린이집을 직접 운영하고 생태유아교사를 양성해왔습니다. 이러한 경험을 바탕으로 일반 유아교육기관(유치원·어린이집)을 생태 유아교육기관으로 전환하는 컨설팅 작업을 적극적으로 펼치고 있습니다."

연구소는 2016년부터 2025년 현재까지 부산 해운대구 지역 생태유아교육 시범어린이집을 선정하여 생태기관 전환 컨설팅 사업을 진행해왔다. 2024년 말 현재 해운대구 관내 151개 가운데 63.5%인 102곳 어린이집이 참여했다. 조사 결과 어린이집은 생태유아교육 시범어린이집 사업에 대해 90%가량이 만족을 표시했는데, 가장 만족한 부분이 '컨설턴트의 컨실팅'으로 나타났다. 이는 컨설턴트가 어린이집 상황이나 여건에 맞는 실천 내용을 구체적으로 안내했기 때문인 것으로 파악되었다. 또한 컨설팅 결과 시범 어린이집 내의 공간, 시간, 사람의 변화가 나타났다.[1] 첫째, 공간을 통합적으로 구성·활용하게 되었고, 살림집과 같은 어린이집, 아이들의 손길이 느껴지는 공간으로 변화하게 되었다. 둘째, 장기적이며 순환적인 시간 운영을 하기 시작하였고, 아이 주도의 일과 운영을 하게 되었다. 셋째, 사람의 변화는 아이들의 경우, 자연과 사람이 함께 자라는 모습, 생명력이 되살아나는 모습이 나타나기 시작했다. 교사의 경우, 생태유아교육에 관심을 갖게 되고, 원장은 교사와 부모와 더불어 어린이집을 운영하게 되었다. 부모의 경우, 아이를 함께 키우는 육아공동체로서 어린이집에 대한 신뢰를 회복하였으며, 생태적인 삶을 배우고 실천하게 된 것으로 나타났다.

연구소는 또한 2016년부터 10년째 '해운대구 생태유아교육 시범어린이집 지원사업'을 통해 생태기관(어린이집) 전환 컨설팅뿐 아니라 생태가정 전환 컨설팅도 해왔다. 양식 가정집을 자연산 가정집으로 바꾸는 성과를 거뒀다. 좋은부모자격증반을 만들어 운영하면서 가정을 방문해 현재까지 누적 40여 가정을 적극적인 참여 속에 생태가정 전환 컨설팅을 해왔다.

생태가정 전환 컨설팅은 '아이 키우기 좋은 행복하고 따뜻한 가정' 만들기를 지원한다. 임재택은 이를 쉽게 "아이를 양식으로 키우는 가정을 아이를 자연산으로 키우는 가정으로 바꾸어 나가도록 조언과 해결책을 제시하는 것이 생태가정 전환 컨설팅"이라고 설명했다. 영유아를 키우는 가정의 먹고, 입고, 자고, 약 먹는(식食, 의衣, 주住, 의醫) 생활 전반을 생태적으로, 자연 친화적으로 바꾸는 과정이 가정의 생태전환이며, 이를 원만하게 진행되도록 도와주는 것이 생태가정 전환 컨설팅이다.

생태적 식(食)생활로는 제철 음식과 유기농산물 먹이기, 현미 잡곡밥 먹이기, 인스턴트식품과 냉동식품 줄이기 등 친환경 먹을거리 위주를 권장하며, 생태적 의(衣)생활로는 천 기저귀 사용하기, 몸이 편한 옷 착용하기, 면 속옷, 면내의 입기 등을 추천한다. 생태적 주(住)생활은 사람과 자연이 함께하는 자연 친화적 주거 공간 만들기로 자연 채광과 통풍하기, 화초 가꾸기, 텃밭 가꾸기를 소개한다. 생태적 의(醫)생활은 면역력과 자연 치유력을 강조한다. 항생제 사용을 줄이고 된장, 간장, 고추장 등 발효 음식 만들어 먹기를 권장한다. 또 생태가정 전환 컨설팅은 천연 세제와 천연 화장품, EM 발효액 사용하기 등 유해 물질 없는 생활환경 조성을 유도하고, 스마트폰 사용 줄이기, 거실 TV 안방으로 옮기기, 가족 대화 시간 늘리기 등으로 미디어 중독 없는 건강한 가정환경을 조성하는 데 도움을 준다.

연구소는 가정생활 전반을 생태적으로의 변화를 통해 아이와 부모가 서로 존중 받는 건강한 부모-자녀 관계를 만들어준다. 이 같은 개별 가정의 생태전환과 더불어 생태육아공동체를 통해 '할머니 육아' 및 '우리네 전통 육아' 복원을 지원해준다. 연구소는 가정 방문과 면담 그리고 지속적인 소모임을 통해서 마을 중심, 지역 중심의 생태육아공동체 기초를 다지도록 도왔다. 임재택은 특히 '생태가정 전환 컨설팅'을 통해 부모들이 '생태적 부모 되기'의 중요성을 깨닫고 잃었던 부모상을 회복하는 데 중점을 둔다.

부산시 해운대구 생태가정 전환 컨설팅에 참여한 부모들은 신나게 활동하면서 큰 보람을 느꼈다고 밝혔다. 생태가정 전환 컨설팅에 참여한 가정의 소모임인 '생태가정모임'의 A씨는 "아이가 아토피가 있어 힘든 점이 많았는데, 생태가정모임의 동지들을 만나 조언을 들으니 육아에 큰 힘이 되었고, 모임이 기다려지며 즐거운 마음으로 만나게 되었다."고 말했다. B씨는 "평소 제한적인 생태 생활을 하다가 생태가정 전환 컨설팅에 참여하면서 주변의 모든 걸 생태적으로 바라볼 수 있게 되었고, 내가 변하니 우리 가정도 조금씩 변한다는 게 가장 큰 소득으로 생각한다."고 말했다. 또 C씨는 생태가정모임을 통해 아이들과 놀아주는 방법을 많이 알게 되어 아이들과 더욱 친밀해졌고 집안이 더 화목해졌다."고 말했다.

임재택은 "일반가정을 생태가정으로 변화시키는 것은 많은 노력이 드는 어려운 사업이지만 그만큼 엄청난 가치가 있는 일"이라며 지속적으로 추진해나가겠다고 밝혔다.

임지연 한국생태유아연구소 소장은 "요즘 생태유아보육·교육의 효과가 알려지면서 부산경남울산 지역 어린이집 원장과 교사들의 생태전환 컨설팅 교육 문의가 잇따르고 있다"면서 "연구소는 기관·가정의 생태전환 컨설팅 확산을 위해 2025년 하반기에 컨설턴트 양성과정을 개설해 지속 운영할 계획"이라고 밝혔다.

제20장
생태유아교육 확산
(2017~)

임재택 평전

아이행복 세상을 위한 혁명

세종형 생태유아교육

임재택의 생태유아교육은 1995년 설립된 부산대학교 어린이집을 통해 10여 년에 걸쳐 정립되어 2010년대 중반 부산 해운대 지역에 도입·시행된 데 이어, 세종특별자치시와 서울특별시 등 전국으로 확산 중이다.

한국 유일의 특별자치시이자 행정중심복합도시인 세종특별자치시는 2017년 자연·놀이 중심의 유아교육인 '아이다움 교육과정'을 부분적으로 시행한 데 이어 2020년 5곳(4곳 공립, 1곳 사립) 거점 유치원에 세종형 생태유아교육 프로그램을 도입, 운영한 이후 연차별로 확대해 2025년 현재 64개 모든 공·사립 유치원

으로 확산했다. 세종시육아종합지원센터는 어린이집의 경우도 전체 311곳의 80%가량이 숲유치원 프로그램을 도입해 운영 중이라고 밝혔다. 세종시교육청은 2022년부터 세종유아생태체험센터를 건립해 운영 중이다. 체험센터는 '솔솔놀이터'로 불리는데, "바람이 '솔솔' 불어오고 풀향기가 '솔솔' 풍겨나는 자연 속에서 신나고 즐겁게 놀이하며 호기심과 재미가 넘쳐나는 행복한 곳"이라고 소개되어 있다.[1)]

세종특별자치시의 유치원이 이처럼 생태유치원으로 변모한 데는 임재택의 수년에 걸친 열정적인 노력과 최교진 세종시교육감의 의지가 있었기에 가능했다. 그는 최교진의 전교조 선배이다. 그가 창립 회원이라면, 최교진은 전교조 1.5세대에 해당한다. 2010년대 초 그는 전국 권역별 생태유아공동체와 숲유치원 시도지회에 교사, 학부모, 원장들을 대상으로 순회 숲교육, 생태교육을 했다. 그가 대전과 세종시가 포함된 중부권 생태유아공동체 회원들을 대상으로 숲생태교육을 할 때 최교진을 다시 만났다. 최교진은 충남 보령시의 대천여중 교사로 교직생활을 시작했으며, 1992년 전교조 수석부위원장과 전교조 충남지부장을 역임하고, 2012년 세종시교육감 재보궐선거에서 출마해 낙선하고, 2014년 제6회 전국동시지방선거

출마를 준비하던 중이었다. 그는 학부모한테 눈도장을 찍는 게 필요할 때였다. 그는 강의실에서 최교진을 학부모 수강생들한테 소개해주고 인사말도 하도록 해주었다. 그럴 때마다 다짐을 받는 것도 빠뜨리지 않았다. '교육감이 되거든 꼭 생태유아교육을 도입해 시행하시라'.

최교진은 세월호 사건이 발생했던 2014년 세종시 교육감에 당선되었다. 그는 약속을 잊지 않고 생태유아교육 도입에 착수했다. 2017년 숲유치원의 모델로서 솔빛숲유치원 설립 계획을 세우고 설립추진위원장에 임재택을 위촉했다.

최교진 교육감은 세종형 생태유아교육 시행 배경에 대해 이렇게 말했다. "세종시교육감에 취임해 유아교육 교사들의 의견을 들었는데, 다들 '학습 중심에서 탈피해 생태놀이 중심의 생태유아교육을 해야 한다'고 입을 모으더군요. 그 교사들은 대부분 임재택 교수의 생태유아교육을 알고 있었고, 생태유아교육이 추세라고 강조했어요. 그래서 전국 최고 수준의 녹지율을 비롯한 풍부한 자연환경과 높은 교육 수준의 시민에 어울리는 세종형 생태유아교육 정책을 수립해 시행하게 된 겁니다. 그 결과 세종시의 솔빛숲유치원의 사례는 '2019 개정 누리과정의 놀이운영사례집'인 『자연과 아이다움을 살리는 생태놀이』에 포함되기도 했습니다."

솔빛숲유치원은 세종시 반곡동 괴화산 인근에 위치한 전국 최초의 공립 단설 숲유치원으로, 2019년 3월에 설립 운영되었다. 자연과 도시를 연결하는 독창적인 공간 설계와 매일형 숲교육을 통해 아이들이 자연에서 배우고 성장할 수 있는 특별한 환경을 제공한다. 솔빛숲유치원은 '스스로 참여하고 숲과 함께 행복한 솔빛공동체'로 자연 속에서 감성, 공감, 탐구, 창의성, 생명존중, 공동체성을 키우는 것을 목표로 한다. 부지 면적 4806㎡에 지상 3층 규모이며, 총사업비는 99억 원(부지 매입비 37억 원, 건축비 62억 원)이 투입되었다.

솔빛숲유치원의 교육과정은 '매일형 숲교육'이 핵심인데, 기존의 주 1~2회 숲 방문이 아닌, 매일 숲에서 하루 일과를 운영한다. 사계절 순리에 따라 봄(숲과 만나기), 여름(숲 탐험하기), 가을(숲 만끽하기), 겨울(숲과 공감하기) 등의 절기 교육을 실시한다. 학급당 정원을 축소하여 만 3세(4명), 만 4세(6명), 만 5세(8명)으로 구성된 혼합연령학급을 운영, 연령이 다른 유아 간 협력과 공동체성을 키우는 교육을 강조한다.

• 세종시 솔빛숲유치원 전경

　세종시교육청의 솔빛숲유치원의 모델은 임재택 교수가 만든 부산대학교 부설 어린이집의 한국형 숲유치원인 어울림숲반이다. '숲과 아이들의 행복한 만남'으로 정의되는 '한국형 숲유치원'은 어린이집에 숲반을 만든 것으로 만 3세(5명), 만 4세(5명), 만 5세(6명)의 만 3~5세 혼합연령반이고, 매일 오전 10시부터 오후 3시까지 5시간 동안 숲에 들어가 자유롭게 노는 방식으로 운영된다. 점심은 보조교사가 오전 11시 반에 가지고 와 숲에서 먹는다.

　앞서 2018년 세종시교육청은 「자연과 놀이를 기반으로 한 세종형 생태유아교육 실행 방안 연구」 용역을 (사)한국생태유아교육연구소(이사장 임재택)에 의뢰했다. 임재택은 연구책임을 맡아 김은주 부산대학교 유아교육과 교수, 이현정 대덕대학교 유아교육과 교수 등과 용역을 진행, 2019년 1월 최종 보고서를 통해 세종형 생태유아교육의 모델과 실행 로드맵을 제시했다. '세종형 생태유아교육'은 세종특별자치시 특유의 인구 생태와 자연환경에 임재택의 생태유아교육을 이식한 것이다. 이것은 세종시교육청이 추진하는 자연 친화적이고 놀이 중심의 유아교육 방식이다. 이 교육은 자연과 놀이를 기반으로 유아들이 생태 감수성을 기르고, 공동체와 환경을 배려하며, 지속 가능한 삶의 가치를 배우도록 설계되었다.

세종시교육청은 이 용역 연구를 바탕으로 2020년 5개 거점 유치원을 대상으로 생태유아교육 프로그램을 시범 운영하고, 2021년부터 점차 확대해 2023년부터 세종시 내 64개 모든 유치원에서 자체적으로 특성에 맞는 생태유아교육 프로그램을 운영하고 있다. 이들 생태유아교육 프로그램은 학부모와 지역사회가 함께 참여하여 교육공동체를 형성하고 협력을 강화한다.

세종시교육청은 이와 함께 2021년 제1호 공립 생태유치원인 나성생태유치원을 건립했다. 이 건립 사업에도 임재택이 추진위원장을 맡았다. 나성생태유치원은 숲유치원에서 한발 더 나아가 자연과 조화롭게 살아가는 방법을 가르친다. 텃논과 텃밭 활동은 물론 식물과 곤충 등 다양한 생태적 관계를 경험하게 한다. 또 계절별 활동으로 봄에 씨앗 뿌리기와 모종 심기, 모판 준비를 비롯해 여름에 단오 행사, 가을에 수확 체험을 한다. 마을 연계 프로그램으로 텃논 활동에 마을 주민들이 함께 참여하여 유치원과 지역사회를 연결한다.

아이를 가진 젊은 층 인구와 공공부문 종사자 비중이 타 도시보다 상대적으로 월등히 높은 세종시 학부모들은 생태유아교육 참여도와 만족도가 높았다. 아이를 실내에서 양식으로 키우는 것보다 자연에서 자연산으로 키우는 게 좋다는 걸 세종시 원아 부모들은 체감한 것이다.

"세종시의 모든 유치원이 생태유아교육 프로그램을 운영한다니, 감동입니다. 그동안의 염원과 노력이 결실을 보는 것 같아 기쁩니다. 세종시가 모범이 되어 보다 많은 도시에서 생태유아교육을 채택해 시행하기를 기대하면서 동시에 생태유아교육 확산 노력을 멈추지 않겠습니다." 임재택은 이렇게 감회와 각오를 밝혔다.

서울시 생태친화 보육사업

임재택이 생태유아교육의 확산에 가장 공을 들인 지역이 바로 대한민국의 수도 서울이다. 그는 제7기 지방자치단체 선거에서 당선된 박원순(1955~2020) 서울시장을 설득한 끝에 생태친화보육 도입을 약속받았다. 마침내 서울시는 2019년 2월 「서울시 생태친화형 보육을 위한 실태 및 요구 조사」 연구 용역을 임재택이 이사장인 (사)한국생태유아교육연구소에 의뢰했다. 연구소는 그해 5월 용역 보고서를 통해 영유아 중심, 놀이 중심, 자연 친화 보육을 내용으로 생태친화형 보육정책을 제안했다. 서울시 생태친화형 보육은 자연과 사람이 유기적 관계를 맺는 생태친화 보육도시 서울에서 아이들에게 자연, 놀이, 아이다움을 되찾아주는 보육, 원장과 교사, 부모가 소통하고 협력하며 함께 만들어가는 보육을 의미한다.

이에 따라 서울시는 교실 안 학습 교재·교구 중심의 보육과정을 탈피, 영유아의 생태체험과 놀 권리를 보장하는 거점형 '생태친화 어린이집'을 2022년까지 자치구별 5개소, 전체 125개소를 조성·운영하기로 했다. 첫해인 2019년은 도봉구, 서초구, 영등포구, 강서구 등 4개 자치단체에 총 20개소를 선정해 운영했다. 서울시 생태친화형 보육사업은 시설 조성, 생태보육 프로그램 운영, 생태보육 확산 등 3가지 부문으로 진행됐다. 서울시는 선정된 거점형 어린이집을 대상으로 생태보육을 집중지원하며, 거점형을 중심으로 다른 어린이집과도 성과를 공유하고 희망하는 경우 생태전환 컨설팅도 지원했다. 한국생태유아교육연구소 임지연 소장은 도봉구, 서초구, 강서구, 영등포구의 거점 육아종합센터를 돌며 부모들을 만나고 교사 대상 컨설팅을 실시했다.

서울시는 2019~2022년 생태친화 보육사업의 성과를 △보육 프로그램의 다양화로 만족도가 높아졌고 △부모교육을 통해 생태친화 보육에 대한 공감대가 형성되었으며 △다년간 참여한 거점어린이집을 중심으로 생태친화 보육의 정착, 비거점 어린이집 중심의 연구모임을 통해 생태친화 보육의 저변이 확대되었다고 평가했다. 이에 따라 서울시는 2023년도에는 생태친화 보육 컨설팅을 지원하고 생태친화 보육 확산을 위해 어린이집 원장, 보육교사 대상 교육을 서울시 전체 자치구로 확대 운영키로 했다.[2)]

이에 앞서 서울시는 2019년 4월 보육 교직원 및 부모 2,015명을 대상으로 실시한 생태보육 관련 설문 조사 결과, 생태친화 보육에 대한 정책적 요구가 높은 것으로 나타났다. 생태친화형 보육에 대해 교사, 원장, 부모 모두 필요하다고 응답한 비율이 90%가 넘었으며, 놀이공간 조성(35.9%), 생태친화형 프로그램 개발 보급(32.1%) 등이 필요하다고 응답했다.

서울시는 시범구의 어린이집 외에도 전체 어린이집을 대상으로 생태적 실천 사례를 발굴하여 실천하고 온라인, SNS 등을 통해 공유하고 확산했다. 또 다양한 실천 과제, 예를 들어 생태적 식습관 기르기(음식물 남기지 않기, 인스턴트 가공식품 안 먹기, 안전한 먹을거리 먹기), 절제·절약 실천하기(전기·에너지 절약, 일회용품 사용 안 하기, 미디어 절제), 텃밭 가꾸기, 산책 놀이 등을 실천했다. 이와 함께 서울시는 생태보육 확산에 나섰다. 우선 시범구를 제외한 지역의 전체 어린이집 보육교사와 부모를 대상으로 생태친화형 보육 이론과 실천 내용을 교육하고, 이어 전체 어린이집을 대상으로 지속가능한 생태 친화적 삶으로의 변화를 위한 여건 조성 캠페인을 진행하기도 했다.

서울시 생태친화 보육의 효과는 단기간에 높게 나타났다. 서울시 생태친화 보육사업 효과 연구(조사 기간 2019년 9~12월)에 따르면 영아의 사회·정서적 발달이 사전 137.11점에서 146.48점으로 크게 상승했으며, 유아의 행복감도 사전 47.68점에서 48.23점으로 상승했다. 또 교사와 영유아간 상호작용도 사전 64.18점에서 66.43으로 상승했다. 모두 유의미한 변화이다. 이밖에 면역력과 수면 식생활 등 영유아의 건강 부분에서도 긍정적인 변화를 보였으며, 영유아의 행복감도 높아진 것으로 나타났다. 부모 A씨는 "아이가 원에 다녀오면 즐거웠던 일들을 자주 이야기하며 행복해한다"고 말했다. B어린이집 C원장은 "바깥놀이를 놀이터 위주에서 자연을 느낄 수 있는 공원으로 바꿔 충분한 시간을 주고 놀게 했더니 아이들이 표정이 한층 밝아지고 '오늘 너무 재미있었어요'라는 표현을 많이 했다"고 전했다.[3]

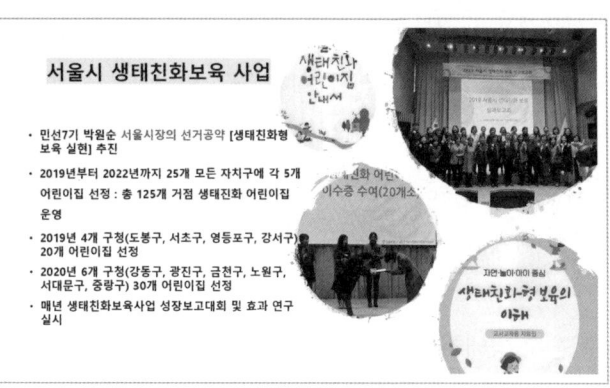

• 2019년 서울시 생태친화 보육사업 보고회 팜플릿

서울시 생태친화 보육사업은 2019년 4개 자치구 20개 거점 어린이집으로 시작해 2020년 10개 자치구 50개 거점 어린이집, 2021년 12개 자치구 60개 거점 어린이집으로 증가하다가 2022년 8개 자치구 40개 거점 어린이집으로 축소·시행되어 당초 4개년 사업이 막을 내렸다. 서울시는 2023년 보육공동체 사업인 서울형 모아어린이집 사업을 개시하면서 생태친화형 보육사업을 동대문구와 동작구 등 2개 자치구의 10개 어린이집을 대상으로 시행했다.

한편 도봉구의 경우 교육의 주체인 아이, 학부모, 교사가 모두 행복한 생태보육사업을 2014년부터 2025년 현재까지 12

년째 실시 중이다. 도봉구육아종합지원센터 홈페이지에 소개된 생태보육의 사업 목적을 보면, "생태보육사업은 날 '생'(生)에 모양 '태'(態)의 의미에 따라 타고난 결대로 영유아를 있는 그대로 존중하고, 자연·놀이·아이다움을 되찾아주어 '신명나는 아이'로 키우고자 함."으로 설명한다. '임재택 표' 생태유아교육임을 금방 알 수 있다. 도봉구육아종합지원센터는 2018년 도봉구 지방보조금을 지원받았고, 2019년에는 서울시 생태친화형 보육사업에 선정되었다. 도봉구 생태보육사업은 크게 생태친화형 어린이집 전환 컨설팅과 디딤돌 공동체, 교사교육, 부모교육 등 4가지로 나누어 운영되어 왔다.

서울시 생태유아교육 확산에는 박원순 전 서울특별시장의 역할을 빼놓을 수 없다. 임재택은 1997년 참여연대 시절 박원순 변호사를 만나 유아교육 이야기를 했고, 그 이후로 참여연대의 김기식 사무처장이 수 년간 유아교육 제도개혁 운동에 연대단체로 함께 해줬다. 과거에 임재택은 유보통합 정책을 정부에 요구하는 과정에서 페미니즘이 강한 몇몇 민주당 여성 정치인과 많이 부딪히기도 했다. 이들이 유보통합에 미온적이거나 부정적이었기 때문이다.

박원순은 2016년 대선을 앞두고 부산 지역 지지자 모임 구

• 2019년 10월 18일 서울 종로 한식집 다메에서 박원순 서울시장과 함께

성에 들어갔다. 희망제작소에서 함께 일한 바 있는 김해창(경성대 환경공학과 교수)에게 조직 구성을 의뢰했고, 김해창은 임재택을 대표로 추천했다. 임재택은 박원순한테 유보통합을 통한 제도개혁과 생태유아교육을 통한 내용개혁 공약을 하면 적극 돕겠다고 제안했다. 전국 17개 숲유치원 지회와 전국의 생태

공동체는 물론 전국의 유치원 어린이집 연합회의 여론을 이끌어내겠다고 약속했다. 서울시장에 나온 뒤 대선에 출마하면 도와주겠으나, 서울시장에 출마하지 않고 바로 대선에 나가겠다면 도와줄 수 없다는 조건을 달았다.

박원순은 임재택의 조건을 수용하겠다고 약속했다. 서울시장 선거공약으로 생태친화 보육을 내세웠다. 또 최교진 세종시 교육감도 숲유치원과 생태유아교육 공약을 발표했다. 내용개혁이 실현된 것은 2019년 개정 누리과정 및 놀이운영 사례집인 『자연과 아이다움을 살리는 생태놀이』를 통해서다. 그 여세를 타고 2024년 7월 정부조직법 개정으로 보건복지부의 영유아보육사업이 교육부로 이관되면서 관할 부처의 유보통합이 성사돼, 제도개혁의 기초는 마련된 셈이다.

"박원순 서울시장이 2018년 서울시장 선거공약으로 내건 생태친화 보육사업을 1년간 추진하는 과정에서 정부의 교육과정이 아직도 예전 그대로인 현실을 많이 안타까워했어요. 처음엔 서울시 공무원들이 생태친화 보육과 유아숲교육을 강조한 저의 제안을 간섭으로 생각하고 반발하는 움직임도 있었지요. 그렇지만 박원순 시장의 결단으로 유아숲교육 담당

부서를 공원조성과에서 자연생태과로 옮기도록 했어요. 서울시의 생태친화 보육사업 추진도 초기 담당 부서 안팎의 부정적이고 비협조적인 분위기에도 불구하고 어린이집 현장 교사와 학부모의 적극적인 호응에 힘입어 1년 만에 언론의 호평 기사가 수십 건 나오면서 순조롭게 안착했지요." 임재택의 회고이다.

강남의 서초구 구청장은 유일한 보수 진영의 조은희였다. 조은희는 이명박 시장 때 서울시 여성가족정책관(1급)을 역임한 만큼 보육에 일가견이 있었다. 박원순 시장이 생태보육을 지원한다고 하자 조은희는 담당자들한테 선정되도록 하라는 엄명을 내렸다. 그 이전엔 서초구는 이화여대가 육아종합지원센터를 위탁운영하고 있었다. 보육은 모든 구청장의 핵심 정책이다. 선거 때 표와 직결되기 때문이다. 조은희 구청장은 서울시의 생태보육사업에 선정되면 서초구 자체 예산 1억 5000만 원을 매칭 지원하겠다고 밝혔다.

서울 서초구는 5~6개월 만에 가장 효과를 발휘했다. 생태친화형 보육 프로그램을 실시한 지 6개월이 지나자 아이들이 창의적이고 기발한 그림을 그렸다. 5살짜리가 그렸다고는 상상할 수 없을 정도의 작품들이었다. 부모들은 감동하고 호응했다. 부모들 사이에 '영어 가르치면 아이가 바보 된다'는 분위기가 형성됐다. 생태친화 보육을 1년 실천한 뒤 연말에 자랑대회를 열었다. 아이, 교사, 원장, 부모와 주방직원까지 자랑대회에 참석했다. 서초구 자랑대회에 400여 명이 참석해 성황을 이루었다. 조은희 구청장은 구의회 감사 때문에 참석하지 못했으나 지역 국회의원 2명은 참석했다. 조은희 구청장은 매우 고무되었다.

"서초구 아이들이 산책하고 절기 행사의 하나로 팥죽 나눠 먹기 하는 장면을 본 지역의 경상도 출신 할머니들은 놀라움과 반가움을 감추지 못했어요. '그래, 아이 키우고 사람 사는 게 이런 것이지!' 서초구 내곡동 주민들은 숲교육, 생태교육을 하면서 1년 동안 '영어 학원 안 보내기 운동'을 벌이고, 내곡초등학교를 생태초등학교로 바꾸자고 결의 대회를 가질 정도였지요. 박원순 시장은 생태유아교육의 중요성을 누구보다 잘 아시고 생태친화형 보육사업에 적극적이었던 분으로 기억합니다. 그분이 살아계셨으면 참 많은 일을 하셨을 텐데…" 임재택은 이렇게 회고하면서 박원순 시장 사후 생태친화형 보육사업의 열기가 다소 식은 데 대한 아쉬움을 감추지 못했다.

• 2019년 서울시 생태친화 보육사업 보고회

서울시육아종합지원센터(이남정 센터장)는 2019년 12월 18일 서울시청 대강당에서 생태친화형 보육사업 성과 보고대회를 했다. 박원순 서울시장은 7분 영상을 보고 축사를 하고 내려오면서 눈물이 글썽글썽한 채로 임재택의 손을 잡으면서 "교수님 좋으시죠." 했다. 임재택이 왜 그러세요? 하자 박원순 서울시장은 "제가 진작 이거를 할 수 있도록 해드리는 건데 늦어서 죄송합니다. 그래도 좋으시지요?" 했다. 임재택은 울컥했다. 그게 박원순 시장과 마지막 만남이었다.

당시 서울시 보육담당관 보육기획팀장으로 2019년 생태친화 보육사업 성과 보고대회 때 박원순 서울시장을 안내했던 주병준 서기관은 "박 시장께서 보고회장 축사를 마치고 서울시청 본관 바깥에 전시된 생태친화 보육사업의 성과물 사진 판넬을 유심히 살펴보시는 모습을 기억하고 있다."고 말했다.

주병준 서기관은 "임재택 교수님과 박원순 시장님께서 뿌린 생태친화보육은 서울시의 모든 어린이집에 스며들어 이제는 거스를 수 없는 대세가 되었다"고 말했다.

제21장

「2019 개정 누리과정」의 놀이운영사례집 『자연과 아이다움을 살리는 생태놀이』

(2020)

임재택 평전

아이행복 세상을 위한 혁명

임재택의 가장 큰 보람이자 성과라면, 2019년 개정 누리과정 놀이운영사례집 『자연과 아이다움을 살리는 생태놀이』를 교육부와 복건복지부의 유치원·어린이집 정규 교육과정 교재로 펴낸 일이다. 비주류로 취급받던 생태유아교육이 이제는 주류로 당당하게 정규 교육과정에 입성한 것이다. 이 놀이운영사례집은 2020년 2월 연구책임자 임재택과 연구자 김은주(부산대 교수), 권미량(고신대 교수), 노진형(경남대 교수), 이숙희(고신대 교수), 이하정(창신대 교수), 그리고 임지연(한국생태유아교육연구소 연구위원)이 개발, (사)생태유아교육연구소 명의로 응모해 선정되었다. 2019년 개정 누리과정의 취지와 방향에 맞는 놀이 운영 사례를 담은 것

으로, 자연과 사람을 존중하며 생태 감수성을 키워주는 놀이, 시간 공간 연령이 통합된 일과 운영 속에서 나타난 아이들의 놀이 등 자연과 아이다움을 살리는 37개의 생태놀이를 담았다.[1]

• 놀이운영사례집 「자연과 아이다움을 살리는 생태놀이」 표지

누리과정은 이명박 정부가 2012년 도입한 3~5세 유아를 위한 국가 수준의 공통 교육과정으로 유치원과 어린이집의 교육 격차를 줄이기 위해 만들어졌다. 신체 운동·건강, 의사소통, 사회관계, 예술경험, 자연탐구 등 5개 영역의 교육과정으로 구성되었고, 놀이를 통한 학습과 성장을 강조한 것이 특징이다. 하지만 누리과정은 교육과정이 복잡한 데다 놀이를 교수·학습 활동으로 간주하여 놀이의 본질적 가치가 왜곡될 수 있다는 등의 여러 가지 비판이 제기되었다. 게다가 정부가 늘어난 예산 부담을 시·도교육청에 떠넘기는 바람에 시행에 파행을 겪었다.

이에 따라 교육부는 2019년 기존 누리과정의 문제점을 보완한 개정 누리과정을 발표, 시행했다. 개정 누리과정의 주요 내용을 보면, 유아 중심과 놀이 중심의 교육을 더욱 강조하고, 연령별로 구분되었던 교육내용이 3~5세 통합형으로 변경되었으며, 현장 자율성을 확대한 점이 제일 먼저 눈에 띈다. 또 기존 5개 영역을 유지하되 평가 체계를 간소화했다.

교육부는 2019 개정 누리과정의 핵심인 '놀이 중심의 교육'을 뒷받침하기 위해 2019년 놀이운영사례집 공모를 통해 5종의 사례집을 선정했는데, 그중 하나가 임재택 팀이 개발한 『자연과 아이다움을 살리는 생태놀이』이다. 임재택은 이 놀이운영사례집을 통해 전국의 유치원과 어린이집에서 자연과 사람과의 만남과 어울림을 통해 유아들이 스스로 만들어낸 다양한 생태놀이 사례를 소개함으로써, 개정 누리과정이 지향하는 유아 중심·놀이 중심 교육과정의 성공적 안착에 기여코자 했다.

이 생태놀이사례집에는 임재택의 생태유아교육의 기본 철학인 생명사상과 기본 방향인 자연, 놀이, 아이다움 되찾아주기가 고스란히 담겼다. 임재택은 자신이 어릴 적 자랐던 고향 산청 생비량 자연 속에서 마음껏 뛰놀며 즐겼던 놀이 하나하나를 떠올렸다. 그리고 1990년대 생태유아교육의 이론 체계를 세우고, 부산대학교 어린이집과 부산 해운대지역 어린이집, 그리고 전국의 생태유아공동체와 세종시 세종형 생태유아교육, 서울시의 생태친화형 보육정책 시행을 통해 효과를 확인한 다양한 생태놀이를 골랐다. 특히 공립 단설 유치원, 공립 병설 유치원, 사립 유치원, 국공립 어린이집, 직장어린이집, 민간어린이집 등 다양한 유아교육 기관에서 아이들이 스스로 만들어내고 새롭게 발견한, 자연과 아이다움을 살리는 생태놀이 사례를 종합·정리했다. 놀이 사례 제공기관을 보면, 경남 하동의 금남초등학교 병설유치원(김금숙), 경남의 김해의 김해해돋이유치원(백정이, 이선화, 정유지, 김민선), 부산의 덕천유치원(류주영), 부산의 민들레유치원(박영경, 박미주, 정원근, 강남희), 세종시의 숲빛숲유치원(원은실 외 교원 9인), 부산의 수연어린이집(곽문혁, 이진홍), 경기도의 조현초등학교 병설유치원(변경애), 서울의 창3동 어린이집(최은경, 이민경, 조성미, 김신영), 경남 창원의 창원해돋이유치원(강재은, 윤현주, 박수진), 부산 해운대의 해운대아이랑어린이집(엄순정, 마윤미, 서성현) 등으로 전국을 망라한다.

이 놀이운영사례집의 생태놀이들은 내용별로 크게 △자연

과 사람을 존중하며, 생태적 감수성을 키울 수 있는 놀이 △시간, 공간, 연령이 통합된 일과운영 속에서 하는 놀이 △자연과 아이다움을 살리는 생태놀이 등 3가지로 나뉜다. 놀이운영사례집에서는 △안에서 하는 놀이 △바깥에서 하는 놀이 △안팎을 넘나들며 하는 놀이 △유아교육기관을 넘어서 하는 놀이 등 4가지 범주로 구분하여 놀이 사례를 제시하였다. 실내보다는 실외, 교실보다는 유아교육기관을 벗어나 숲이나 지역의 공원 등에서 펼쳐진 놀이 사례가 더 많다.

우선, 놀이운영사례집의 생태놀이 사례들은 현대사회가 당면한 지구생태계의 파괴, 사람공동체의 붕괴와 인간성 상실의 위기를 극복하는 데 공헌하는 유아교육을 지향한다. 이 사례들은 자연과 생명을 존중하고 배려하며, 학부모와 지역사회가 함께하고, 전통 육아방식과 놀이문화를 실천하면서 펼쳐지는 아이들의 신명나는 놀이 모습을 담고 있다. 유아교육 현장에서는 '아이는 자연의 순리대로, 사람의 도리대로 키워야 한다'는 믿음을 바탕으로 아이들의 자연스러운 생활과 놀이가 실천되고 있다. 아이들은 햇볕과 바람, 물과 흙, 나무와 꽃과 곤충 등 다양한 생명과의 만남과 어울림 속에서 다채로운 놀이 사례를 보여준다. 또한, 사례집은 우리 조상들의 생활 지혜인 오정법(五正法), 즉 잘 먹고(正食), 잘 자고(正眠), 잘 놀고(正動), 숨 잘 쉬고(正息), 바른 마음을 가져야(正心) 한다는 원칙을 기본으로, 지금까지 전해져온 우리 민족 전통의 육아방식과 놀이문화의 실천 사례가 담겨 있다. 아이들이 즐겨 하는 손치기 놀이, 줄넘기, 팽이돌리기, 구슬치기, 딱지치기, 손걸레질 놀이, 손바느질 놀이, 텃밭 가꾸기, 세시 잔치, 소꿉놀이 같은 조상의 전통적 육아 지혜가 깃든 대표적 놀이들이다.

사례집은 또 시간, 공간, 연령이 통합된 일과 운영 속에서 아이들이 경험한 놀이를 담고 있다. 이 사례집에서는 수업보다 놀이를 중시하며, 교사의 계획이 아닌 유아의 주도로 이루어진 놀이와, 실내 중심이 아니라 실내외 통합 공간을 활용한 놀이의 모습을 소개한다. 또한, 연령별 학급운영 방식에서 벗어나 연령 통합 학급운영 방식을 실천한 다양한 놀이 사례도 포함되어 있다. 아이들은 계절의 흐름과 자신의 생체 리듬에 따라 일과를 경험하며, 이를 통해 융통성 있고 여유로운 하루를 보낸다. 사례집에는 공간의 안팎을 넘나드는 놀이, 시간에 얽매이지 않고 펼쳐지는 놀이, 그리고 놀이 지원을 위한 환경적 배려에 대한 교사의 고민과 실천이 드러난다. 아이들이 스스로 놀이를 주도하고, 교사는 재촉하거나 불필요하게 개입하지 않는다. 정리 시간을 최소화함으로써, 아이들과 교사 모두가 느긋하고 편안하게 하루를 보낼 수 있었던 놀이 현장의 모습을 사례로 담았다.

임재택은 "이 놀이운영사례집을 통해 그동안 시간, 공간, 연령이 통합된 교육과정 운영 속에서 실천해왔던 놀이 사례를 소개함으로써, 「2019 개정 누리과정」이 보다 잘 실행되도록 하는 데 기여하고자 했다."고 밝혔다.

이 사례집의 놀이들은 자연과 아이다움을 살리는 '생태놀이'이다. 아이들이 자연을 만나고 그 속에서 자연스러운 놀이를 통해 아이다움을 되찾아갈 수 있도록 지원해온 놀이 사례를 '생태놀이'라는 이름으로 담았다. 자연을 살리는 놀이는, 놀이 장소, 놀잇감, 놀이 소재와 활동 면에서 환경 파괴를 최소화하고 자연과 생명을 살리는 놀이다. 아이들은 자연과 자주 접하면서 자연을 사랑하게 되고 자연과 공존하는 방식을 터득해간다. 손걸레질 놀이, 종이상자집 만들기 등은 이러한 사례를 잘 보여준다.

아이다움을 살리는 놀이는, 아이들이 좋아하고 즐기는 놀이다. 아이의 본성이 요구하는 놀이, 놀이 속에서 아이다워질 수 있는 놀이가 아이다움을 살리는 생태놀이다. 자연 속에서 계절의 변화를 느끼고 여유로운 일과를 보내며 아이들이 스스로 자유롭게 놀 수 있도록 충분한 시간과 공간, 사람을 만나게 해주면 아이들은 좋아하는 놀이를 한다. 숲 소꿉놀이, 고운 모래 만들기, 함정 파기, 비밀공간놀이, 딱지치기, 뒷동산 흙썰매놀이, 흙산에 터널 만들기, 보자기 그늘막 놀이, 종이인형 만들기, 언니오빠놀이 등이 이러한 예이다. 이렇게 놀이운영 사례집에는 아이들이 오래 해도 질리지 않는 놀이, 아이라면 누구나 즐기며 좋아하는 놀이, 시공을 초월하여 노는 놀이 같은 다채로운 놀이 사례가 담겨 있다.

임재택은 앞서 1999년 제자들과 함께 생태유아교육의 이론과 실제 프로그램을 체계적으로 정리한 생태유아교육 프로그램 시리즈를 발간했다. 그 시리즈 중 『선생님들이 직접 쓴 산책프로그램 – 얘들아! 산책가자』가 첫 작품인데 아이들과 자연 그리고 교육과의 관계가 잘 드러나 있다. 2019 개정 누리과정 놀이운영사례집 『자연과 아이다움을 살리는 생태놀이』의 원형이라 할 만하다. 임재택은 아이들에게 잃어버린 자연을 되찾아주기 위해 『얘들아! 산책가자』를 펴낸 것이다.

"『자연과 아이다움을 살리는 생태놀이』가 2019년 개정 누리과정의 놀이운영사례집에 등재되어 30년간의 생태유아교육 확산에의 염원이 풀리나 했는데, 코로나19 팬데믹으로 인해 현장 유아교육기관에서 놀이운영사례집이 사용되지 못하고 잠자는 게 너무 안타까웠습니다. 앞으로는 모든 유아교육기관이 생태놀이를 마음껏 활용하기를 기대합니다." 임재택의 이 말에는 안타까움이 많이 묻어났다.

한편 생태유아교육의 '꽃'인 『자연과 아이다움을 살리는 생태놀이』의 놀이 사례 제공기관 12곳 중 정작 '생태유아교육의 산실'인 부산대학교 부설 어린이집은 보이지 않는다. 이는 사람들의 고개를 갸우뚱거리게 만든다. 2020년 당시 부산대 부설 어린이집 원장이었던 심미연 동구공립어린이집 원장은 "당시 저와 교사들은 우리 어린이집의 놀이 운영 사례가 포함되기를 희망했고, 부산대 유아교육과 학과에 요청도 했으나 받아들여지지 않았다"며 못내 아쉬워했다. 어린이집의 요청을 거부한 이유에 대해 '부산대 유아교육과 임부연 교수가 2019 개정 누리과정 집필의 책임연구진이었기 때문에 놀이운영사례집 공모의 공정성 차원에서 부산대 유아교육과가 회피하는 게 옳다고 판단했다'는 학과 측의 공식입장을 통보받았다고 심 원장은 밝혔다. 또 부산대 유아교육과 차원에서는 응모하지 않더라도 임재택 부산대 명예교수팀이 (사)한국생태유아교육연구소 명의로 공모하는 놀이운영사례집의 놀이 사례 제공 기관에 부산대 부설 어린이집을 포함시키자는 의견에 대해 유아교육과 학과 측은 '부산대 유아교육과의 연구데이터를 타 기관에 제공할 수 없다'는 입장을 들었다고 심 원장은 전했다.

국립대 최초의 유아교육과라는 상징성과 전통, 그리고 생태유아교육의 산실이라는 점을 생각할 때, 나아가 유아교육의 대의를 생각할 때, 부산대 유아교육과가 보여준 이 같은 태도는 쉽게 납득되지 않을 뿐 아니라 유감스럽기 그지없다.

제22장
아쉬움 2제

임재택 평전

아이행복 세상을 위한 혁명

생태초등대안학교

임재택은 정년퇴임 한 지 10년이 지난 지금 엄청 아쉬워하는 게 두 가지가 있다. 하나는 생태유아교육을 넘어 생태초등교육으로 나아가지 못한 것이다. 생태유아교육은 부모의 호응, 국민적 호응으로 완전히 증명됐는데 이를 제도적으로 안착시키지 못했다. 생태유아교육의 제도적 안착을 위해선 영유아교육에 그칠 게 아니라 초등교육으로 나아갔어야 했다. 그러니까 생태유아교육을 넘어 생태초등교육으로 진전시켜야 했다는 게 그의 생각이다.

시민들은 생태교육, 숲교육이 좋다고 하는데 저쪽 유아교육 주류들은 생태라는 생자도 못 비치게 했다.

생태유아교육학회가 중요한 역할을 함에도 주류들이 교육과정 심의위원 등에 임재택을 넣어주지 않았다. 그는 자신이 정치력을 발휘해 어떻게든 거기 들어가 초등교육과정에 생태교육을 포함시켰어야 했다며 아쉬워했다.

제도권에서 생태초등학교 설립이 어렵더라도, 최소한 생태초등 대안학교는 만들어야 했지만, 그마저도 이루지 못한 것이 임재택에게는 진한 아쉬움으로 남았다. 그는 만약 생태초등대안학교를 설립했다면 '대박'을 거둘 수 있었을 것이라고 자신했다. 요즘 자녀 교육에 진심인 부모들이 아이들을 외국에 보내는 상황에서, 생태초등대안학교가가 있었다면 이들을 대부분 흡수할 수 있었을 것이라는 것이 그의 생각이다.

직장어린이집 위탁운영법인

또 하나의 아쉬움은 직장어린이집을 위탁받아 운영할 법인단체를 만들지 못했다는 점이다. 직장어린이집은 2000년대에 들어 많이 생기기 시작했다. 임재택은 바로 그 무렵, 자신이 따로 어린이집을 위탁받아 운영할 수 있는 법인단체를 만들었어야 했으나, 그러지 못한 것이 못내 아쉽다고 말했다. 직장어린이집을 위탁받아 생태유아교육을 실천하겠다고 나섰다면, 독보적인 경쟁력을 가졌을 것이라는 게 그의 판단이다. 한 곳을 위탁 운영할 때 100만~300만 원의 수수료를 받을 수 있다. 그는 유아교육과 보육 분야의 제도 개혁과 내용 개혁을 위해 정·관계 인사들과 싸우느라 이 기회를 놓쳐버린 것을 아쉬워했다. 직장

어린이집 위탁 운영 전문업체로는 푸르니보육지원재단, 한솔어린이보육재단, 모아맘보육재단 등이 있으며, 2025년 6월 현재 이들의 위탁 운영 어린이집 수는 각각 약 300곳, 186곳, 158곳이다.

직장어린이집은 교육부나 복지부가 아니라 근로복지공단의 관할이다. 임재택은 부산대학교 어린이집 원장 시절, 부산법원 어린이집, 울산법원 어린이집, 울산경찰청 어린이집, 원자력연구원 어린이집 등 다섯, 여섯 곳의 직장어린이집을 위탁받아 운영한 경험이 있다. 이러한 노하우를 바탕으로, 정년퇴직 후에 직장어린이집 위탁 운영을 위한 사단법인만 설립했더라도, 성공을 거두는 것은 어렵지 않았을 것이라고 그는 회상한다.

하지만 임재택은 공적인 사업을 주도적으로 기획하고 실천하는 데에는 뛰어났으나, 이를 개인적인 사업 기회로 활용하는 데에는 익숙하지 못했다. 그는 학문적·공익적 업무의 추진력은 누구보다 강하다는 평가를 받았지만, 개인적이거나 사업적인 마인드를 발휘하기에는 부족함이 있었던 것 같다고 쓴웃음을 지었다. 물론, 이러한 선택에는 대학 시절부터 사회를 위해 정의로운 일을 하겠다는 다짐이 크게 작용했다고 그는 스스로 평가했다.

비록 시작이 다소 늦은 감은 있지만, 현재 ㈔한국생태유아교육연구소는 직장어린이집 위탁운영 사업을 준비하고 있다. 본격적으로 사업을 시작하려면 3억~5억 원의 자본금이 필요하며, 지금은 이를 마련하는 단계다. 그는 한국생태유아교육연구소가 차별화된 노하우와 역량을 갖추고 있어, 직장어린이집 위탁운영이 앞으로 매우 유망한 사업이 될 것이라고 전망했다.

제23장
민주부산시민연대포럼
(2025)

임재택 평전
아이행복 세상을 위한 혁명

2024년 12월 3일 오후 10시 30분 대통령 윤석열이 비상계엄을 선포했다. 시민들은 황당했다. '윤석열이 미치지 않았다면 이런 짓을 할 수 없다'며 분노했다. 알고 보니 윤석열 일파들이 장기독재를 노리고 나름대로 치밀하게 준비한 친위쿠데타였다. 다행히도 분노한 민주시민과 의식 있는 장병들의 의도된 태업, 그리고 국회의 발 빠른 비상계엄 해제 의결로 친위쿠데타, 내란은 진압되었다. 이어 국회는 12월 14일 대통령 윤석열을 위헌·위법한 비상계엄 선포 등의 사유로 탄핵소추안을 의결했다. 윤석열의 대통령 직무는 정지됐고, 탄핵소추안은 헌법재판소에 넘겨졌다.

임재택은 가슴을 쓸어내리며 생각했다. 개명 천지에 비상계엄이라니! 우리나라 민주주의 체제가 생각보다 견고하지 못하다. '미친' 대통령이 대한민국과 국민을 한순간에 지옥의 구렁텅이로 빠뜨릴 뻔하지 않았는가! 민주주의를 다시 세우고, 제대로 세워야겠다. 그리고 차기 정부에서는 유아교육에서부터 평생교육까지 올바른 교육 체계를 세워야 한다. 친일 뉴라이트 세력들이 오염시킨 역사를 바로잡아야 한다.

임재택은 평소 알고 지내던 이덕일 한가람역사문화연구소 소장과 '교육과 역사바로세우기운동'을 본격화하기로 의기투합했다. 때마침 서울에서 민주주의시민연대포럼이 발족한 것을 기화로 임재택은 '민주주의의 성지 부산에서 일어나면 대한민국이 바로 선다'는 생각을 갖고 민주부산시민연대포럼 창립에 나섰다.

2025년 3월 6일, 부산 YMCA 대강당에서 열린 민주부산시민연대포럼 출범식은 시민생활정치플랫폼의 새로운 장을 열었다. 이 역사적인 순간의 중심에 임재택이 있었다. 그는 준비위원장으로서 포럼의 비전을 제시하며, 대한민국 민주주의 재건을 위한 주권자 중심의 새로운 시민생활정치플랫폼 탄생

• 2025년 3월 6일 오후 부산YMCA 대강당에서 열린 민주부산시민연대포럼 출범식 참가자들이 '다시 민주주의, 제대로 민주주의!' 종이 피켓을 들어 결의를 다지고 있다.

을 선언했다.

임재택은 준비위원장 인사말을 통해 "황당무계한 12·3내란 시국 상황을 맞아 시민들의 깊은 내면에서 '이건 아닌데' 하는 도도한 기운이 감돌고 있음을 느낀다"며, "마침내 '부산이 디비지면 대한민국이 바로 선다', 즉 부산이 디비지면 새로운 대한민국, 제대로 된 대한민국이 된다는 확신을 갖게 되었다"고 밝혔다. 그는 이어 "'다시 민주주의, 제대로 민주주의' 기치를 내걸고 오늘 출범하는 시민연대는 우리 시민들의 소박한 꿈과 희망을 실현하기 위한 새로운 시민생활정치플랫폼이 되고자 한다."고 말했다.

임재택의 민주부산시민연대포럼 출범식 인사말은 다음과 같이 이어졌다.

'다시 민주주의, 제대로 민주주의'의 기치를 내걸고 민주부산시민연대포럼을 여러분과 함께 출범하게 되었습니다. 우리 시민연대는 우리 시민들의 소박한 꿈과 희망을 실현하고자 합니다. 그 절차와 방법과 내용을 민주주의 원리에 맞게 추진할 것입니다. 그래서 우리 시민연대는 인터넷시대 디지털 시민생활민주주의를 실천하고자 합니다.

지금껏 우리는 그런 소소한 꿈을 해결해달라고 권력자들에게 무수히 외쳤습니다. 되돌아보니 그들은 해결할 의지도 능력도 없는 자들이었습니다. 그것도 모르고 우리는 지난 40년을 부탁, 호소, 애걸하고, 때로는 뒤에서 욕하다가 눈물을 훔치기도 했습니다. 이제 우리 시민 한 사람 한 사람의 단결된 힘으로, 국민주권으로 우리 시민들이 바라는 세상을 만들어 갑시다.

그런데 저는 지금 약간의 어려움을 겪고 있습니다. 지난 30여 년 저와 함께 아이행복 세상 만들기 위해 유보통합과 유아교육 내용개혁을 위해 나름대로 투쟁했던 유치원 어린이집의 동지들이 '왜 교수님은 정치판에까지 뛰어들어 우리를 또 힘들게 하냐?'고 불만을 터트리고 있기 때문입니다. 이 나이에 다른 힘 있는 자들에게 또 부탁하려니 너무 자존심이 상해서 내가 힘을 갖고 내 힘으로 해결하고자 한다고 말해도 잘 통하지 않습니다.

저의 한 맺힌 사연을 잠시만 들어주세요. 저는 1979년부터 2014년까지 부산대학교 유아교육과 교수를 지냈습니다. 우리 아이들이 행복한 세상을 만들기 위해 나름대로 노력했습니다. 그러나 한국의 유아교육은 우리 근현대사의 아픔을 고스란히 지니고 있습니다. 한국 유아교육 제도는 해방 후 유치원과 어린이집으로 이원화된 일본 제국주의 잔재인 '일제(日製)'이고, 유아교육의 내용과 방법은 미군정 이후 도입된 교실 수업 지향의 '미제(美製)'이고, 아이는 '국산(國産)'인 구조적 모순을 안고 있습니다. 저는 지난 30여 년간 제도개혁과 내용개혁을 위해 나름대로 최선을 다했는데, 내용개혁은 2019년에, 제도개혁은 2024년에 물꼬를 트기는 했지만 그 깊은 상처는 세계사에 유래를 찾아볼 수 없는 인구 소멸의 초저출산율을 기록하고 있습니다.

다행스럽게도 「2019 개정 누리과정」을 통해 생태유아교육(숲교육 포함)이 국가교육과정으로 채택되었는데, 그 놀이운영사례집에 포함된 '홍익인간'이라는 용어와 '영혼'이라는 용어를 삭제하라는 당국의 강압으로 결국 그 용어를 삭제했습니다. 영유아교육을 통해 사람 사는 세상을 널리 이롭게 하는 올바른 한민족의 얼과 혼과 정신을 가진 홍익인간, 홍익인재를 키우고자 하는 교육적 노력을 저지당하는 참담함을 겪으면서 역사운동에 참여하게 되었고, 마침내 이덕일 소장님을 만나 역사와 교육의 구조적 문제를 해결해야 나라가 바로 선다는 실체적 진실을 깨닫게 되었습니다. 이제 우리 시민연대는 교육과 역사 바로 세우기를 통해 나라의 근본을 바로 세우는 일도 열심히 하고자 합니다.

민주부산시민연대포럼 명칭에서 '부산'의 메시지는 항구도시 부산을 넘어 '다시 민주주의' 바람을 일으키는 출발지로서의 부울경으로, 대구경북으로 확산하여 '제대로 민주주의' 실현의 봄바람 진원지로 거듭나고자 합니다. 국민 시민 한 사람 한 사람이 함께하면 마침내 뜻이 이루어집니다. 함께 해주셔서 고맙습니다.

다음은 서금성 고문 등 시민대표들이 낭독한 민주부산시민연대포럼 출범 선언문 전문이다.

'다시 민주주의, 제대로 민주주의!'
민주부산시민연대포럼 출범 선언문

12·3 내란으로 대한민국의 민주주의와 정의·평화가 유린되고 일상적인 삶이 무너지고 있다. 12·3 내란은 후진국형 친위쿠데

타이다. 대통령이 마음만 먹으면 불법으로 군대를 동원해 독재를 구축할 수 있다는 것은 체제에 큰 결함이 있음을 뜻한다. 12.3 내란은 식민지배, 군부 독재정권의 잔재로 왜곡된 중앙집권적 권력구조의 문제점을 노출시켰고, 6·10 민주항쟁의 결실인 1987년 헌법이 무엇을 놓치고 있는지를 반성하는 결정적 계기를 제공하고 있다.

지금이야말로 무도하고 무능하고 무책임한 비상계엄 내란세력, 반민주, 반헌법, 반시민의 극우보수 기득권 세력을 심판하고 대한민국의 민주주의를 다시, 제대로 세워야 할 때이다. '다시 민주주의, 제대로 민주주의!'는 입법·행정·사법의 권력구조를 토대로, 누가 결정권을 갖는가 하는 점으로 귀결된다. 즉 민주주의의 절차와 내용을 굳건히 만드는 것이다. 역사, 교육, 민생경제, 노동, 생태환경, 문화예술, 남북평화 등 우리가 원하는 것을 추진하기 위해서, 누가 결정의 주체가 되고, 어떤 방법으로 구현할 것인가라는 문제로 수렴되어야 한다.

민주는 다수 민중이 주인이며, 주인이란 권력행사의 주체를 의미한다. 제각기 좋다고 생각하는 것을 추구하되, 서로 부딪힐 땐 정책적으로 표결에 부쳐 결정하는 과정이 민주적 절차이다. 결정의 주체는 바로 시민·민중이 되어야 한다.

이 시점에서 또한 우리는 우리 사회가 이루어온 것과 동시에 이루지 못한 것이 무엇인지를 성찰하고 점검할 필요가 있다. 바로 내용의 민주주의다. 광복 이후 미군정과 이승만 박정희 정권을 거치면서 남북분단의 고착화와 더불어 친일매국세력들이 우리 사회의 권력을 독점하는 구조가 만들어졌다. 4·19 혁명, 부마항쟁, 광주민주화운동, 6·10 항쟁, 촛불혁명 등을 통해 민주화의 진전을 이뤄냈으나 여전히 민주화는 미완성으로 시대적 사명으로 남아있다.

이에 오늘 우리는 '다시 민주주의, 제대로 민주주의!'를 위해 우리 사회의 민주와 민생을 위해 활동해온 각 부문, 지역의 시민 활동가들이 한 사람 한 사람 시민들의 뜻과 힘을 모아내는 생활정치 플랫폼으로서 '민주부산시민연대포럼(약칭 시민연대)'을 출범한다.

시민연대는 민주주의의 절차와 내용을 굳건히 하기 위해 다음을 위해 노력한다.

첫째, 절차적 민주주의를 바로 세우기 위해 △입법·사법·행정 3권에 대한 민주시민의 감독·심판·소환권을 확립한다. △정쟁에 빠지기 쉬운 국회의 입법권을 보완해 국민발안 및 국민투표부의권을 확보한다. △지역 현안에 대해서는 주민투표권을 확보한다. △길거리 시민 간 충돌을 지양하고, 토론 문화를 살리며, 결정권을 가진 지역 단위의 시민의회를 구성한다.

둘째, 제대로 된 민주주의를 위해 우선 △역사 바로 세우기 차원에서 관련 국책기관의 전면적 쇄신, 식민사관을 주입하는 현 검인정교과서를 자유발행제로 개편하는 등 역사교육체계를 바로잡는다. △대한민국 교육 기본체제를 요람에서 무덤까지 영유아학교(6년)-초등학교(6년)-중고등학교(6년)-대학-평생교육기관으로 구성하고 기본교육철학을 재정립하는 등 교육혁신을 이뤄낸다. △기소편의주의 검찰의 수사·기소권을 분리하고 검·경찰에 대한 국민감시를 강화한다. △기후위기시대 난개발의 토목 행정을 지속가능성의 도시계획으로 바꿔내는 등 시민의제를 실현한다.

셋째, 12·3 내란·탄핵에 이은 새 정부 출현의 전망을 앞두고, 시민을 도외시한 채 국회의원 중심의 내각제, 선거제도 개편 등으로 자신들의 정치 입지만을 추구하는 구태의연한 위정자들의 음모를 배격한다.

시민연대는 한 사람 한 사람 시민의 생활 속 의견이나 제안을 모아내고 다양한 각종 단체와도 소통·연대하며 시민의 가치가 살아 숨 쉬는 대한민국, 부산을 만들기 위해 노력할 것이다. 민주시민으로 시민연대에 적극 동참해주실 것을 간절히 요청한다.

2025년 3월 6일
민주부산시민연대포럼 준비위원 일동

이로부터 약 한 달 후인 4월 4일은 그야말로 역사적인 날이었다. 헌법재판소가 '대통령 윤석열을 파면한다'고 선고한 날이기 때문이다.

민주부산시민연대포럼은 이날 오후 온라인 운영위원회를 열고 임재택 준비위원장을 상임대표로 선출했다. 또 시민연대는 공동대표와 공동운영위원장, 분과위원장 등 임원진·운영진을 선출·구성했다.

임재택 상임대표는 "오늘은 윤석열이 파면된 특별한 날"이라며, "'다시 민주주의, 제대로 민주주의' 실현을 위해 시민생활정치플랫폼, 다단계 직접민주주의 운동을 우리 함께 어깨 걸고 힘차게 펼쳐나가자."고 말했다.

이날 상임대표 등 임원진과 운영진 구성을 통해 체제를 정비한 시민연대는 전국 규모로 확대하는 한편 '다시 민주주의, 제대로 민주주의' 실현을 위해 분과별로 정책 활동을 진행해 나가기로 했다. 또 시민연대는 출범식에서 밝힌 '목적'대로 견제와 균형을 상실하고 국민주권을 무시하는 정치 상황에 맞서 시민들이 국가와 지역 현안에 주권자로서의 결정권을 강화하는 데 매진하기로 했다.

이를 위한 구체적 사항을 보면, ▶역사바로세우기, 교육개혁, 검찰개혁, 기후위기대응 ▶입법·사법·행정 3권에 대한 민주시민의 감독·심판·소환권 확립, 입법권을 보완한 국민발안 및 국민투표부의권 확보 등이다.

한편 이날 오후 4시 부산YMCA 17층 대강당에서 「윤석열과 헌법재판소를 넘어 권력구조를 어떻게 개조할 것인가」를 주제로 제2회 시민연대 포럼이 열렸다. 최자영 한국외대 겸임교수가 주제발표를 하고, 김해창 공동대표 겸 공동운영위원장의 사회로 참석자들의 토론이 이어졌다.

임재택은 그동안 한국 유아교육의 제도개혁과 내용개혁을 실현하는 데 연대를 통해 시민의 힘을 모으는 리더십을 발휘했다. 그는 평소 이렇게 말했다. "혼자서 이룰 수 있는 것은 아무것도 없다. 함께 해야 한다. 사람과 사람이 연대해야 이룰 수 있다."

임재택은 민주부산시민연대포럼 출범을 통해 시민운동의 상징으로 자리매김했다. 그는 주권자인 시민들이 중심이 되

• 100만인 서명운동본부 상임대표

는 생활정치플랫폼을 통해 대한민국 정치 구조를 변화시키겠다는 강력한 의지를 보였다. 그의 리더십 아래 시민연대는 역사 바로 세우기, 교육 개혁, 기후위기 대응 등 다양한 의제를 다루며 지속가능한 발전을 추구할 계획이다.

임재택의 민주부산시민연대포럼 호는 미치광이 윤석열 파면과 함께 본격 항해를 시작했다. 나침반은 '대한민국 민주주의의 새로운 미래'를 가리킨다. 그곳은 그가 꿈꾸는 자연과 사람이 하나 되는 생명공동체, 사람과 사람이 더불어 사는 사람공동체, 아이들이 행복하게 사는 아이행복 세상이 구현되는 미래이기도 하다.

제24장
평생의 꿈

임재택 평전

아이행복 세상을 위한 혁명

임재택은 지난 30년여 년간 생태유아교육의 이론적 체계를 정립하고 이를 우리 사회에 적용, 확산하는 데 열과 성을 다했다. 학자로서, 생태유아교육 운동가로서 뜨거운 삶을 살았고, 많은 성과를 거두었다. 평생 생태유아교육의 외길을 걸어온 그에게 남은 숙원은 무엇일까?

생태유아교육의 세계화

임재택은 "그것은 바로 생태유아교육의 세계화"라며 이렇게 말했다. "유아교육은 아이를 잘 키우는 일로 잉태·태교·출산·육아는 유아교육의 기초이고 뿌리입니다. 그러나 지금까지 현대유아교육에서는 이처럼 중요한 잉태·태교·출산·육아의 단계를 무시하거나 우리 조상들의 육아 지혜를 외면해왔어요. 아이살림·생명살림을 지향하며 자연의 순리와 조상의 지혜에 바탕을 둔 생태유아교육을 통해 잉태·태교·출산·육아의 중요성을 깊이 인식하고, 그것의 현대적 실천 방안을 모색하는 게 중요하다고 생각하고 나름 실천해왔어요. 앞으로도 한국생태유아교육연구소를 기반으로 우리 조상들의 생명육아 내지 생태육아의 지혜를 오늘에 되살리며 한국 전통 육아법의 우수성을 입증하고, 우리 민족의 5천 년 육아 지혜를 담고 있는 한국의 생태유아교육(K-EECE)

- 부산 해운대구 '좋은부모 자격증반'의 인기를 계기로 기획자 생태유아교육학자 임재택 부산대 명예교수를 인터뷰한 국제신문 기사(2015.12.14). 임재택은 "눈으로 보이지 않은 창의력과 잠재력을 키우기 위해선 '외할머니 교육법'이 필요하다고 강조했다.

  [국제신문 제공]

의 세계화를 위해 노력하려고 합니다."

임재택은 생태유아교육은 한국만의 유아교육이 아니라 보편적 세계 유아교육이라고 강조했다. 지구생태계 위기 시대인 21세기, 인류의 화두는 생태주의 내지 생명주의라는 데 별 이견이 없다. 학계뿐 아니라 문화예술, 사회경제계에서도 생태주의·생명주의에 기초한 연구와 접근이 활발하다. 임재택은 그동안 생태유아공동체운동, 생태건축으로 짓는 유아교육시설운동, 영유아 자연건강프로그램 개발 등 생태주의를 기반으로 한 다양한 학문과의 연계 속에서 생태유아교육의 깊이를 더해왔다. 그는 앞으로도 동서양의 생태주의와 생명사상을 바탕으로 생태 관련 학문 간 연계를 통해 생태유아교육의 이론적 체계를 공고히 하고 이를 보편적 세계 유아교육으로 확산할 계획이다.

'가장 한국적인 것이 가장 세계적인 것이다.'라는 명제야말로 가장 한국적인 유아교육인 생태유아교육에 딱 들어맞는 말이라며, 임재택은 다음과 같이 설명했다.

"생태유아교육의 근간인 한국인의 5000년 자녀 양육 지혜는 그다지

흔치 않아요. 생태유아교육은 우리의 오래된 미래에서 배운 보편적이고 일반적인 유아교육의 지혜입니다. 예컨대, 물리학자이자 과학철학자이며 생태존적 세계관으로의 문명 전환 주창자인 미국 버클리 대학의 프로죠프 카프라(Fritjof Capra) 교수는 1995년부터 버클리 지역의 일부 초·중·고등학교의 학생들이 텃밭을 일구어 유기농업으로 곡식과 야채를 재배하고, 그 유기농산물로 카페테리아에서 요리해 점심과 간식으로 활용하고, 남는 농산물은 판매하여 기금으로 활용하는 버클리 푸드 시스템 프로젝트(Berkley Food System Project)[1]를 실행하고 있어요. 이 같은 생태존적 교육 혁명은 독일의 루돌프 슈타이너의 발도르프 교육프로그램에서 1920년대에 이미 실천되고 있었는데, 그 내용 역시 텃밭을 가꾸는 생태농업과 요리 활동입니다. 이에 비하면 우리 조상들은 벌써 5천 년 전부터 어린아이들을 키우는 모든 가정에서 텃밭 가꾸기를 통한 생태농업과 요리 활동과 생태적 식생활 교육(즉, 밥상머리 교육)을 실행해왔어요. 이것이 바로 우리 조상들이 어린아이를 키운 지혜이고, 이런 지혜가 바로 '자생적 한국 유아교육'이며, 동시에 '보편적 세계 유아교육'이라는 사실을 입증합니다."

임재택은 또한 생태유아교육은 자연의 순리와 자연의 본성에 따르는 유아교육이라는 측면에서 보편적 세계 유아교육이라고 설명했다. 즉, 아이는 자연의 본성을 지닌 존재로서 자연의 순리에 따라 먹고 놀고 자면서 성장 발달한다는 원리와

• 현대 물질문명의 대안을 모색하는 국제신문의 기획 시리즈 중 생태유아교육학자 임재택 와이드 인터뷰 기사(2008.06.23). 그는 "아이는 자연의 순리에 따라 자연 속에서 놀이를 통해 자라는 게 최고"라며 생태유아교육 예찬론과 필수론을 폈다.

[국제신문 제공]

이치는 어떤 발달 이론이나 심리학적 접근보다 더 보편적이기 때문이다. 이처럼 '가장 자연적인 것이 가장 보편적인 것이다.'는 명제는 농업사회, 산업사회와 정보사회를 거치면서 실체적 진실로 드러나고 있다.

생태유아교육은 산업문명 지향의 잘못된 현대 유아교육에 대한 반성을 통해 유아교육의 정도(正道)와 본질을 찾으려는 노력이며, 생명의 원리에 따르는 아이살림의 교육이라는

• 저자에게 어린 시절 얘기를 들려주는 임재택은 연신 함박웃음을 짓는다.

관점에서도 보편적이고 일반적인 유아교육이라고 임재택은 강조했다.

    임재택은 바야흐로 세계가 생태유아교육에 주목하기 시작했다고 다음과 같이 설명했다. 지난 2005년 8월 20일 그는 중국지구보육협의회의 초청으로 일본 도토리현 요나고시 컨벤션센터에서 열린 제49회 중국지구보육연구대회에서 외국인으로서는 최초로 「한국 아이들의 삶과 생태유아교육」이라는 주제로 기조강연을 했다. 이어 2007년 11월 전미유아교육협회

(NAEYC)에서 발행하는 『Young Children』이라는 전문 학술지에 김은주 교수와 함께 쓴 논문 「생태유아교육: 한국의 새로운 유아교육 패러다임」(Eunjun Kim and Jaetack Lim(2007). Eco-Early Childhood Education: A New Paradigm of Early Childhood Education in South Korea. Young Children, Vol.62, No.6, pp.42-45)이 소개되어 주목을 받았다. 임재택은 또 2007년 12월 1일 일본유아교육사학회 초청으로 일본 도쿄 성덕대학에서 「한국 유아교육사연구의 동향과 과제 및 생태유아교육의 위상」이라는 주제로 생태유아교육을 소개해 관심을 끌었다.

임재택은 BTS를 비롯한 한국의 K-팝 아이돌이 세계적인 신드롬을 일으키면서 한국 전통의 유아교육인 생태유아교육 세계화에 좋은 토양이 마련되었다고 판단하고 있다. 특히 BTS는 한국의 문화유산과 국악 등을 음악에 융합함으로써 글로벌 팬들로 하여금 한국의 전통문화에 대한 관심을 고조시켜왔다.

임재택이 가진 생태유아교육에 대한 꿈은 아직 끝나지 않았다. 생태유아교육의 세계화는 그가 생태유아교육을 시작하면서부터 밝혀온 필생의 과업이다. 그는 (사)한국생태유아교육

연구소를 중심으로 생태유아교육의 세계화에 대한 비전과 전략을 다음과 같이 밝혔다.

세계화 비전

생태유아교육은 한국 전통사상을 토대로 하지만 자연과의 조화, 생명 존중, 공동체적 가치와 같은 세계 보편의 가치를 교육의 핵심으로 삼고 있다. 생태유아교육의 모델은 전 세계적으로 유아교육계의 상식이었던 '아동중심주의'에 대하여 '생태중심주의'라고 하는 획기적인 패러다임의 전환과 더불어 한국 고유의 사상과 전통 육아지혜를 통합한 독창적인 체계를 갖췄다는 점에서 세계적으로 주목받을 수 있는 잠재력을 지닌다.

생태유아교육은 한국 전통의 생명사상을 바탕으로 자연식육아 지혜를 글로벌 맥락 속에서 재해석하여 산업화 도시화로 인한 자연 소외 공동체 소외를 해결을 위한 대안적 교육모델을 제시하는 것을 목표로 한다.

- 생명 존중 정신을 바탕으로 기후위기 시대의 지속가능한 교육 모델 정립
- 자연과 공존하는 글로벌 생태 육아 모델 정립 생태 시민 양성
- 한국 전통의 천지인(天地人) 사상과 심층생태학을 결합한 문화 융합형 교육 프레임워크 개발
- 유네스코 지속가능발전목표(SDGs)의 '양질의 교육'과 '기후행동' 실현을 위한 글로벌 대안 창출

세계화 전략

첫째, 생태유아교육 이론서와 생태유아교육 프로그램에 대한 설명하는 영문 책자를 발간한다.

현재 운영 중인 '임재택의 생태유아교육 유튜브' 채널 및 웹진을 활용해 생태유아교육(프로그램)의 내용과 효과를 영어 사용자들에게 활발히 소개한다.

둘째, 생태유아교육 콘텐츠의 현지화 전략이 필요하다. 교육과 같은 문화적 컨텐츠는 새로운 것과 익숙한 것이 조화를 이루어야 한다. 이를 위해서는 생태유아교육의 적절한 모듈화와 현지의 문화에 맞게 재해석하여 현지화 방법들을 제안

한다. 예를 들어 세시풍속 프로그램에서 추석 대신에 북미 추수감사절을 활용하는 방안이다.

셋째, 국제적 네트워크를 구축하는 것이다. 글로벌 멘토링 시스템 등을 운영하여 한국의 생태유아교육 사례를 남미나 동남아 교육자에게 소개하고 현장교육을 제공한다. 여기에는 다양한 디지털 플랫폼과 AR 기술을 활용한다.

에필로그
아이행복 세상을 향한 지행합일(知行合一)의 삶

임재택의 삶은 한국 유아교육의 역사에서 하나의 혁명적 전환을 이룬 여정이었다. 그는 단순히 학자로서 머무르지 않고, 행동가로서 자신의 철학을 실천하며 아이들의 행복과 평등을 위한 길을 열었다. 그의 발자취는 유아교육의 제도개혁과 내용혁신을 통해 한국 유아교육의 새로운 방향성을 제시했다.

임재택은 경남 산청군 생비량면 한디미 골짜기에서 어린 시절을 보냈다. 자연 속에서 동네 아이들과 마음껏 뛰놀며 자란 그는 매일 왕복 30리 길을 걸어 초등학교를 다녔다. 진주에서 중·고등학교를 다니던 그는 어머니가 보고 싶어 집현산을 넘어 고향으로 달려가곤 했다. 이러한 환경은 그의 생태유아교육 철학의 뿌리가 되었다. 자연과 함께한 어린 시절은 그에게 생명과 놀이, 그리고 사람 사이의 조화로운 관계를 깨닫게 해준 첫 번째 교실이었다.

서울대학교 교육학과에 입학한 임재택은 박정희 군사독재 시절 민주화 운동에 참여하며 정의를 위해 싸웠다. ROTC에 입대하며 겪었던 갈등과 오해 속에서도 그는 스스로에게 다짐했다. "평생 정의를 위해 살겠다. 평생 누가 더 정의롭게 잘 살았는지 평가해보자." 이러한 다짐은 그의 인생 항로를 지켜주는 나침반이 되었고, 이후 유아교육에서도 정의로운 교육 체계를 만들고자 하는 열망으로 이어졌다.

1980년대 후반, 임재택은 유치원과 어린이집으로 이원화된 한국 유아교육 체제의 문제를 직시했다. 당시 유치원은 교육부 소관으로 중상류층 중심 서비스였고, 어린이집은 복지부 관할로 저소득층 아이들을 위한 시설로 구분되었다. 그는 이 체제가 일제 잔재임을 지적하며, 모든 아이들이 동등한 교육과 보육을 받을 수 있는 환경을 만들고자 했다.

1988년 서울올림픽 이후, 아토피라는 괴질이 아이들에게 많이 발병했다. 임재택은 이를 단순한 피부 질환이 아니라, 서구화된 생활양식과 실내 중심 교육이 낳은 사회적 질병으로 간주했다. 그는 한국 전통 육아법과 생명사상을 바탕으로 생태유아교육이라는 새로운 패러다임을 모색했다.

1995년 부산대학교 부설 어린이집 원장으로 재직하며, 생명사상과 우리 전통 육아법을 융합한 생태유아교육을 창안해 실천했다. 그 결과, 그와 제자들이 함께 만든 『자연과 아이다움을 살리는 생태놀이』가 2019년 개정 누리과정의 놀이운영 사례집으로 공식 채택되었다. 그의 생태유아교육 과정과 프로그램은 교사·수업·실내 중심 교육 대신 아이·놀이·자연 중심의 보육·교육을 강조하며 전국적으로 확산되고 있다.

임재택은 생태유아교육을 창안한 1990년대 이후 30여 년이 넘었으나 열정은 조금도 식지 않았다. 부산대학교 교수를 퇴임한 지 11년이 되었으나, 여전히 현역과 마찬가지로 생태유아교육의 이론 정립과 확산을 위해 동분서주하고 있다. 임재택은 단순히 학자나 이론가에 머물지 않고 활동가 실천가로 살고 있다. 그는 자신이 창안한 생태유아교육을 교육하고 확산함과 동시에 그 자신이 스스로 그러한 삶을 살아가고 있다. 여기에는 그만한 이유가 있다.

생태유아교육이 꿈꾸는 세계는 사람과 자연이 하나 되는 생명공동체, 사람과 사람이 더불어 사는 사람공동체, 아이들이 행복하게 사는 아이행복 세상이다. 아이행복 세상은 단순히 교육의 변화만이 아니라 삶 자체의 변화를 요구한다. 아이를 존엄한 존재로 바라보고, 그들의 몸·마음·영혼이 건강하고 신명 나는 삶을 살도록 돕는 것이 그의 목표이기 때문에 이를 창안한 임재택은 그런 세상을 실현하기 위한 노력을 멈출 수 없는 것이다.

자신의 이론이 옳음을 증명하기 위한 끝없는 노력의 삶은 그를 지행합일(知行合一)의 삶으로 이끌었다. 임재택은 말했다. "만약 내가 거짓된 삶을 산다면, 그리고 생태유아교육을 전파하면서 나 자신이 생태적 삶과 반대되는 삶을 산다면 남들이 생태유아교육을 어떻게 볼 것이며, 나를 어떻게 볼 것인가. 나는 죽을 때까지 생태유아교육이 꿈꾸는 아이행복 세상을 배반할 수 없는 운명이다."

여기에는 대학 때 친구들과 선정회(宣正會)를 결성하며 평생 정의롭게 살겠다는 다짐도 작용했다. 이 다짐은 평생 그의 삶을 관통하며 이정표가 되었다. 후에 교수가 되어 기존 유아교육의 모순점을 발견하고 혁명적인 사고의 전환을 통해 생태유아교육학을 창안하고 평생 이를 발전시켜나가는 것도 그 다짐과 직결된다. 평생을 통틀어, 옳고 정의로운 일로 평가받자고 다짐한 그에게 생태유아교육은 옳고 정의로운 방향이었기 때문이다. 우리 아이한테 맞지 않은 서양식 교육보다 우리 아이를 더 행복하게 하고, 더 잠재력을 키우는 생태유아교육이 상대적으로 더 정의로운 교육이다. 그러므로 그는 한시도 생태유아교육의 확산을 멈출 수 없는 것이다. 이것은 단순히 강단에서 이론적으로만 외치는 데 그쳐서는 안 되었다. 생활과 삶에서 철저히 실천해야 하는 것이었다. 이런 마음가짐으로 그는 100세 인생을, 평생 지행합일의 삶을 살아가려고 애쓴다.

2024년 어느 추운 겨울날 부산역 대합실. 3~4살쯤 되어 보이는 여자아이가 할머니와 함께 바닥에 앉아 천진하게 노래를 부르고 있었다. 친구를 기다리고 있던 임재택은 그 아이한테 다가가서 "아이야, 너 참 노래를 잘하는구나, 나한테 그 노래를 한 번 더 들려다오." 했다. 그러자 아이는 그를 바라보며 해맑은 모습으로 노래를 불렀다. 그는 아이가 노래를 마치자 박수를 치며 "와, 잘한다."라고 하며 그 아이를 안아주었다. 아이는 처음 본 임재택이 마치 친할아버지인 양 행복한 표정을 지으며 그의 품에 폭 안겼다.

아이행복 세상을 향한 그의 삶의 길에는 수많은 아름다운 기적들이 기다리고 있다.

임재택 연보

1949년 2월 25일	(음력 1948년 12월 23일, 戊子生, 쥐띠) 경상남도 산청군 생비량면 도리 현동 1499번지에서 나다. 아버지 임수석(林秀石)과 어머니 하순연(河順蓮)의 4남 2녀 중 셋째, 본관 나주.
1955년 3월	생비량초등학교에 입학하다. 갓난아기 때부터 몸이 약했으나 초등학교 3학년이 되면서 건강해져 노는 데 흠뻑 빠지다.
1960년 3월	6학년 담임 박해출 교사가 가정 방문을 와 "재택을 중학교에 보내야 합니다."라며 아버지를 설득, 중학교 진학을 약속받다. 박해출 교사는 성적 상위권 학생들에게 무료합숙 과외를 해주어 명문 진주중학교 합격자를 다수 배출하다. 임재택도 그중 한 명.
1961년 3월	진주중학교에 입학(13회)하다. 박해출 교사 덕분이라며 감사의 마음을 갖다. 형 만택과 진주 작은할아버지 집에서 하숙하다. 축구를 좋아해 찐빵내기 축구시합에는 목숨을 걸다시피 하다. 늘 배가 고프고 어머니가 보고 싶어 매주 토요일이면 생비량 한디미 고향집으로 달려가다.
1964년 3월	진주고등학교에 입학(37회)하다.
1965년 10월	진주고 2학년 때 합천 해인사 가을소풍 중 '일진 짱'이 주선한 '여고생과 미팅'에 참여했다가 1주일 정학을 당하다.
1967년 2월	서울대학교 농대 농경제학과에 응시했으나 낙방하다.
1968년 2월	서울 셋째 삼촌 집에서 기거하며 재수, 서울대학교 사범대학 교육학과에 응시했으나 또다시 고배를 마시다.
1969년 2월	삼수 끝에 서울대학교 사범대학 교육학과에 입학하다.

1971년 4월 14일	서울대 사범대학 대의원회 부의장 자격으로 주도한 학생시위 도중 '박정희 대통령 탑승차 투석사건'(4·14 사태)이 벌어지다. 시위 주동자로 지목돼 수배령이 떨어져 울산의 한 산사로 피신하다. 중앙정보부 요원들이 고향 아버지를 겁박하고 'ROTC에 입단하면 놓아주겠다'고 했다는 말을 전해듣다.
1972년 3월	ROTC 후보생에 지원하다. 사범대학 학생시위를 지휘하다 대의원회 부의장이 ROTC로 빠지자 학생들은 배신감을 느끼며 재택을 '정보부 프락치'라고 매도하며 비난하다. 괴로움과 죄의식으로 몸부림치다. '나는 프락치가 아니다. 다만 심약해서, 가족이 협박 당하는 상황에서 어쩔 수 없는 선택이었다. 그러니 평생 살아가면서 너희가 잘했는지, 내가 잘했는지 인생 끝에서 평가해보자.'고 다짐하다.
1972년 5월	3학년 때 대의원회 간부를 지낸 동지 7명과 함께 선정회(宣正會)를 결성하다. 정의롭게, 정의를 펼치며 살자는 의미다. 삶의 방향을 잡아주는 등불이 되다.
1973년 2월 26일	서울대학교 사범대학 교육학과를 졸업(학사)하다. 서울대 교육대학원 교육학과 석사과정에 합격하다. 대학원 등록 후 휴학하고 그해 3월 육군 ROTC 소위로 임관하고 군에 입대하다. 동해안경비사령부 107연대에 배속되어 1968년 울진·삼척 무장공비 침투 지역인 고포마을 일대 해안선 경비 소대장으로 복무하다.
1974년 6월	중위로 진급, 충남 논산훈련소 206연대 3소대장으로 복무하다.
1975년 6월	육군 ROTC 중위로 전역하다.

1975년 9월	서울 중량중학교 도덕교사로 발령받다. 서울대학교 교육대학원 석사과정에 복학하다.
1977년 2월 26일	동료 교사 김옥자와 혼인하다. 김옥자는 임재택과 달리 교직을 천직으로 여기며 매사에 적극적이고 열성적이었다. 대학시절 지도교수였던 김종서 교수의 주례로 서울 이화예식장에서 신식 결혼식을 올리고 부산 해운대에서 초야를 치른 뒤 김해시 어방동 처갓집에서 전통 혼례식을 치르다.
1977년 3월	청량중학교로 전출되다. 결혼한 부부교사는 같은 학교에 근무하지 않도록 하는 규정에 따른 조치.
1977년 8월 24일	첫 아들 성준成俊이 태어나다.
1978년 3월	청량중학교 교사직을 사임하고, 한국행동과학연구소 연구원으로 이직하다. 국제연합아동기금(UNICEF) 지원 연구로서 한국 최초로 보육시설 보육프로그램 개발 업무를 수행하다.
1978년 8월	서울대학교 대학원 교육학과 석사과정을 졸업, 교육학 석사학위 취득하다. 석사논문은 이돈희 교수의 교육철학 분야 중에서 지식철학 영역으로 「지식교육과 위교僞敎」.
1979년 9월 8일	딸 지연池燕이 태어나다.
1979년 11월 1일	부산대학교 가정대학 가정관리학과 전임강사로 임용되다. 대학교 시위 전력 때문에 한동안 대학보안심사위원회에 통과되지 않아 애를 태우다, 마침내 박기채 총장이 "교수는 교육부가 하지만 전임강사는 총장의 직권으로 가능하다."며 발령하다.
1980년 3월	학생생활연구소 연구교수 보직을 받아 심리상담 부장으로 피아제 유아용 지능검사 개발 연구를 시작하다.

1981년 3월	한국프뢰벨사(사장 정인철) 지원을 받아 부산대 사범대 교육학과 전윤식 교수와 공동으로 개발한 한국 최초의 「표준화 삐아제식 유아교육 지능검사」가 시판되어, 전국에 보급되다.
1981년 3월	부인 김옥자 교사가 마침내 서울에서 부산 사직여중 과학교사로 전출되다. 서울 중랑구 봉화산 자락에서 부산 구서동 주공아파트로 이사하다.
1982년 3월	사범대학 유아교육과(당시 명칭 보육과)로 전보 발령받다.
1983년 3월	경북대학교 대학원 교육학과 박사과정에 입학하다.
1984년 9월	한국 최초로 유아교육과 교재 『幼稚園 運營管理』(서울 : 創知社)를 발간하다.
1985년 7 ~ 9월	미국 일리노이대학교(University of Illinois – Urbana – Champaign) 연구교수로 가다. 박사학위 논문 주제인 삐아제 이론에 기초한 상호작용론적 유아교육 프로그램 개발 연구를 진행하다.
1986년 9월 ~ 1987년 9월	교육부 교육과정 심의위원으로 1987년 유치원 교육과정 개정연구 심의에 참여하다.
1987년 4월 13일	전두환 정권의 4·13 호헌조치 반대(호헌철폐) 서명 운동에 참여하다. 이로 인해 교육부 유아교육담당관실 지원의 「유아교육 질적 향상 연구 프로젝트 수행」 중단 조치라는 불이익을 당하다.
1988년 2월	경북대학교 대학원 교육학과 박사과정 졸업(교육학 박사학위 취득)하다. 박사학위 논문은 「상호작용론적 유아교육 프로그램 개발(Development of a model for the preschool education program based on interactionism)」.

1988년 2월	부산유아교육학회를 결성하다. 회장을 맡아 부산지역 4년제 대학과 2년제 전문대학 유아교육과 교수 및 유치원, 새마을유아원, 어린이집 원장 등을 중심으로 서울에 의지하지 않고 독자적으로 부산지역 유아교육 발전에 기여하자는 취지로 의욕적으로 활동하다.
1989년 9월 ~ 1990년 8월	미국 위스콘신대학교 교환교수로 가다. 미국의 동부, 서부, 남부, 캐나다 등을 다니면서 미국의 유치원 교육 실태를 관찰하다. 아이들이 넓은 잔디밭에서 마음껏 뛰노는 것을 보면서 거의 모든 아이를 교실에 가두어 행하는 교사 중심, 수업 중심, 교재 중심의 우리나라 유아교육은 크게 잘못되었다는 생각을 갖다. 귀국해 미국식 유아교육 관련 책자를 버리고 우리 전통 사상과 전통 육아를 공부하기 시작하다. 양식 유아교육 대신 자연산 유아교육을 해야겠다고 결심하다.
1990년 9월	'아이들에게는 보호·교육받을 권리를! 부모들에게는 일할 권리를!' 구호를 내걸고 「우리 아이들의 보육을 걱정하는 모임」을 결성, 회장을 맡아 부산 빈민 지역 탁아운동사업을 펼치는 '지역사회탁아소연합회 소속 어린이집'에 각종 지원사업을 펴다.
1993년 3월 ~ 1995년 5월	이원영(중앙대 유아교육과 교수) 회장 체제에서 한국유아교육학회 부회장을 맡다. 한국 유아교육계 주류에 몸담은 모처럼의 시기.
1994년 8월 4일	아버지 돌아가시다

1994년 12월	부산대학교 보육종합센터 초대 관장에 보임되다. 1995년 3월 개관 이후 2000년 12월까지 2, 3대 관장을 맡아 '한국 보육의 요람'의 기틀을 다지다.
1995년 3월 2일	부산대학교 부설 어린이집이 개원하다. 2007년까지 12년간 어린이집 원장을 맡아 생태유아교육의 이론과 실제 운영의 토대를 세우다.
1995년 8월	『유아교육기관 운영관리 : 유치원과 보육시설(양서원)』 발간하다. 당시 어린이집이 유아교육기관으로 인정받지 못하던 때 이 책을 통해 이미 유치원과 어린이집의 통합, 즉 유보통합의 의지를 드러내다.
1995년 3월	보건복지부 중앙보육위원회 부위원장(위원장 최일섭 서울대 사회복지학과 교수)에 임명되어 1998년 3월까지 「영유아보육법 시행령 및 시행규칙」 개정과 보육사업 지침서 작성 등에 관여하면서 영유아보육의 조기 안정화와 양적·질적 향상을 위한 방안 마련에 기여하다.
1995년 9월 24일	「만 5세아 초등학교 입학 반대 및 유아교육의 공교육화 추진 연대회의」 공동대표를 맡아 부산지역에서 2만5000여 명의 반대서명을 받는 등 정부의 '만 5세아 초등학교 입학안'의 국회통과 저지 운동에 나서다.
1995년 11월 26일	'우리 아이들의 보육을 걱정하는 모임'의 활동을 인정 받아 지역탁아소연합회로부터 감사패를 받다
1996년 9월	「초등학교 취학 전 1년 만 5세 유치원 무상교육 실현을 위한 범국민연대모임」을 결성해 입법화 운동을 주도하다. 법령 개정으로 유치원 만 5세 무상교육이 실현되면 마땅히 영유아보육법을 개정해 어린이집 만 5세 무상교육도 실현된다고 강조하다. 그러나 어린이집 등 보육계의 극렬한 비

	난과 비판을 받다. 유치원과 어린이집의 갈등, 유아교육과 보육의 갈등과 민간과 공공의 갈등, 유아교육계와 보육계의 갈등을 체감하다.
1997년 5월	전남대학교에서 열린 한국유아교육학회에서 「가르치지 않는 유아교육」을 발표하다.
1997년 9월	'만 5세 무상교육' 실현을 어렵게 하는 근본 원인이 유치원과 보육시설(어린이집)의 이원화에 있음을 깨닫고 「유아교육 공교육체제 실현을 위한 범국민연대모임」(31개 단체)을 결성, 상임공동대표를 맡아 유보통합운동에 본격 나서다.
1998년 3월 ~ 2002년 2월	보육교사 양성기관의 질적 향상을 위해 전국 보육교사교육원 대학협의회를 창립해 회장을 맡다. 보육교사의 질적 향상과 최소 기준 유지를 위해 70여 명의 관련 대학 학과 교수들과 함께 38과목, 26권의 표준교재를 기획·연구해 발간하다.
1999년 10월	부산대 어린이집 원장을 맡아 새로운 패러다임을 유아교육을 모색하려는 노력의 하나로 산책 프로그램을 개발, 책으로 묶은 『애들아 산책가자』(공저, 양서원)를 발간하다.
2000년 5월	교육부장관 자문 유아교육발전추진위원장에 위촉되어 1년간 유보통합을 비롯한 각종 유아교육발전 방안을 자문하다.
2000년 7월	제자 조채영과 함께 『소파 방정환의 유아교육사상』(양서원)을 발간하다.

2000년 10월	「21세기 문명의 전환과 유아교육의 새로운 방향」을 주제로 열린 부산대학교 유아교육과 설립 20주년 기념 학술대회에서 「유아교육의 패러다임 전환 : 생태유아교육」이라는 주제의 기조발제를 통해 21세기 유아교육의 새로운 방향은 생태유아교육임을 천명하다.
2002년 3월 30일	'유기농산물을 아이들의 식탁에 올리고 자연친화적 생태교육을 펼치는 전국 최초의 공동체'인 ㈔생태유아공동체 창립총회를 열고 초대 대표로 선출되다.
2002년 6월 8일	한국생태유아교육학회 창립총회에서 초대회장으로 선출되다.
2004년 2월	실상사 도법 스님의 요청으로 인드라망생명공동체 공동대표를 맡아 2009년까지 생명공동체 연대와 확산을 위해 활동하다.
2004년 3월 ~ 2011년 2월	안전한 학교급식을 위한 부산시민운동본부 공동대표를 맡아 생태유아공동체와 연계해 안전한 학교급식 운동에 앞장서다.
2004년 5월 23일	부산대 유아교육과 교수의 역할로 전국교직원노동조합으로부터 참교육 감사패를 받다
2004년 9월	교육인적자원부 교육과정심의회(유치원소위원회) 위원으로 위촉되어 2년간 유아교육 과정 개선에 노력하다.
2005년 3월 4일	국회에서 「아이들 건강을 위한 국민연대 결성 2005인 선언문」을 발표하다.
2005년 4월 23일	한국건강연대 공동대표 자격으로 한국건강연대로부터 '사랑의 치유자'를 수상하다.

2005년 5월 22일	사단법인 생태유아공동체 대표로서 무위당 장일순 선생을 기리는 모임으로부터 제1회 모범생명운동단체상을 수상하다.
2005년 8월	생태유아교육의 이론연구와 실천의 결과물을 집대성한 『생태유아교육개론』(양서원)을 발간하다.
2005년 9월	아이들 건강과 지속가능한 사회를 위한 네트워크 공동대표를 맡다.
2005년 1월	한민족생활문화연구회 이사장이던 장두석 선생을 만나 민족생활의학을 통한 생태적 삶과 조상의 육아 지혜에 대해 큰 가르침을 받다.
2006년 2월	교육인적자원부 중앙유아교육위원회 위원에 위촉되어 2년간 활동하다.
2006년 2월	실상사 도법 스님의 요청으로 현장귀농학교 교장을 맡다.
2006년 4월	대통령 자문 지속가능발전위원회 위원으로 활동하다.
2006년 12월 14일	사단법인 생태유아공동체 대표 자격으로 농림부장관·환경부장관으로부터 제3회 친환경농업대상 우수상을 수상하다.
2007년 3월 30일	서울 프레스센터에서 「아이들 건강을 위한 국민연대」 창립총회를 갖고 상임공동대표에 선출되다.
2007년 5월 ~ 2012년 2월	지속가능사회를 위한 생태유아교육 연구사업(BK사업) 팀장을 맡다.

2007년 11월	전미유아교육협회(NAEYC)에서 발행하는 학술지 『Young Children』에 김은주 교수와 함께 쓴 논문 『생태유아교육: 한국의 새로운 유아교육 패러다임』(Eco-Early Childhood Education: A New Paradigm of Early Childhood Education in South Korea). Vol.62, No.6, pp.42-45)을 게재하다.
2007년 12월 1일	일본유아교육사학회 초청으로 일본 도쿄 성덕대학에서 『한국 유아교육사연구의 동향과 과제 및 생태유아교육의 위상』이라는 주제로 생태유아교육을 소개하다.
2010년 5월	산림과학기술개발 사업의 총괄연구책임자를 맡아 2012년부터 3년간 국내외 숲유치원 운영 실태 및 운영 방안, 활성화 방안에 대한 기초 연구를 진행하다.
2010년 5월	㈜한국숲유치원협회 회장에 선출되어 2015년 1월까지 전국에 17개 시·도지회를 설립하는 등 숲유치원 확산에 노력하다.
2010년 12월 31일	사단법인 생태유아공동체 이사장 자격으로 농림수산식품부 표창장(제74519호)을 수상하다.
2011년 6월	㈜부산울산경남생태유아공동체 회장에 선출되어 2025년 현재까지 활동하다
2012년 11월	산림교육심의위원회 위원으로 위촉되어 2015년 현재까지 활동하다.
2013년 6월 30일	어머니 돌아가시다.
2013년 8월 20일	경남 진주시 육아종합지원센터 김수정 육아지원팀장을 도와 '좋은부모자격증반'을 개설하다.

2013년 10월 18일	산림청이 추천한 제12회 산의 날 기념 숲유치원 활성화 공로로 녹조근정훈장(제56223호)을 받다.
2013년 12월	한국생태유아교육연구소를 설립하여 소장에 취임하다.
2013년 12월	천도교 김용휘 한울연대 공동대표에게 '방정환 학교' 설립을 제안하다.
2014년 2월	부산대학교 교수직 정년퇴임하고 3월 부산대학교 명예교수에 임명되다.
2014년 6월 14일	대구 천도교 대덕교구에서 열린 한울연대 공부모임에 강사로 초청되어 특강을 하고 방정환한울어린이집 건립 성금 500만 원을 쾌척하다.
2014년 7월	㈜한국생태유아교육연구소가 위탁운영 중인 해운대육아종합지원센터가 좋은부모자격증반을 개설, 호평 속에 4년간 900명의 수료생을 배출하다.
2014년 8월 30일	방정환한울어린이집 개원과 함께 초대 이사장을 맡다.
2014년 10월 2일부터 6일까지	단군릉 개건 20돌 기념 「단기 4347년(2014) 평양 단군릉 개건 20주년 개천절 민족공동행사」에 한국생태유아교육학회 회장으로서 남측 대표단(46명)일원으로 참가하다.
2015년 1월	㈜한국숲유치원협회 고문에 위촉되다.
2015년 4월	㈜부모애숲을 설립, 이사장을 맡아 보다 많은 아이가 숲을 사랑하고 아끼며 건강하게 자라도록 유아숲지도사 양성사업을 펼쳐가다.

2016년 9월	한국생태유아교육연구소를 ㈔한국생태유아교육연구소로 전환해 이사장에 취임하다.
2017년 1월	유아교육·보육혁신연대(53개 단체) 상임공동대표에 선출되다.
2017년 5월	세종시 솔빛숲유치원 설립추진위원장에 위촉되다. 솔빛숲유치원은 부산대 부설 어린이집의 한국형 숲유치원인 어울림숲반을 모델로 한 전국 최초의 공립 단설 숲유치원으로, 2019년 3월 개원했다.
2018년 6월	한국생태유아교육 시리즈(공동체)를 발간하다.
2018년 8월	세종시교육청이 ㈔한국생태유아교육연구소(이사장 임재택)에 의뢰한 「자연과 놀이를 기반으로 한 세종형 생태유아교육 실행 방안 연구」 용역을 연구책임자로 수행해 2019년 1월 최종 보고서를 통해 '세종형 생태유아교육'의 모델과 실행 로드맵을 제시하다.
2019년 1월	박원순 서울특별시장 시정고문단 고문에 위촉되어 2년간 활동하다.
2019년 2 ~ 4월	서울시육아종합지원센터의 의뢰로 「서울시 생태친화형 보육을 위한 실태 및 요구 조사」 용역을 수행하다.
2019년 6 ~ 9월	서울특별시 의뢰로 「보육 선진국의 유토통합 과정 및 통합 시스템 연구」 학술 용역을 수행하다.
2019년 6 ~ 9월	서울특별시 의뢰를 받아 「누리과정 개편에 따른 서울시 어린이집 평가체계 및 질 관리 시스템 개선 방안 연구」 용역을 수행하다.

2019년 9 ~ 12월	세종특별자치시교육청의 의뢰를 받아 「자연과 놀이를 기반으로 한 세종형 생태유아교육 실행 방안 연구」 용역을 수행하다.
2019년 9 ~ 12월	교육부와 육아정책연구소 의뢰를 받아 「2019년 개정 누리과정에 따른 시간공간연령 통합 놀이사례집 개발」 연구용역을 수행하다.
2020년 2월	연구책임을 맡아 개발한 『자연과 아이다움을 살리는 생태놀이』가 「2019 개정 누리과정」의 놀이운영사례집에 선정되다. 비주류로 취급받던 생태유아교육이 정규 교육과정에 입성했다는 큰 의미를 지닌다.
2025년 3월 6일	황당한 12·3내란 시국을 맞아 준비위원장을 맡아 '다시 민주주의, 제대로 민주주의' 기치를 내걸고 민주부산시민연대포럼을 출범시키다. 약 한 달 뒤인 4월 4일 헌법재판소의 윤석열 파면 선고와 함께 진행된 민주부산시민연대포럼의 운영위원회에서 상임대표로 선출되다.
2025년 4월 18일	부산YMCA 대강당에서 열린 민주부산시민연대포럼 주최, 한국어린이집총연합회, 유보통합범국민연대, 역사바로세우기운동본부 주관의 제3회 포럼 「초저출생 극복ㆍ아이행복 세상은 영유아학교로부터」 중 새 정부에 「유보통합시대, 초저출생 극복·아이행복 실현을 위한 대한민국 교육대전환 제안서」를 발표하다.

◇ 논 문 ◇

- **"생태유아교육의 이론과 실제"**(1995). 한국유아교육학회지, 제15권(2호), 45~62쪽.

- **"영유아 보육프로그램의 진단·평가척도 개발 연구"**(1996). 성곡논총, 제27집 제4권, 401~500쪽.

- **"유아교육기관의 노인·아동상호작용 프로그램의 적용 효과에 관한 연구"**(2001). 열린유아교육연구, 제5권 제3호, 67~101쪽.

- **"가르치지 않는 교육"**(2003). 생태유아교육연구, 제2권, 1~20쪽.

- **"생태유아교육의 형성배경 및 개념적 특성에 관한 연구"**(2003). 김은주, 임재택. 열린유아교육연구, 제8권 제3호, 137~158쪽.

- **"유아를 위한 몸짓놀이 프로그램 개발에 관한 연구 : 도인법(導引法)을 중심으로"**(2004). 임재택, 하정연, 김정미, 김진경. 열린유아교육연구, 제9권 제2호, 249~275쪽.

- **"유아를 위한 식생활 교육 프로그램 개발 및 적용"**(2006). 하정연, 임재택. 열린유아교육연구, 제11권 제4호, 215~240쪽.

- **"생태유아교육기관에서의 유아들의 놀이에 관한 문화기술적 연구"**(2006). 조채영, 임재택. 열린유아교육연구, 제11권 제3호, 145~168쪽.

- **"생태유아교육의 과제와 전망에 관한 탐색 연구"**(2007). 임재택, 김은주, 유아교육연구, 제27권 제1호, 381~404쪽.

- **"생태유아교육 : 한국의 새로운 유아교육 패러다임"**(Eco-Early Childhood Education : A New Paradigm of Early Childhood Education in South Korea)(2007). 김은주, 임재택. *Young Children*. Vol.62, No.6, pp.42~45.

- "예비유아교사의 텃밭활동에 나타나는 돌봄의 의미"(2008). 한미라, 임재택. *유아교육연구*, 제28권 제1호, 235~263쪽.
- "유아교육기관 일과운영에서의 시간통합"(2008). 임재택, 심미연. *유아교육·보육복지연구*, 제12권 제4호, 91~114쪽.
- "어린이집에서의 만 5세 유아의 일과 분석"(2009). 서영희, 임재택, 김은주. *아동학회지*, 제30권 제4호, 223~239쪽.
- "원효사상의 유아교육적 의미 탐색"(2009). 조순영, 임재택. *열린유아교육연구*, 제14권 제3호, 271~292쪽.
- "1~5세 혼합연령집단에서의 유아갈등 상황에 대한 연구"(2010). 심미연, 임재택. *유아교육연구*, 제30권 제2호, 211~235쪽.
- "산책활동을 통한 '2007년 개정 유치원 교육과정의 교육목표' 실현 가능성에 관한 연구"(2010). *미래유아교육학회지*, 제17권 제2호, 129~153쪽.
- "노자『도덕경』의 유아교육적 의미"(2011). 조순영, 임재택. *유아교육연구*, 제31권 제5호, 137~154쪽.
- "유아교육기관에서의 유아 달리기 활동 의미 탐색"(2011). 임재택, 이소영, 김은주. *열린유아교육연구* 제16권 제4호, 357~380쪽.
- "숲활동에서 형성되는 유아들의 관계 탐색 : 매일 숲으로 나가는 '어울림숲반'을 중심으로"(2012). 임재택, 하정연, 이소영, 신주연. *열린유아교육연구*, 제17권 제4호, 119~145쪽.
- "숲반과 일반학급 유아의 체격, 신체조성 및 체력 비교 분석"(2012). 김은주, 임재택, 변지혜. *유아교육학논집*, 제16권 제2호, 167~186쪽.
- "예비유아교사와 유아교사가 인식하는 숲 이미지 연구"(2012). 임재택, 주철안, 김미진, 송주은, 유주연. *생태유아교육연구*, 제11권 제4호, 99~117쪽.
- "유아를 위한 건강달리기 프로그램 구성 및 적용"(2012). 이숙희, 임재택. *생태유아교육연구*, 제11권 제3호, 121~150쪽.

- **"숲유치원 운영실태 및 운영방안에 대한 연구"**(2012). 임재택, 김은주, 이소영. *생태유아교육연구*, 제11권 제2호, 57~85쪽.

- **"'밥을 이용한 말 실험'을 통해 살펴본 유아 언어태도의 의미탐색"**(2013). 이숙희, 임재택, 탁정화. *생태유아교육연구* 제12권 제2호.

- **"숲에서 유아들이 경험하는 놀이 탐색"**(2013). 임재택, 하정연, 이소영. *유아교육연구*, 제33권 제2호, 343~367쪽.

- **"전국 유아교육기관 숲유치원 운영현황과 실태분석을 통한 한국형 숲유치원 발전 방안에 관한 연구"**(2015). 이소영, 임재택, 송주은. *생태유아교육연구*, 제14권 제1호, 239~267쪽.

- **"생태유아교육기관 전환컨설팅 모형 개발 연구"**(2017). 김은영, 임재택. *생태유아교육연구*, 16권 제2호, 55~80쪽.

◇ 학회발표문·기타 ◇

- **"유치원 무상교육을 실시하라"**(1996). 초등우리교육, 1996년 12월호(통권 제82호), 40~41쪽.

- **"유아교육 개혁, 때를 놓치면 안 된다"**(2001). *월간 복지동향*, 제29호, 50~52쪽.

- **"유아교육의 현실과 개혁방안"**(2002). *교육비평*, 제8호, 120~126쪽.

- **"유아교육 공간, 비움과 채움의 길을 찾아서"**(2008). *한국생태유아교육학회 학술대회 자료집*, Vol.2008, 9~32쪽.

- **"새 시대·새 정부의 유아교육 혁신 방안"**(2017). 한국보육학회 *2017년도 학술대회자료집*, 5~8쪽.

◇ 저서 ◇

- **삐아제식 유아용지능검사사**. 한국프레벨사, 1981.
- **유치원운영관리**. 양서원, 1984.
- **상호작용론적 유아교육 프로그램**. 창지사, 1988.
- **유아교육과정**. 양서원, 1992.
- **유아교육기관 운영관리 : 유치원과 보육시설**. 양서원, 1995.
- **보육시설 운영관리**. 창지사, 1997.
- **영유아교육과정**. 양서원, 1997.
- **얘들아 산책가자**. (공저 : 임재택, 하정연, 김은주, 박명숙, 최윤정, 박채숙). 양서원, 1999.
- **선생님 텃밭가요**. (공저 : 임재택, 하정연, 조채영, 노진형, 홍정애, 강현진, 김미옥). 양서원, 2000.
- **소파 방정환의 유아교육사상**. (공저 : 조채영, 임재택). 양서원, 2000.
- **할아버지 할머니 함께 놀아요**. (공저 : 임재택, 김경호, 하정연, 김은주, 최윤정). 양서원, 2001.
- **선생님 세시풍속이 뭐예요?** (공저 : 임재택, 하정연, 노진형, 이숙희, 김정미, 강신영). 양서원, 2001.
- **손끝으로 만나는 세상**. (공저 : 임재택, 하정연, 김은주, 박명숙, 최윤정, 박채숙). 양서원, 2002.
- **선생님! 바깥놀이 해요**. (공저 : 임재택, 하정연, 조채영). 양서원, 2002.
- **우리가 아껴쓰고 나눠쓸래요**. (공저 : 임재택, 권미량, 김은주). 양서원, 2002.
- **선생님! 우리도 명상할 수 있어요**. (공저 : 임재택, 임숙희, 최미현, 김정신, 조희주, 최애경). 양서원, 2003.

- **초기적응, 이렇게 도와주세요.** (공저 : 임재택, 김영신, 류경, 이숙희, 김영옥). 양서원, 2003.

- **몸짓으로 자라는 아이들.** (공저 : 임재택, 하정연, 김정미, 김진경, 류경, 배은진, 백현윤). 양서원, 2004.

- **생태유아교육개론.** 양서원, 2005.

- **생태유아교육 프로그램 운영.** (공저 : 임재택, 김은주, 하정연, 권미량, 조채영). 공동체, 2006.

- **아이들이 차리는 생명밥상.** (공저 : 하정연, 임재택, 안영숙, 이숙희, 이미래). 공동체, 2006.

- **생태유아교육 프로그램 운영.** (공저 : 임재택, 김은주, 하정연, 권미량, 조채영). 공동체, 2006.

- **종교성, 미래교육의 새로운 패러다임.** (공저 : 한명희, 유상덕, 이은선, 고진호, 김관영, 김성숙, 김정규, 박석, 박영만, 신동은, 이거룡, 임재택, 최영란, 최준규). 학지사, 2007.

- **아이들이 그리는 세상.** (공저 : 하정연, 임재택, 안영숙, 진보경, 이미래, 남연주, 신주연, 엄순정). 양서원, 2007.

- **생태유아교육개론 2판.** 양서원, 2007.

- **생태유아교육개론 3판.** 양서원, 2008.

- **흙 돌 풀 꽃 나무와 함께 크는 아이들.** (공저 : 김은주, 강명희, 임재택). 공동체, 2008.

- **도시와 농촌을 이어주는 아이들.** 공동체, 2008.

- **아이들과 함께 하는 산책.** (공저 : 하정연, 임재택, 배은진, 백현윤, 이연주). 공동체, 2009.

- **POWER GENERATION.** (임재택 글, 손재곤 번역). 진실한사람들, 2010.

- 아이들과 함께 하는 자연건강교육. (공저 : 임재택, 하정연, 이숙희, 배은진, 백현윤). 공동체, 2011.

- 유치원 어린이집에서 실천할 수 있는 숲유치원 운영 매뉴얼. (공저 : 임재택, 하정연, 신주연). 공동체, 2012.

- 생태유아교육기관 전환컨설팅. (공저 : 임재택, 조순영, 김은영). 공동체, 2017.

- 생태유아교육의 사상 : 아이를 주체적 생명인으로 키우는 생태유아교육(한국생태유아교육 시리즈 1). 공동체, 2018.

- 생태유아교육의 역사 : 기본 유아교육·보육 혁신의 발자취(한국생태유아교육 시리즈 2). 공동체, 2018.

- 유아교육 공간, 아이와 교사를 행복하게 하는가?(한국생태유아교육 시리즈 5). (공저 : 임재택, 이부미, 권미량, 곽문혁, 최은경, 황성하). 공동체, 2018.

- 유아교육·보육 혁신의 시작 – 누리과정의 획일화에서 다양화로(한국생태유아교육 시리즈 6). (공저 : 임재택, 박창현, 남미경, 김은주, 이경화, 김종필). 공동체, 2018.

- 대한민국 유아들의 서로 다른 두 모습. (공저 : 서영희, 김은주, 임재택). 공동체, 2018.

- 자연 놀이 아이 중심 유아교육과정. (공저 : 백정이, 임재택, 이주희, 이선화). 공동체, 2018.

- 자연 놀이 아이다움을 살리는 생태유아교육 프로그램 실제. (공저 : 임재택, 조순영, 이숙희, 심미연). 생태아이, 2021.

- 2019 개정 누리과정에 따른 아이중심 놀이중심 관찰 기록. (공저 : 이소영, 임재택). 공동체, 2020.

- 아이들과 함께 하는 세시풍속. (공저 : 하정연, 임재택, 신주연, 정주영). 공동체, 2020.

- 생태유아교육 프로그램 실제. 공동체, 2022.

<표1> 생태유아교육 강좌 연혁

강좌명		강 좌 내 용	강사
제1기 I	21세기 문명의 전환과 유아교육의 새로운 방향 (1998. 6~10월)	가장 훌륭한 교사는 자연이다	윤구병
		우리 아이들을 하느님으로 모시자	이현주
		지속 가능한 공생의 교육	김종철
		21세기를 열어갈 대안교육	정유성
		두밀리 자연학교 이야기	채규철
		민들레 학교 아이들	김희동
		생명중심의 유아교육을 위하여	임재택
제2기 I	21세기 문명의 전환과 유아교육의 새로운 방향 (1999. 5~7월)	가장 훌륭한 교사는 자연이다	윤구병
		생태적 세계관과 새로운 문명	박이문
		지금 생태유아교육이 절박하다	김종철
		민들레 학교 아이들	김희동
		우리 아이들을 하느님으로 모시자	이현주
		생태체험학습 - 산청 간디학교 : 작은 학교가 아름답다	양희규
		자연체험과 생태적 교육	송순재
		생명중심의 유아교육을 위하여	임재택
제2기 II	21세기 문명의 전환과 유아교육의 새로운 방향 (1999. 10~12월)	전통 안에서 찾는 생명존중의 유아교육	유안진
		사례발표 1 : 자연 속에서 뛰놀며 크는 아이들 - 산책과 바깥놀이	김성옥 외
		아이들 속의 부처님을 살립시다	법륜
		사례발표 2 : 텃밭의 새싹과 함께 자라나는 동심 - 텃밭가꾸기프로그램	김미옥
		사례발표 3 : 몸과 마음을 다스리는 아름다운 시간 - 명상프로그램	김종수
		일본의 생태유아교육 사례 : 마이즈루 유치원의 생명친화적 유아교육	야스타케 치사토
		생태체험 해외연수(일본 현장체험)	일본
		독일의 생태유아교육 사례 : 발도르프 유치원의 생명친화적 유아교육	윤선영

	강좌명	강좌 내용	강사
제3기 I	21세기 문명의 전환과 유아교육의 새로운 방향 (2000. 4~6월)	아이와 자연을 섬기는 교육	윤구병
		아이와 함께 가는 생명의 길	도법 스님
		열린 마음으로 아이 키우기	이현주
		지역에 뿌리내리는 유아교육	김조년
		마을사람들의 아이 키우기	김용택
		죽어가는 아이들을 살리는 교육	김종철
		유아교육을 아름답게 ~	김종철
		생활 속 작은 실천으로 생명을 살립시다	장원
		생명중심의 유아교육을 실천합시다	임재택
		생태유아교육 현장견학	일본
제3기 II	21세기 문명의 전환과 유아교육의 새로운 방향 (2000. 9~11월)	생태마을에서 자라는 아이들 세상	허병섭
		아이들의 몸과 마음을 튼튼하고 아름답게	정해영
		자연의 섭리에 따르는 참된 삶 - 귀농, 노동, 수행, 청빈	도법스님
		옛날 아이들은 서당에서 무엇을 배웠을까?	신창호
		선생님, 아름다운 자연 속에서 쉬고 싶어요	홍신자
		시간과 올바른 관계맺기로서의 삶과 교육	이철국
		1. 옛날 아이들은 산과 들, 냇가, 바다에서 어떤 놀이와 노래를 부르며 있을까? 2. 하늘, 땅, 해, 달, 별, 물, 불. 이것이 생긴 옛날이야기 한번 들어 보지 않을래?	편해문
		생태체험학습 생태유아교육실천사례 워크숍	귀농학교 우리들의 이야기
		생태적 삶과 유아교육	임재택
제4기	21세기 문명의 전환과 유아교육의 새로운 방향 (2001. 4~6월)	21세기 문명의 전환과 교육의 새로운 방향	고병헌
		마을에서 더불어 살고 함께 자라는 아이들	문재현
		강아지 똥 선생님의 생태교육 체험이야기	이철국
		아이들의 몸과 마음을 튼튼하고 아름답게	박석준
		나를 알고 아이들을 알기-체질에 따른 아이들 이해	송재희
		헝겊인형과 어린이의 세계	최영란
		물, 불, 바람, 흙, 지렁이와 함께 하는 과학활동	김옥자 외
		오감 살리기 - 얼굴을 그려 보아요	정승각
		어른들끼리 모여 맘껏 한번 뛰놀아보는 혼자나 둘, 여럿이 안이나 밖에서 놀았던 옛 아이들 놀이, 판! 판! 판!	편해문
		1. 할머니 같이 놀아요 2. 자연의 리듬에 따르는 세시풍속 활동	최유정 김정미
		생태체험 국내연수(무주생태마을)	무주생태마을

<표2> 한국생태유아교육학회 학술대회 연혁(2002년 창립 ~ 2024년 춘계)

개최일 (지역명)	학술대회 내용
2002. 6. 8. (부산)	창립총회 및 기념강연 : '21세기 문명의 전환과 유아교육의 새로운 방향' ■ 기념강연 : 스스로 살아남기 · 더불어 살아남기 윤구병(변산공동체 대표, 전 충북대 교수)

2002.
12. 7.
(부산)
	2002년도 추계학술대회 : '아이살림·생명살림의 유아교육을 위하여'
	■ 기조발제 : 아이들의 삶과 생태유아교육
	    임재택(부산대 교수, 본 학회 회장)
	■ 주제 1 자연의 본성을 지닌 아이들
	    발표 : 송순재(감리교신학대 교수)
	    토론 : 박석준(호서대 교수, 한의사), 임갑빈(서일대 교수)
	■ 주제 2 출산 · 수유환경과 아이들의 미래
	    발표 : 박석준(호서대 생명과학부 교수, 한의사)
	    토론 : 최민희(수수팥떡모임 회장), 김경애(한겨레신문 기자)
	■ 주제 3 조기교육과 아이들의 삶
	    발표 : 김규수(원광대 교수)
	    토론 : 나정(한국교육개발원 연구위원), 유성숙(남양주초록어린이집 원장)
	■ 주제 4 아이 · 농촌 · 생명을 살리는 먹을거리
	    발표 : 서형숙(한살림 서울 이사)
	    토론 : 정청식(정농회 부회장), 김수현(바른식생활실천연대 대표, 약사)

2003. 6. 21. (서울)	2003년도 춘계학술대회 : '생태유아교육의 뿌리를 찾아서' ■ 기조발제 : 어머니의 교육 · 우리의 교육 홍순명(풀무환경농업전공부 대표, 전 풀무학교 교장) ■ 주제 1 우리 전통사상에서 본 아이들 : 박맹수(원광대 불교학과 교수) ■ 주제 2 우리 민속문화에서의 아이들 삶 : 편해문(안동대 민속학과 강사) ■ 주제 3 우리 조상들의 아이 키우기 : 안경식(부산대 교육학과 교수) ■ 주제 4 자연의학에서 본 아이들의 '몸' : 양동춘(녹색대학 자연의학과 교수)

2003.
12. 6.
(부산)
	2003년도 추계학술대회 : '유아교육 근본으로 돌아서기'
	■ 기조발제 : 아이 · 교육 · 생명살림을 향한 발돋움
	    도법(지리산 실상사 주지 스님)
	■ 주제발표 1 [신과학] 아이들의 몸 · 마음 · 영혼, 다시 보기
	    발표 : 방건웅(한국표준과학연구원 책임연구원)
	    토론 : 김재희(신과학 산책, 저자), 강길전(충남의대 산부인과 교수)
	■ 주제발표 2 [자연의학] 병든 지구 · 아픈 아이, 그 돌봄과 살림
	    발표 : 박석준(호서대 생명과학부 교수, 한의사)
	    토론 : 김종원(동의대 사상체질과 교수, 한의사),
	           김진목(한일대체의학클리닉 원장)
	■ 주제발표 3 [생태철학] 생태론적 세계관에서 본 자연, 아이 그리고 교육
	    발표 : 박준건(부산대 철학과 교수)

2003.
12. 6.
(부산)
	토론 : 윤형근(모심과 살림연구소 사무국장),
	           김세곤(동국대학교 유아교육과 교수)
	■ 주제발표 4 [종교] 아이 돌봄의 지혜, 종교적 삶과 생태적 감수성
	    발표 : 이은선(세종대 교육학과 교수)
	    토론 : 정홍규(대구 고산성당 주임신부),

개최일 (지역명)	학술대회 내용
	정준기(동국대 선학과 교수, 유진 스님)

2004.
6. 12.
(광주)
	2004년도 춘계학술대회 : '우리 삶에서 찾는 유아교육의 지혜'
	■ 주제발표 I [의(衣)]
	  발제 1. 문명의 옷이 아이들을 가둔다.
	      최정화(서울대 의류학과 교수)
	  발제 2. '입히는' 옷에서 '입는' 옷으로
	      오현정(광주대 디자인학부 교수)
	■ 주제발표 II [식(食)]
	  발제 1. 도시 아이들의 똥, 파리도 안 앉는다
	      전홍준(조선대 대학원 대체의학과 겸임교수)
	  발제 2. 아이들의 '몸과 마음'을 살리는 생태적 식생활
	      임락경(합천환경농업연합 회장)
	■ 주제발표 III [주(住)]
	  발제 1. 회색도시 · 닫힌 공간 · 아픈 아이
	      정기용(녹색대학 생태건축학과 교수)
	  발제 2. 생태건축으로 여는 아이들의 삶의 공간
	      윤원태(경성대 한국학연구소 전임 연구원)
	■ 종합발제 [락(樂)]
	  아이들의 자연치유력 회복을 위하여
	      방건웅(한국표준과학연구원 책임연구원)

2004.
11.
20.
(부산)
	2004년도 추계학술대회 : '아이들의 신명 살리고 펼치기'
	■ 기조발제 : 생명문화운동에서 본 아이살림 · 생명살림의 유아교육
	    김지하(시인)
	■ 주제발표 1 [춤 · 노래]
	  풍류, 신명 그리고 아이들의 몸짓
	      채희완(부산대 무용학과 교수)
	  어른이 만들어 준 노래에서 아이 스스로 만든 노래로
	      편해문(옛 아이들 놀이노래이야기 연구소장)
	■ 주제발표 2 [그리기]
	  아이들의 그리기, 영혼과 삶의 무늬
	      김수현(경상대 미술교육과 교수)
	  생태적 감수성을 표현하는 아이들의 그리기
	      김 정(화가, 숭의여대 교수)

2004.
11.
20.
(부산)
	■ 주제발표 3 [이야기]
	  자연과 삶을 엮는 아이들의 이야기
	      윤구병(변산공동체 대표)
	  생태유아교육에서 풀어내는 이야기 세상
	      조희숙(부산대 유아교육과 교수)

2005.
6. 18.
(부산)
	2005년도 춘계학술대회 : '생태건축으로 여는 아이들의 삶터'
	■ 주제발표 1 [생태적 삶과 생명의 살림집]
	  고제순(흙처럼 아쉬람 대표)
	■ 주제발표 2 [새로운 대안으로서의 생태건축]
	  이태구(세명대학교 건축공학과 교수)

개최일 (지역명)	학술대회 내용

	■ 주제발표 3 [유아교육기관의 생태건축 : 신축과 리모델링]
	    이윤하(생태건축연구소 소장)
	■ 주제발표 4 [유아교육기관의 생태건축 : 국내외 실천사례]
	    사례 1 강화도 흙벽돌생태어린이집 신축 사례
	        임정숙(흙벽돌생태어린이집 원장)
	    사례 2 여수 베타니아장애아어린이집 생태적 환경 및 교재·교구 활용 사례
	        김명숙(베타니아장애아어린이집 교사)
	    사례 3 서울·부산 유아교육기관 옥상생태공원 조성·운영 사례
	        김철민(한국도시비오톱센터 대표)
	    사례 4 일본 바람의아이어린이집 생태건축 사례
	        하정인(부산대학교부설어린이집 원감)
	    사례 5 독일 괴테아눔을 중심으로 한 슈타이너의 건축관에 대해서
	        홍승기(한국실내건축가협회 이사)
	■ 마당행사 1 유아교육기관의 생태건축 실천 사례 포스터 발표마당
	■ 마당행사 2 생태건축 자재·재료 전시마당

2005.
11.
12.
(서울)
	2005년도 추계학술대회 : '위기의 아이들, 그 실상과 대책'
	■ 기조발제 : 아이, 어떻게 자라야 하는가?
	    윤석산(한양대 국문과 교수)
	■ 주제발표 1 : 우리나라 아이들의 24시
	    발표 1 아기집, 생명의 집인가
	        박문일(한양대 산부인과 교수)
	    발표 2 가정집, 살림의 집인가
	        우석훈(「아픈 아이들의 세대」 저자)
	    발표 3 아이들집, 신명나는 집인가
	        양정미(효원어린이집 원장, 전 병설유치원 교사)
	    종합 우리나라 아이들의 24시, 그 실상과 진단
	        이진아(환경과 건강문제 관련 저술가)

2005.
11.
12.
(서울)
	■ 주제발표 2 : 다른 나라 아이들의 24시
	    발표 1 일본, 놀면서 크는 아이들
	        손우정(부산대 교육연구소 전임연구원)
	    발표 2 독일, 자연에서 크는 아이들
	        조현옥(여성정치세력민주연대 대표)
	    발표 3 캐나다, 아이답게 크는 아이들
	        염지숙(건국대 유아교육과 교수)
	    종 합 다른 나라 아이들의 24시, 그 현황과 전망
	        김재희(페미니스트 저널 이프 편집인)
	■ 종합발제 : 유아교육, 도(道)교육인가, 술(術)교육인가
	    임재택(부산대 유아교육과 교수)

2006.
5. 20.
(부산)
	2006년도 춘계학술대회 : '자연의 순리·조상의 지혜로 아이 키우기'
	■ 주제발표 1 : 동학에 담긴 생명중심의 교육철학을 찾아서
	    - 소춘 김기전과 소파 방정환의 사상을 넘어 -
	    오문환(경희대 연구교수)
	■ 주제발표 2 : 자연농업 원로가 들려주는 생태육아 이야기
	    조한규(자연농업협회장, 자연농업연구소장)

개최일 (지역명)	학술대회 내용
	▪ 주제발표 3 : 민족생활의학 원로가 본 육아의 문제와 대안 　　장두석((사)한민족생활문화연구회 이사장) ▪ 주제발표 4 : 육안(肉眼)에서 심안(心眼)을 넘어 영안(靈眼)으로 아이돌보기 　　조효남(한양대 토목환경공학과 교수) ■ 종합토론 : 지속가능사회를 위한 유아교육을 꿈꾸며 　사회 : 임재택(부산대 유아교육과 교수) 　토론 : 김영옥(전남대 유아교육과 교수) 　　　　서영숙(숙명여대 아동복지학과 교수) 　　　　이창미(중앙보육정보센터장) 　　　　이성애(부산유치원연합회장)
2006. 11. 11. (대구)	2006년도 추계학술대회 : '생태유아교육은 지금 어디에 와 있는가 　　　　　　　　　　　　　- 유아교육 현장의 목소리를 듣는다 -' ■ 주제발표 　1. 생태유아교육, 생명 · 평화 · 영성의 시대 어떻게 맞이할 것인가? 　　황대권(풀빛문화연대 대표,「양생초 편지」저자) 　2. 생태유아교육 : 이 시대 교육과정에 어떻게 접목할 것인가? 　　이부미(경기대 유아교육학과 교수) ■ 논문발표 　1. 예비유아교사의 텃밭활동에 대한 인식 비교 : 텃밭활동 경험 유무에 따라 　　한미라(경상대학 유아교육과 강사) 　2. 유아통합교육, 분리를 넘어 상생으로 : 생명사상의 관점에서 　　최은아(경남정보대학 사회복지과 강사)
2006. 11. 11. (대구)	3. 표상활동을 통한 예비유아교사의 심미감에 관한 인식 연구 　　이연선, 박선미, 강효정, 김영란(부산대 유아교육학과 박사과정) 　4. 교육실습 전 · 후에 따른 예비유아교사의 교사 이미지 변화 　　허우정(부산정보대학 유아교육과 강사) ■ 실천사례발표 　1. 텃밭가꾸기 프로그램 　　아이들이 가꾸는 텃밭 : 박 숙(신미라유치원장) 　　옥상에 작은 텃밭 만들기 : 김정화(용산구립 청파어린이집 원장) 　　자연과 교감하는 텃밭 : 남영옥(리오바어린이집 원장) 　　작은 텃밭으로 시작해서 유기농 벼농사 체험까지 : 최지영(꿈밭유치원장) 　2. 먹을거리 프로그램 　　제주도에서는 우영밭을 가꾸어요! : 김영중(제주관광대학부속유치원장) 　　아이와 지구를 살리는 먹을거리 프로그램 : 이숙희(부산대부설어린이집 교사) 　　"엄마, 나 보리밥이 어떤 건지 알아, 가운데 까만 줄이 있지?" : 정은경(덕현유치원장) 　　아이를 살리는 먹을거리 : 김광희(김망어린이집 원장) 　3. 세시풍속 프로그램 　　우리들의 설 : 권화숙(아이누리유치원장) 　　신명나는 세시풍속 프로그램 : 박길순(피노키오유치원장) 　　세시풍속 속에서 자라는 우리 아이들 : 강명희(꿈나무생태어린이집 원장) 　　생태유아교육의 일과 운영 : 박영경(민들레유치원장)
2007. 6. 23.	2007년도 춘계학술대회 : '한국유아교육을 다시 생각한다' ■ 주제발표 1. 한국유아교육의 새로운 방향 모색 - 7차 유치원 교육과정 개정의 의미

개최일 (지역명)	학술대회 내용

(부산)	문미옥(서울여대 교수, 한국유아교육학회 전 회장)
	■ 주제발표 2. 민족고유사상에서 찾은 생명살림의 지혜
	   방건웅(한국표준과학연구원 책임연구원)
	■ 주제발표 3. 새로운 과학의 관점에서 보는 아이살림의 길
	   이진아(생명·생태 관련 연구 및 저술가)
	■ 주제발표 4. 한국유아교육의 새로운 화두 : 생태유아교육의 실현
	   임재택(부산대 교수, 한국생태유아교육학회 회장)

2007.
11. 3.
(대전)
	2007년도 추계학술대회 : '유아교육, 왜 영성을 이야기하는가'
	■ 주제발표
	  1. 유아교육, 왜 영성을 이야기하는가
	    방건웅(한국표준과학연구원 책임연구원)
	  2. 영성공부, 동·서양에서는 어떻게 해왔는가
	    박 석(상명여대 교수)
	  3. 뇌과학에서 본 영성, 아이들에게 어떻게 다가갈 것인가
	    박병운(한국정신과학연구소 소장)
	  4. 아이를 닮아가는 영성공부, 부모와 교사는 어떻게 할 것인가
	    김춘성(부산예대 교수)

2007.
11. 3.
(대전)
	5. 자연을 닮아가는 영성공부, 부모와 교사는 어떻게 할 것인가
	    곽노순(목사)
	■ 실천사례발표
	  1. 유아마음공부 : 안경덕(계룡 원광유치원)
	  2. 생태위기시대 유아영성교육 사례 : 이미영(살레시오 수녀회)
	  3. 반항성 장애아동의 생태미술치료 실천사례 : 정옥남(마산 숲속자람터어린이집)
	  4. 아이들의 영성을 살리는 명상 프로그램 : 신주연(부산대 부설어린이집)
	  5. 아이를 성공시키는 지혜 : 민정암((사)세계신선도연맹 전 민족사관고)
	  6. 마리학교에서의 영성 교육(성년식을 중심으로) : 황선진(강화 마리학교)
	■ 논문발표
	  1. 생태유아음악프로그램 개발을 위한 기초연구 : 영가무도를 중심으로
	    이은지(울산 키즈어린이집)
	  2. 어린이의 정서 발달을 위한 '통합적 요가 프로그램'
	    양희연(서울불교대학원대학교 요가연구소)

2008.
6. 21.
(부산)
	2008년도 춘계학술대회 : '한국유아교육, 아이들을 행복하게 하는가'
	■ 기조발제 : 성장과 교육, 가두어지는 아이들
	   강수돌(고려대 교수)
	■ 주제발표
	  1. 조기영어교육, 이대로 좋은가?
	    발 표 : 우남희(동덕여대 교수)
	    토론 1 : 최승화(동의과학대 교수),
	    토론 2 : 이남今(전 참교육학부모회 울산 지부장)
	  2. 유아교육기관에서의 놀이, 아이들은 즐거운가?
	    발 표 : 이숙희(중앙대 교수, 중앙대 부속유치원 원장)
	    토론 1 : 지성애(전남대 교수)
	    토론 2 : 하정연(부산대 부설어린이집 원장)
	  3. 흥미영역과 자유선택활동, 이것이 정답인가?

개최일 (지역명)	학술대회 내용
	발 표 : 양옥승(덕성여대 교수) 　　토론 1 : 박은혜(이화여대 교수) 　　토론 2 : 박영경(민들레유치원 원장) 　4. 유아교육기관에서의 수업, 필요한가? 　　발 표 : 최양미(안양대 교수) 　　토론 1 : 임부연(부산대 교수), 　　토론 2 : 이진숙(파랑새어린이집 원장) ■ 실천사례발표 　1. 전통가옥(한옥)에서의 생태유아교육과 의, 식, 주 　　곽선애(남양주시 한옥유아예술원 원장), 　　김주연(남양주시 한옥유아예술원 부원장)
2008. 6. 21. (부산)	2. 건강한 먹거리와 연계한 부모참여-가족체험 　　김정자(대구시 (주)비엔디 직장보육시설 디딤어린이집 시설장) 　3. 자연 속에서 행복한 자람터 아이들 　　이은주(마산시 숲속자람터어린이집 원감) 　4. 자연 속에서 건강해지는 우리 아이들 　　양은실(제주시 예다운어린이집 원장) ■ 논문발표 　1. '텃밭의 배추' 프로젝트에서 유아들의 생태적 관계 이해 발전 과정 　　지옥정(충주대 교수) 　2. 주거형태에 따른 유아의 실외놀이 활동 실태 연구 　　조희숙(부산대 교수), 김선희(부산대 석사졸업)
2008. 11. 22. (서울)	2008년도 추계학술대회 : '유아교육 공간, 아이와 교사를 행복하게 하는가?' ■ 기조발제 : 유아교육 공간, 비움과 채움의 길을 찾아서 　　임재택(부산대 교수) ■ 주제발표 　1. 아이들의 삶과 배움의 공간, 교실이 전부인가? 　　이부미(경기대 교수) 　2. 오리고 · 그리고 · 붙이기, 아이보다 더 소중한가? 　　권미량(고신대 교수) 　3. 유아교육 제도와 정책, 아이와 교사의 행복한 공간을 위해 도움이 되는가? 　　이명환(인천대 교수) ■ 사례발표 　1. 소규모 시설의 공간운영 사례 -온통 삶의 공간- 　　곽문혁(부산 수연어린이집 원장) 　2. 대규모 시설의 보육공간 사례 　　최은경(서울 창3동 어린이집 원장) 　3. 외국의 유아교육 공간 운영 사례 　　- 일본 도쿄도 메구로구 히라즈카 유치원(平塚幼稚園)을 중심으로 - 　　황성하(대구한의대 교수) 　4. 유아교육 공간과 평가인증제 다시 보기 　　손순복(서울 쌍문삼성어린이집 원장)
2009. 6. 13.	2009년도 춘계학술대회 : '한국 유아교육, 아이들을 건강하게 키우는가?' ■ 기조발제 : 우리 아이들의 건강, 그 실상과 대책

개최일 (지역명)	학술대회 내용

(부산)	이용중(아이건강제주연대 정책위원장)
	■ 주제발표
	1. 한국 유아교육, 아이들 건강에 관심이 있는가?
	   이원영(중앙대 명예교수)
	2. 외국 유아교육, 아이들 건강을 위해 무엇을 하고 있는가?
	   한성순(PD, KBS 「수요기획」 다수 연출)

2009.
6. 13.
(부산)
	3-1. 미디어, 아이들 건강의 적신호
	   권장희(놀이미디어센터 소장)
	3-2. NO 아토피, 아이들 건강의 희망
	   김미례(노아자연학교 교장)
	■ 실천사례발표
	1. 울산시장배 유아축구대회 : 신성봉(울산시보육시설연합회)
	2. 기초체조와 달리기 : 정명화(포구나무어린이집 교사)
	3. 신명나는 줄놀이 : 문원자(부산시 교육청 유아담당 장학관)
	   김선옥(동일유치원 교사)
	4. 자연건강법으로 아이키우기 : 백현윤(부산대부설 어린이집 교사)
	5. 놀이 속에서 즐기는 유아생활축구 : 서태옥(대원유치원 원장)
	6. TV 바로보기·낯설게 보기 : 박영경(민들레유치원 원장)

2009.
11.
21.
(서울)
	2009년도 추계학술대회: '한국 유아교육과정, 아이와 교사를 행복하게 하는가?'
	■ 기조발제 1 : 일본의 유치원 교육요령과 일상의 보육
	   -일본의 보육자·아이는 행복한가 -
	   하마구치 준코(일본 오차노미즈여자대 교수)
	■ 기조발제 2 : 생태론적 세계관, 2007년 개정 유치원 교육과정에서 어떻게 실현할 것인가?
	   이부미(경기대 교수)
	■ 주제발표
	1. 일과운영 : 분절·통제된 일과, 자유·여유가 있는 일과
	   서영희(동부산대 교수)
	2. 교육활동 : 교사가 끌고 가는 수업, 아이가 풀어 가는 삶
	   김은주(부산대 교수)
	3. 환경구성 : 인위적으로 꾸며진 학습환경, 살면서 배우는 생활공간
	   윤선영(건양대 교수)
	   서은총(건양대 부속 어린이집 원장)
	4. 행사운영 : 보여주고 알리는 행사, 더불어 자라고 즐기는 잔치
	   하정연(부산대 부설 어린이집 원장)

2010.
6. 19.
(부산)
	2010년도 춘계학술대회: '유치원 교육과정개편, 아이와 교사를 행복하게 하는 방안인가?'
	■ 기조발제 : 아이와 교사를 행복하게 하는 유치원 교육과정의 개편
	   문미옥(서울여자대학교 교수)
	■ 주제발표
	1. 유치원 교육과정, 진정한 교육이념과 아이상이 있는가?
	   발표자 : 최양미(안양대학교 교수)
	   토론자 : 김규수(원광대학교 교수), 염지숙(건국대학교 교수)
	2. 유치원 교육과정, 교육내용의 수준과 양이 적절한가?
	   발표자 : 김희연(세종대학교 교수)
	   토론자 : 이경화(부경대학교 교수), 이부미(경기대학교 교수)

개최일 (지역명)	학술대회 내용

2010.
6. 19.
(부산)
	3. 국가 수준 유치원 교육과정 교수학습방법의 개편을 위한 소고 (小考)
	   발표자 : 정선아(숙명여자대학교 교수)
	   토론자 : 김은주(부산대학교 교수), 오성숙(동부산대학 부속 유치원 원장)
	4. 유치원 교육과정, 아이와 교사를 힘들게 하는 교육평가의 구조적 문제는 무엇인가?
	   발표자 : 김남희(강원대학교 교수)
	   토론자 : 김덕건(광주대학교 교수), 김선숙(감천초등학교 병설유치원 원감)

2010.
11.
20.
(전주)
	2010년도 추계학술대회 : 식생활교육 국민운동의 출발점 영유아 식생활교육, 어떻게 할 것인가?
	■ 기조발제 : 생명위기시대, 식생활교육 국민운동의 성격과 과제
	          김종덕(경남대 사회학과 교수)
	■ 주제발표
	  1. 외국의 식생활교육 운동과 영유아 식생활교육의 동향
	     허남혁(충남발전연구원 연구위원)
	  2. 한국의 식생활교육 운동과 영유아 식생활교육의 과제
	     정혜경(호서대학교 식품영양학과 교수)
	  3. 농부가 들려주는 아이밥상 이야기
	     서정홍(농부시인)
	  4. 지방자치단체가 주관하는 친환경 무상급식
	     김성주(전라북도의회 환경복지위원장)
	  5. 시・도 교육청을 통한 식생활교육 - 장독대 있는 학교・유치원 만들기
	     배대순(경상남도교육청 학교급식주무관)
	■ 실천사례발표
	  1. 친환경 벼농사를 짓는 아이들
	     정두남(울산 꿈밭유치원 원감)
	  2. 현미 잡곡밥에 생・채식을 먹는 아이들
	     강호들(목포 한나유치원 원장)
	  3. 전통문화체험을 통해 생태적 식생활을 실천하는 아이들
	     조혜선(국공립 소사어린이집 시설장)

2011.
6. 25.
(부산)
	2011년도 춘계학술대회 : '지구, 현대문명 그리고 아이들의 미래'
	■ 기조발제 : 아이들에게 빌린 지구, 무슨 일이 일어나고 있는가?
	     김명자(그린코리아21 포럼 대표, 전 환경부 장관)
	■ 주제발표
	  1. 아픈 아이・병든 지구, 왜・무엇이 문제인가?
	     박병상(인천도시생태・환경연구소 소장)
	  2. 환경운동가의 생태적 각성, 예술로 실천하는 생명운동
	     이기영(호서대 식품생물학과 교수, 노래하는 환경운동가)
	     최병수(환경미술화가)
	  3. 종교인의 생태적 각성, 몸으로 실천하는 생명운동
	     변순옥(가톨릭 유아생태교육소위원회 위원장, 서울 성모유치원 원장)
	     최광수(경상대 해양환경공학과 교수, 에코붓다 대표)

2011.
6. 25.
(부산)
	4. 북극곰을 걱정하는 세계의 아이들
	     이소영(고려대 사회학과 연구교수)
	     김해창(환경전문기자, 희망제작소 부소장)
	■ 종합토론 : 아이를 살리고 지구를 살리는 유아교사의 생태적 실천
	     임재택(부산대 교수, 본 학회 회장)

개최일 (지역명)	학술대회 내용
	황갑산(울산시교육청 장학사) 신숙희(부산 동래새싹유치원 원장) 김기태(대전·충남 생태유아공동체 회장, 너른마당어린이집 원장)

2011.
11.
26.
(경주)
	2011년도 추계학술대회 : 유아교육기관 평가, 누구를 위한 것인가?
	■ 기조발제 : 경쟁사회·명품교육·나쁜평가
	    정유성(서강대 교양학부 교육문화부 교수)
	■ 주제발표
	  1. 유아교육기관 평가, 왜·누구를 위한 것인가?
	    김안나(중부대 유아교육과 교수)
	    성희미(창유 아람나무유치원·어린이집 원장)
	    전인수(제주 고슴도치어린이집 원장)
	  2. 유아교육기관 평가지표, 제대로 되어 있는가?
	    이경화(부경대 유아교육과 교수)
	    박영란(서울 동아유치원 원장)
	  3. 유아교육기관 평가방법, 이대로 좋은가?
	    남미경(대구한의대학교 아동복지학과 교수)
	    이재오(인천 호정어린이집 원장)
	    이경희(부산 용수초등병설유치원 원감)
	  4. 생태유아교육기관 평가, 왜·무엇을·어떻게 하고 있는가?
	    허우정(동부산대 사회복지과 강사)
	    이진우(구미 금오유치원 원장)
	    심미연(양산 부산대병원어린이집 원장)
	■ 종합토론 : 유아교육기관 평가, 누구를 위한 것인가?
	    임재택(부산대 교수, 본 학회 회장)
	    윤정혜(울산유아교육진흥원 운영부장)
	    이미정(여주대 보육과 교수)
	    방종선(공동육아 어린이집 아이들세상 학부모)

2012
6. 16.
(대전)
	2012년도 춘계학술대회 : '새로운 한류, 한국 전통육아의 지혜를 찾아서'
	■ 기조발제 : 한국 전통육아, 왜 잊혀졌는가? : 임재해(국립안동대학교 교수)
	■ 주제발표
	  1. 돈으로 키우는 육아 VS 정성으로 키우는 육아
	    발표자 : 이종국·이경옥(버릿마을 선우아빠·엄마, '선우야 바람보러 가자' 저자)
	    박정희·유순애('박정희 할머니의 육아일기' 저자/배제대학교 생물의약학과 교수,
	    박정희 할머니의 4녀)
	  2. 안(사람)에서 하는 육아 VS 밖(자연)에서 하는 육아
	    발표자 : 박명숙(한경정의 국장), 조혜정(EBS방송국 PD)
	  3. 입(과학)으로 하는 육아 VS 손(상식)으로 하는 육아
	    발표자 : 김은주(부산대학교 교수), 김광호(EBS방송국 PD)

2012
11.
17.
(부산)
	한국생태유아교육학회 창립 10주년 기념 학술대회 : 생태유아교육의 어제, 오늘 그리고 내일
	■ 기조발제 : 자살로 몰아가는 병든 사회·병든 교육, 무엇이 문제인가?
	    현병호(교육잡지 격월간 '민들레' 발행인)
	■ 주제발표
	  1. 병든 학교·아픈 아이, 희망은 없는가?
	    권장희(놀이미디어교육센터 소장)

개최일 (지역명)	학술대회 내용
	2. 생태유아교육의 어제, 오늘 그리고 내일 　　임재택(부산대학교 유아교육과 교수, 본 학회 회장) ■ 사례발표 (부산대학교 제2사범관) 　1. 전국생태유아공동체(김금련, 김영연, 김정화, 김민선, 류호영, 오춘자, 김덕건·정봉숙) 　2. 발자취 텃밭 & 먹을거리(하정연·배은진, 호인희, 이경희, 오승연, 김이주) 　3. 이야기 & 놀이(이진우, 하정연·임소영, 정은경, 권선임, 김정자) 　4. 자연 & 생활(최명순, 김소영, 최은경, 강호들, 김현진) 　5. 숲심정희, 하정연·백현윤, 이영미, 최재옥, 서태옥, 남영옥·윤귀희) ■ 종합토론 : 한국생태유아교육학회에 바란다 　　김덕건(광주대학교 교수), 김세곤(동국대학교 교수), 김정화(수성대학교 교수) 　　임갑빈(한성대학교 교수), 전일우(강원대학교 교수), 지옥정(한국교통대학교 교수)
2013 6. 15. (서울)	2013년도 춘계학술대회 : '누리과정, 아이와 교사를 행복하게 하는가?' ■ 기조발제 : 이 시대, 왜 아이들을 가르치려 하는가? - '좋은 세상'을 여는 생태유아교육 - 　　윤구병(농부 철학자, 전 충북대 교수) ■ 주제발표 　1. 누리과정에서의 수업 도입, 유아교육적 측면에서 정당한가? 　　김희연(세종대 교수) 　2. 누리과정 수업 도입에 따른 일과운영과 매체사용발표자 　　조채영(동의과학대 교수) 　3. 누리과정에서의 수업 도입, 생태유아교육에서 어떻게 바라보는가? 　　김은주(부산대 교수) 　4. 생태유아교육기관에서의 누리과정 운영 : 교사의 입장 　　권선임(양산부산대병원어린이집 교사) 　5. 생태유아교육기관에서의 누리과정 운영 : 부모의 입장 　　조정민(부산법원어린이집 학부모) ■ 종합토론 : 누리과정에서의 수업 도입, 한국 유아교육계에 묻는다 　　임재택(부산대 교수), 김성희(홍제어린이집 원장), 이진우(금오유치원 원장), 　　정대현(총신대 교수), 송현숙(경향신문 기자)
2013 11. 30. (부산)	2013년도 추계학술대회 : '이제는 생태유아교육이다Ⅰ : 유아교육 개혁, 부모가 희망이다' ■ 기조발제 : 부모의 육아철학이 아이를 물든인다 　　정홍규 신부(대구가톨릭대 교수, 산자연학교 교장) ■ 주제발표 1 : 생명공동체 　발표 1 생명을 주고받는 자연과 아이 　　발표자 : 서정홍(농부시인) 　발표 2 생명의 소중함을 알게 해준 생태유아교육 　　발표자 : 유수양(금정산 금샘숲학교 학부모) ■ 주제발표 2 : 사람공동체 　발표 1 함께 키우고 돌보는 마을 공동체 육아이야기 　　발표자 : 황윤옥(하자센터 부센터장) 　발표 2 더불어 살아가는 즐거움을 알게 해 준 생태유아교육 　　(아빠, 오늘 무슨 날인지 알지?) 　　발표자 : 이상호(통영 성동마리아차코스어린이집 학부모) ■ 주제발표 3 : 아이행복세상

개최일 (지역명)	학술대회 내용

	발표 1 몸 마음 영혼이 행복한 아이
	    발표자 : 조순영(경기대 유아교육과 강사)
	발표 2 아이다움을 되찾아 준 생태유아교육
	    발표자 : 권진희(구리 덕현유치원 학부모)
	■ 주제발표 4 : 생명의 먹거리
	발표 1 유아교육의 중심을 생명의 먹거리로 찾는다
	    발표자 : 황민영(식생활교육국민네트워크 상임대표)
	발표 2 의식주가 교육의 기본임을 알게 해준 생태유아교육
	    발표자 : 문정미(목포 한나숲유치원 학부모)
	■ 종합토론
	  1. 아이들에게 '지금 여기'의 삶을 돌려주어야 한다
	    윤지희(사교육걱정없는세상 공동대표)
	  2. 생태유아교육, 아이교육에 대한 부모의 희망을 담다
	    조혜경(EBS PD)
	  3. 생태유아교육, 아이교육에 대한 부모의 희망을 담다
	    전영주(전 생태기관 학부모, 현 금성초교 학부모)

2014.
6. 21.
(제주)
2014.
6. 21.
(제주)
	2014년도 추계학술대회 : '이제는 생태유아교육이다Ⅱ : 유아교육 개혁, 학교를 넘어 지역으로'
	■ 기조발제 : 이제는 생태유아교육이다 : 유아교육 개혁, 학교를 넘어 지역으로
	    윤구병(농부철학자, 전 충북대학교 교수)
	■ 주제발표
	  1. 건강도시 진주, 아이행복세상을 실현하는 생태육아서비스
	    - 진주시 육아종합지원센터 운영사례
	    이창화(진주시장)
	  2. 주민들이 만드는 마을학교 : 서울시 마을공동체 운영사례
	    이창환(사단법인 마을 상임이사)
	  3. 자녀양육 문제를 스스로 해결하는 부모 모임
	    - 서울시 부모커뮤니티 지원사례
	    오명화(동작구 부모커뮤니티 '산별아' 대표)
	  4. 기업이 함께하는 노인·아동 생활공동체
	    - 대덕테크노밸리 뿌리와새싹어린이집 운영사례
	    박현숙(대전 뿌리와새싹어린이집 원장)
	  5. 지역문화축제로 발전된 어린이집 세시잔치
	    - 제주생태유아공동체 '단오제' 실천사례
	    김민선(제주 푸른마을어린이집 원장)

2014
11. 15
(부산)
	2014년도 추계학술대회 : '이제는 생태유아교육이다Ⅲ : 유아교육 개혁, 교사가 희망이다'
	■ 주제발표
	  주제Ⅰ 교육에서의 혁신 - 혁신학교, 교육혁신을 위한 미래와 비전
	    성열관(경희대학교 교육대학원 교수)
	  주제Ⅱ 유아교육에서의 혁신 - 혁신유치원, 생태유아교육에서 어떻게 바라볼 것인가?
	    김은주(부산대학교 유아교육과 교수)
	  주제Ⅲ 초등혁신학교 운영사례
	    발제Ⅰ- 숲에서 자라는 감성 : 최윤철(부산 금성초등학교 교사)
	    발제Ⅱ- 소통과 협력의 민주적인 학교문화 만들기
	        이부영(서울 강명초등학교 교사, 「서울형 혁신학교 이야기」 저자)

개최일 (지역명)	학술대회 내용

	주제Ⅳ 혁신유치원 운영사례
	    발제Ⅰ- 가지 않은 길 : 박현진(전북 남원참사랑유치원 원장)
	    발제Ⅱ- 미래사회가 요구하는 유치원 혁신
	                정경자(전남 나주북초병설유치원 교사)
	■ 종합토론
	  1. 함께 키우는 아이들
	    박소연(7, 5, 3살 학부모, 부산참보육을 위한 부모연대 대표)
	  2. 혁신철학의 실천, 유치원에 필요한 이유
	    최춘자(전주 효자초병설유치원 교사/ 전북정책연구소 유아교육정책동아리 회장)
	  3. 혁신교육의 단비, 생태유아교육
	    유향란(논산 인동어린이집 원장)
	  4. 잃어버린 우리의 이야기 되찾기 - 혁신교육을 위한 첫걸음
	    박영경(부산 민들레유치원 원장)

2015.
11.
20.
(광주)
	2015년도 춘계학술대회 : '이제는 생태유아교육이다Ⅳ : 유아교육 개혁, 아이의 건강이 희망이다'
	■ 기조발제 : 악화되어가는 아이들의 건강, 그 원인과 대책
	        임종한(인하대 의과대학 교수, 환경정의 다음지킴이 운동본부장)
	■ 발제
	  1. 임신·출산환경과 아이들의 미래 - 베이비플랜/행복출산 개념정립 -
	    박문일(동탄제일병원 원장, 대한태교연구회 회장)
	  2. 가정·학교 생활환경과 아이들의 건강
	    - 아이들 건강과 후기산업사회의 생활문화 -
	    이용중(제주도교육청 학생건강증진센터 몸건강팀장, 아이건강 국민연대 상임대표)
	  3. 유아교육과정이 아이들을 건강하게 하는가?
	    임재택(부산대학교 명예교수, 생태유아교육학회 회장)

2015.
11.
21.
(광주)
	2015년도 추계학술대회 : 이제는 생태유아교육이다 Ⅴ : 생태유아교육에서 찾는 인성교육의 지혜
	■ 기조발제 : 천지인 생명사상에서 찾는 인성교육의 지혜
	      박재순(씨알사상연구소 소장, 인성교육 대표)
	■ 주제발표 1
	  사람과 자연의 만남을 통한 교육패러다임의 대전환 : 인성교육진흥법의 맹점과 생태적
	  인성교육의 모색
	  심성보(부산교육대학교 윤리교육과 교수)
	■ 주제발표 2
	  자연, 놀이, 뇌 발달과 유아인성교육
	  서유헌(가천대 석좌교수 및 뇌과학연구원장, 서울의대 명예교수, 한국뇌연구원 초대원장)
	■ 주제발표 3
	  학교와 마을이 함께 아이들을 키우는 인성교육의 현장
	  정승관(충남 홍성 갓골어린이집 이사장, 전 풀무학교 교장)
	■ 종합토론
	  1. 생태유아교육에서 찾는 인성교육의 지혜 : 임재택(부산대학교 명예교수, 본 학회장)
	  2. 생태유아교육에서 찾는 인성교육의 지혜 : 최민수(광주대학교 유아교육과 교수)
	  3. 생태유아교육에서 찾는 인성교육의 지혜 : 문원자(부산유아교육진흥원 원장)
	  4. 공동체 협력으로 유아의 인성을 길러내는 생태교육 : 정정숙(광주 빛고을 유치원 원장)

개최일 (지역명)	학술대회 내용
	5. 생태유아교육에서 찾는 인성교육의 지혜 : 최은경(서울 창3동 어린이집 원장)
2016. 6. 18. (부산)	2016년도 춘계학술대회 : 혼돈의 육아현실, 유아교육의 正道를 찾아서 ■ 기조발제 : 유아교육과 한국인의 미래 　　　　　　도올 김용옥 선생님 ■ 발제 1 : 주체적 생명인을 키우는 생태유아교육 　　　　　 임재택(부산대학교 명예교수, 본 학회장) ■ 발제 2 : 국악과 함께하는 흥거운 유치원 생활 　　　　　 김나래(해금연주가, 아름솔 유치원 부원장) ■ 발제 3 : 아이들의 인성과 감성을 회복하는 신명나는 어울림 음악 　　　　　 이병욱(서원대학교 음악교육과 교수) ■ 포스터 발표
2016 11. 12. (서울)	2016년도 추계학술대회 : 「생명평화사상으로 여는 새 시대의 유아교육과 보육」 ■ 기조발제 : 혼돈의 육아현실, 유아교육의 正道를 찾아서 　　　　　　법륜 스님(재단법인 평화재단 이사장, 정토회 지도법사) ■ 발제Ⅰ : '아이 없는' 어른 편익중심 유아교육의 문제와 개혁 　　　　　 이경화(부경대학교 유아교육과 교수) ■ 발제Ⅱ : 반생명시대 유아교육, CCTV·평가인증 보육의 폐해와 개혁 　　　　　 김종필(한어총정책연구소 소장) ■ 발제Ⅲ-1 : 서울시 유아숲교육의 도전, 숲에서 뛰노는 행복한 아이들 　　　　　　최광빈(서울특별시 푸른도시국장) ■ 발제Ⅲ-2 : 서울시 어린이집의 새로운 도약, 생명·생태보육으로 전환 　　　　　　이부미(경기대학교 유아교육과 교수) ■ 포스터 발표
2017 6. 17. (광주)	2017년도 춘계학술대회 : 새 시대·새 정부의 영유아보육·교육과정, 어떻게 할 것인가? 　　　　　　　　－ 표준보육과정 ?누리과정의 혁신방안 모색 － ■ 기조발제 : 새 시대의 영유아보육·교육과정의 혁신, 획일화에서 다양화 　　　　　　임재택(부산대학교 유아교육과 명예교수/ 유보혁신연대 상임공동대표) ■ 발제Ⅰ : 새 시대의 누리과정 정책의 과제와 전망 　　　　　 － OECD와 EU 국가 비교를 중심으로 　　　　　 발표자 : 박창현(육아정책연구소 부연구위원) 　　　　　 토론자 : 정정희(경북대학교 아동가족학과 교수), 　　　　　　　　　 김미경(근로복지공단 직장보육지원센터장) ■ 발제Ⅱ : 새 시대의 영유아보육·교육과정 구성 방안, 국가수준 교육과정의 성격 및 구성 　　　　　 체제 　　　　　 발표자 : 남미경(대구한의대학교 아동복지학과 교수) 　　　　　 토론자 : 임미령(아이미소연구소 소장), 양미선(육아정책연구소 부연구위원) ■ 발제Ⅲ : 새 시대의 영유아보육·교육과정 운영 방안, 아이들의 건강·행복에 유익한 교육 　　　　　 과정 운영 　　　　　 발표자 : 김은주(부산대학교 유아교육과 교수) 　　　　　 토론자 : 윤선영(한국발도르프 영유아교육학회 회장), 김정화(㈔한국숲유치원협회 회장) ■ 발제Ⅳ : 새 시대의 영유아보육·교육과정 적용 실제, 원장·교사·부모의 준비와 역할 　　　　　 발표자 : 신지연(삼육대학교 유아교육과 교수) 　　　　　 토론자 : 백정이(창원 해돋이유치원 원장), 김영명(서울 서강어린이집 원장)

개최일 (지역명)	학술대회 내용
	■ 종합토론 : 새 시대·새 정부의 영유아보육·교육과정 혁신방안 모색 　　좌 장 : 김영옥(전남대학교 유아교육과 교수) 　　토론자 : 발표자 및 토론자 ■ 포스터 발표
2017 11. 18. (부산)	2017년도 추계학술대회 : 아이행복세상을 위한 새 정부의 유아교육·보육 혁신과제와 책무 ■ 기조발제 : 아이행복세상, 어떻게 만들어 갈 것인가? 　　　　이병창(시인, 진달래교회 목사) ■ 발제Ⅰ : 새 정부의 유보혁신 제도와 정책 추진 방안 　　　　이일주(공주대 유아교육과 교수) ■ 발제Ⅱ : 새 정부의 유보혁신 과제와 재정 확보 방안 　　　　송기창(숙명여대 교육학과 교수) ■ 발제Ⅰ, Ⅱ에 대한 토론 : 유보혁신 제도·정책·과제·재정에 대한 토론 　　토론자 : 황호진(전 전북도교육청 부교육감), 한만중(서울교육청 정책보좌관), 진상원(한유총 정책위원장, 진주 숲속나라유치원 원장), 장진환(전 한민련 회장, 아산 알프스어린이집 원장), 최순순(참교육학부모회 회장) ■ 발제Ⅲ : 아이행복세상을 위한 유아교육·보육과정의 다양화와 기관평가제도의 개편 　　발표자 : 이경화(부경대 유아교육과 교수) 　　토론자 : 박창현(육아정책연구소 부연구위원), 조성실(정치하는엄마들 공동대표 / 학부모대변), 윤지희(사교육걱정없는세상 공동대표 / 영유아인권법 관련), 윤영옥(울산 정인유치원 원장), 곽문혁(부산 수연어린이집 원장) ■ 정책제안 : 새 정부의『유아교육·보육혁신 특구 시범사업』추진 방안 　　제안 1. 부산 해운대구·부산시교육청 추진 방안 　　　　임재택(부산대학교 유아교육과 명예교수) 　　제안 2. 제주특별자치도·제주시교육청 추진 방안 　　　　이용중(아이건강국민연대 상임공동대표) ■ 포스터 발표
2018 6. 16. (세종)	2018년도 춘계학술대회 : 새 시대 영유아보육·교육과정의 혁신, 자연·놀이·아이중심 교육으로 ■ 기조발제 : 풀꽃 같은 아이들, 푸르게 자라게 하라 　　　　조정래(소설가) ■ 사례발제 　　자연·놀이·아이중심 보육과정의 실천사례 Ⅰ 　　　　김금희(시흥 정왕2동 시립어린이집원장) 　　자연·놀이·아이중심 교육과정의 실천사례 Ⅱ 　　　　류주영(부산 공립단설덕천유치원 교사) 　　자연·놀이·아이중심 보육과정의 실천사례 Ⅲ 　　　　최은경(서울 창3동 어린이집 원장) 　　자연·놀이·아이중심 교육과정의 실천사례 Ⅳ 　　　　백정이(장유 해돋이유치원 원장) ■ 종합발제 : 한국 유아교육·보육 혁신을 위한 생태유아교육의 발자취 　　　　임재택(부산대 유아교육과 명예교수) 　　■ 종합토론 : 새 시대 영유아보육·교육과정 혁신, 어떻게 할 것인가? 　　토론 사회자 : 서영숙(숙명여대 아동복지학과 명예교수) ■ 포스터 발표

개최일 (지역명)	학술대회 내용

2018
11.
17.
(부산)
	2018년도 추계학술대회 : 누리과정 개편, 무엇을 어떻게 바꿔야 하는가?
	■ 기조발제 : 교육개혁의 비전과 유아교육
	    박형준(동아대학교 사회학과 교수, JTBC 시사토크쇼 '썰전' 패널)
	■ 발제Ⅰ : 놀이중심 유아교육을 위한 누리과정 개편
	    임부연 (부산대학교 유아교육과 교수), 김은영 (육아정책연구소 경영지원실장)
	■ 발제Ⅱ : 발제 2. 국외 사례를 통해 본 바람직한 영유아교육과정 개편 모습
	    2-1. 유럽·영미권 사례를 통해 본 바람직한 영유아교육과정
	    최윤정 (강릉원주대학교 유아교육과 교수)
	    2-2. 일본 사례를 통해 본 바람직한 영유아교육과정 : 이하정 (九州(큐슈)大學 교육학 박사)
	■ 발제Ⅲ : 한국에 불어오는 놀이교육의 새로운 바람
	    이귀훈 (미디어솔트대표, KBS유아교육특집다큐 제작 PD)
	■ 종합발제 : 자연·놀이·아이 중심 누리과정 개편
	    임재택 (부산대학교 유아교육과 명예교수)
	■ 포스터 발표

2019
6. 15.
(서울)
	2019년도 춘계학술대회 : 누리과정 개편안의 성공적 실현을 위한 생태유아교육과정의 운영
	■ 기조발제 : 2019 개정 누리과정(안)의 성공적 실현을 위한 생태유아교육과정 운영
	    임재택(부산대학교 명예교수, (사)한국생태유아교육연구소 이사장)
	■ 주제발표 : 유아의 놀이에서 유아중심, 놀이중심 교육과정을 쓰다
	    정선아(숙명여자대학교 아동복지학부 교수)
	■ [현장사례발표 1] 시설유형별 운영
	    1. 국공립유치원 : 박지영(부산, 연산유치원 교사)
	    2. 사립유치원 : 이선화(김해, 해돋이유치원 원감)
	    3. 국공립어린이집 : 김오경(서울, 서초에코리치어린이집 원장)
	    4. 법인·민간어린이집 : 김미영(청주, 선해어린이집 원장)
	    5. 직장어린이집 : 남연주(울산, 울산법원어린이집 원장)
	    6. 가정어린이집 : 류종렬(부산, 건영서머힐어린이집 원장)
	■ [현장사례발표 2] 교육과정 운영
	    7. 일과·공간 운영Ⅰ : 왕현자(서울, 라온어린이집 원장)
	    8. 일과·공간 운영Ⅱ : 원은실(세종, 솔빛숲유치원 원감)
	    9. 놀이VS 활동 VS 수업운영 : 곽문현(부산, 수연어린이집 원장)
	    10. 평가·평가인증제 운영 : 홍경미(서울, 가명어린이집 원장)
	■ [현장사례발표 3] 기관 운영
	    11. 기본교육과정 및 방과후과정운영 : 최문순(서울, 성체유치원 원장)
	    12. 시설 및 교재교구 운영 : 이태경(서울, 산마루어린이집 원장)
	    13. 의식주 생활운영 : 유향란(논산, 인동어린이집 원장)
	    14. 아이·교사·부모관계 : 신주연(울산, 울산경찰청어린이집 원장)
	■ 종합토론
	    아이 중심, 놀이중심 교육과정의 실현, 생태유아교육과정
	    김은주(부산대학교 유아교육과 교수)
	■ 포스터 발표

2019
11.16.
(대구)
	2019년도 추계학술대회 : 2019 개정 누리과정의 성공적인 안착을 위해 우리는 어떤 고민을 해야 하는가?
	■ 기조발제 : 공자 자녀교육의 일곱 자기 철칙: 열 살 전에 더불어 사는 법을 가르쳐라
	    이기동(성균관대학교 명예교수)
	■ 주제발표 : 2019 개정 누리과정의 성공적 안착을 위해 우리는 어떤 고민을 해야 하는가?
	    김희연(세종대학교 교수)

개최일 (지역명)	학술대회 내용
	■ [토론 1] 지자체의 고민 　　　서울시: 주병준(서울시 보육담당관 보육기획팀장) 　　　세종시교육청: 박수미(세종시교육청 유아교육담당 장학관) ■ [토론 2] 교원양성 기관의 고민 　　　유아교육과: 이현정(대덕대학교 교수) 　　　아동보육과: 공병호(오산대학교 교수) ■ [토론 3] 유아교육 현장의 고민 　　　어린이집: 김영명(서울 서강어린이집 원장) 　　　유치원: 류주영(부산 덕천유치원 교사) 　　　유치원: 박영경(부산 민들레유치원 원장) ■ [토론 4] 지역사회의 고민 　　　학부모: 신세나(창원 해돋이유치원 학부모) 　　　언론: 정영미(방송작가, 동아방송예술대학 초빙교수) ■ 포스터 발표
2020 11.19 ~ 11.21 (온라인)	2020년도 춘·추계 통합학술대회: 놀이중심 교육과정, 생태놀이에 길이 있다. ■ 기조발제 : 포스트 코로나 시대 교육개혁 　　　김누리(중앙대학교 교수) ■ 주제발제 1 : 유아교육에서 놀이란 무엇인가?: 생태유아교육과 생태놀이 　　　임재택((사)한국생태유아교육연구소 이사장/ 부산대학교 명예교수) ■ 주제발제 2 : 유아교육기관에서의 생태놀이: 자연과 아이다움을 살리는 생태놀이 　　　김은주(부산대학교 교수) ■ 정책사례발표 : [놀이, 생태유아교육으로 풀다: 유아교육기관 생태 컨설팅 사례] 　　　서울시 생태친화어린이집 사업 　　　　이남정(서울시 육아종합지원센터 센터장) 　　　해운대구 생태어린이집 시범 사업 　　　　권선임(해운대구 육아종합지원센터 센터장) ■ 현장사례발표 　1. 개정 누리과정의 시작을 준비하며, 공간구성에서 놀이 전개까지의 사례나눔 　　(경남 창원, 공립단설 한사랑유치원 김승미 교사) 　2. 놀고, 또 놀고, 또 놀아서 행복한 아이들 　　(충북 청주, 이정숲어린이집 김미선 교사 외 교사 일동) 　3. 단오야 놀자 　　(경남 함안, 충무어린이집 이은미 원장) 　4. 세상에서 가장 행복한 금요일 '물과 모래의 날' 　　(경기 양평, 다문초등학교 병설유치원 변경애 교사) 　5. 숲에서 우연히 발견한 놀잇감 　　(경북 경산, 시립지니어스어린이집 김인숙 원장) 　6. 유아주도 자유로운 흙놀이에 관한 사례 연구 　　(대구, 튼튼한어린이집 신여정 원장, 황혜경 교사 외 교사 일동) 　7. 자연이 주는 풍성한 재료로 아이들이 만들어 내는 놀이 　　(대전, 대덕대학교 부속유치원 이미상 원감 외 교사 일동) ■ 포스터 발표
2021 6.17.	2021년도 춘계학술대회 : 대전환시대, K-생태유아교육으로 길을 묻다 ■ 기조발제 : 손잡지 않고 살아남은 생명은 없다

개최일 (지역명)	학술대회 내용

(온라인)	최재천(이화여자대학교 에코과학부 석좌교수, 생명다양성재단 대표)
	■ 주제발제1 (철학) : 자연은 도구인가, 삶의 동반자인가: 인간과 자연, 돌봄과 공생의 길
	  김세정(충남대학교 철학과 교수, 유학연구소 소장)
	■ 주제발제2 (삶1) : 신화를 통해 본 생명교육과 밥상혁명, 그리고 지속가능성
	  고용석(비건채식운동가, 한국채식문화원 공동대표)
	■ 주제발제3 (삶2) : 조화로운 삶, 행복한 삶: 아이들을 위한 생명의 식(食), 주(住), 의(醫)
	  고제순(흙집학교 '흙처럼 아커람' 원장)
	■ 주제발제4 (교육) : 한국인만 몰랐던 더 큰 대한민국: 한국의 정신에서 유아교육의 답을 찾다
	  Emanuel Pastreich(이만열)(아시아인스티튜트 이사장)
	■ 포스터 발표

2021
12.4.
(온라인)
	2021년도 추계학술대회 : 아이행복세상을 위한 한국 영유아교육체제의 대전환, 유보통합 일원화
	■ 기조발제 : 아이들을 정성으로 모시지 않는 세상은 희망이 없다
	  도법스님(실상사)
	■ 주제발표 : 새 정부의 유보통합 제도와 정책의 추진 방안
	  이일주(공주대학교 명예교수)
	■ 종합토론
	  패널1 "유치원에서 바라본 유보통합, 어떻게 할 것인가?"
	    김동렬(한국유치원총연합회 이사장)
	  패널2 "공정하고 정의로운 사회, 영유아 출발선 평등으로부터"
	    이중규(한국어린이집총연합회 회장)
	  패널3 "유보일원화, 대한민국 모든 장애영유아의 동등한 권리구현의 해답"
	    김영란(장애영유아보육교육정상화를 위한 추진연대 상임공동대표)
	  패널4 "유아부터 시작하는 균등한 교육"
	    이윤경(참교육을 위한 전국 학부모회 회장)
	  패널5 "유보통합, 2022 대선 핵심 이슈로 만들기 위한 방법은?"
	    소장섭(베이비뉴스 편집국장)
	  패널6 "지방 교육청에서 바라본 유보통합"
	    송대헌(세종특별자치시 교육감 비서실장)
	  패널7 "정부 차원에서 바라본 유보통합 추진 방안"
	    김형욱(전 청와대 비서관)
	■ 포스터발표

2022
6.18.
(온라인)
	2022년도 춘계학술대회 : 놀이와 유아교사, 그 고민과 희망을 듣다
	■ 기조발제 : 실컷 논 아이가 행복한 어른이 된다
	  김태형(심리연구소 '함께' 소장/ 심리학자)
	■ 주제발표1 : 놀이, 유아교사는 무엇을 고민하는가?
	  권미량(고신대학교 교수)
	■ 주제발표2 : 자연·놀이·아이다움, 생태유아교사는 살리고 있는가?
	  심미연(전 부산대학교부설어린이집 원장)
	■ 주제발표3 : 놀이중심 교육과정, 교사는 희망을 이야기하다
	  사례1 "영아의 놀이지원은 어떻게 할까?"
	    김지연(부산시 국공립: 해운대아이랑어린이집 교사)
	  사례2 "유아기 아이들의 놀이를 어떻게 지원해야 할까?"
	    오승연(구리시 사립: 덕현유치원 교사)

개최일 (지역명)	학술대회 내용
	사례3 "공간은 어떻게 달라졌나?" 　　　조민영(대구시 사립: 비슬향유치원 원장) 사례4 "놀이 고민, 교사공동체는 어떻게 풀어갔나?" 　　　윤정희(세종시 공립: 나성유치원 교사) 사례5 "놀이 기록, 어떻게 기록하고 이해할까?" 　　　강별아(경기도 공립: 백문초등병설유치원 교사) ■ 종합토론 　토론1 놀이와 유아교사, 그 고민과 희망을 듣다 　　　김희연(세종대학교 유아교육과 교수) 　토론2 어린이의 세계와 그 세계를 거쳐 온 교사 　　　송주은((사)한국생태유아교육연구소 연구원) 　토론3 놀이와 유아, 유아교사 사이에 부모의 고민과 희망 　　　최은지(고신대학교 강사, 영유아 부모) 　토론4 놀이와 유아교사, 그 고민과 희망을 듣다 　　　신여정(대구 튼튼한 어린이집 원장) ■ 포스터발표
2022 11.19. (부산 & 온라인)	창립 20주년 기념 학술대회 : 생태유아교육의 20년, 그리고 새로운 도약 ■ 기념강연 : 생명위기의 시대, 생태유아교육에 바라다 　　　고제순(철학박사/ 흙집학교) '흙처럼 아워랍' 원장) ■ 기조발제 : 생태유아교육의 지난 20년과 새로운 20년 　　　임재택(부산대학교 명예교수) ■ 영상나누기1 : "함께 걸어온 20년을 축하합니다" 　　　한국생태유아교육학회 회원(개인 및 기관 27곳) ■ 주제발표1 : 생태유아교육이 한국 사회 및 유아교육에 던진 화두와 의미 　　　김은주(부산대학교 교수) ■ 영상나누기2 : "내가 기억하는 일곱 살" 　　　생태유아교육기관 졸업생(초중고대학생 및 직장인 21명) ■ 주제발표2 : 생태유아교육이 남긴 결실과 과제 　　　임미령(수도권생태유아공동체 이사장) ■ 종합토론 : 한국생태유아교육에 바라다 　토론1 한국생태유아교육학회 20주년을 축하하며 　　　송준석(전남도립대학교 교수) 　토론2 한국생태유아교육에 바라다 　　　남미경(대구한의대학교 교수) 　토론3 놀이와 아이다움을 되찾아주는 솔빛숲유치원 　　　조미희(세종솔빛숲유치원 원장) 　토론4 한국생태유아교육학회와 함께한 리오바어린이집의 과거, 현재, 미래 　　　남영옥(수성대학교 부설 리오바어린이집 원장) 　토론5 생태어린이집 　　　하지원(생태기관 졸업생 어머니) 　토론6 생태어린이집 그 행복한 이야기 　　　최성이(생태기관 졸업생 아버지) ■ 포스터발표

개최일 (지역명)	학술대회 내용
2023 6.17. (부산)	2023년도 춘계학술대회 : 부모 그리고 학부모, 놀이중심 유아교육과 함께 가고 있는가? ■ 기조발제 : 인구로 미래 희망을 열다 　　　조영태 (서울대학교 보건대학원 교수, 인구정책연구센터장) ■ 주제발표 1 : 부모 그리고 학부모, 놀이중심 교육과정과 함께 가고 있는가? 　　　전가일 (연세대학교 교육연구소 연구교수) ■ 주제발표 2 : 놀이중심 교육과정, 부모와 교육기관의 고민을 나누다 　2-1. 부모는 무엇을 고민하는가? 　　　이경화 (부경대학교 교수) 　2-2. 교사와 부모, 어떤 갈등을 겪고 있는가? 　　　김종선 (경기 용인 아람유치원 수석교사) 　2-3. 유아교육기관은 부모와 함께 가는가? 　　　정지우 (세종시 슬기유치원 원감) ■ 주제발표 3 : 아이살림·생명살림 유아교육, 부모와 함께 희망을 찾다 　3-1. 놀이중심 유아교육, 가정과 유아교육기관의 동행 　　　이하정 (창신대학교 교수) 　3-2. 교사, 부모와 함께 하는 놀이중심 유아교육의 실천 　　　기은옥 (전남교육청 꿈자람어린이집 원장) 　3-3. 부모, 놀면서 크는 아이에게서 찾는 희망 　　　유향란 (충남 논산 인동어린이집 원장) ■ 종합토론 : 부모 그리고 학부모, 놀이중심 유아교육으로 함께 가고 있는가? 　　　변경애 (경기 다문초등병설유치원 교사) 　　　서재희 (부산 국공립 화명플리체 어린이집 원장) 　　　김경란 (광주여자대학교 교수) ■ 포스터 발표
2023. 11.18. (세종)	2023년도 추계학술대회 : 기후위기시대, 생태전환교육과 생태유아교육을 다시보다 ■ 기조발제 : 아이들의 미래는 오늘의 우리가 만든다 　　　윤순진 (환경위기 전문가, 유퀴즈 209화 출연자, 서울대학교 환경대학원 교수) ■ 주제발표 1 : 기후위기시대, 자연과 함께 더불어 사는 지속가능사회를 꿈꾸다 　　　오창길 ((사)자연의벗연구소 이사장) ■ 주제발표 2 : 유아교육기관의 실천사례 | 1분과 : 교육과정과 소통 (좌장 : 탁정화 서원대 교수)	2분과 : 지역과 연대 (좌장 : 하민경 경상국립대 교수)	3분과 : 자연과 소통 (좌장 : 이소영 수성대 교수)
---	---	---
"빨대없는 팩우유를 만들어 주세요" 도란유치원 (세종, 혁신유치원) 박수미 교사	"기쁜 날 좋은날" 은빛유치원 (춘천, ESD인증기관) 반은경 원장	"숲을 품은 아이들" 베타니아특수어린이집 (여수, 장애통합숲생태기관) 이충경 원장
"탄소중립생활실천 프로젝트" 김해어린이집 (경남, ESD인증기관) 신미영 원장	"지구야 그만 변해, 우리가 변할게" (수도권생태유아공동체) 이마리아 국장	"기후위기시대, 아동권리를 찾아주기 위한 발걸음" *학회 연구지원사업 선정작 (부산, 자아2차어린이집) 이윤선 원장	 ■ 주제발표 3 : 2022 개정 초중등 교육과정과 생태전환교육 　　　이재영 (공주대학교 환경교육과 교수)

개최일 (지역명)	학술대회 내용
	■ 주제발표 4 : "공존이 생존, 아기기후소송과 어린이 정치 참여" 　　　　장하나(정치하는 엄마들 공동대표) "우리가 지구를 지키는 색다른 방식" 　　　　김민아(청소년 기후환경 운동가, 대구국제고) ■ 종합토론 : 기후위기시대, 국가수준 영유아교육과정에 녹아들 생태전환교육을 위하여 　　　　조현서(세종, 나래유치원 원감, 교사 실천사례 저서「생태환경교육을 만나고 실천하다」출간) 　　　　김희연(세종대학교 교육대학원 유아교육전공 교수, 학회 부회장) ■ 포스터 발표
2024 6.15. (부산)	2024년도 춘계학술대회 : 유보통합시대, 생태유아교육과 함께하다. ■ 기조발제 : 교육의 미래, 삶과 배움이 일치하는 교육공동체 　　　　김용련 (한국외국어대학교 사범대학 교직부 교수) ■ 주제발표 1 : 유보통합의 추진과정과 현주소 　　　　송대헌(유보통합범국민연대 고문, 참교육을위한전국학부모회 자문위원) ■ 주제발표 2 : 유보통합시대, 유아교육·보육의 본질과 교육과정 탐색 　　　　이경화 (부경대학교 교수) ■ 주제발표 3 : 유보통합시대, 생태유아교육 현장의 고민과 과제 　　　　3-1. 백정이 (경남 해돋이유치원 원장) 　　　　3-2. 김오경 (서울 자연이랑어린이집 원장) ■ 종합토론 : 유보통합시대, 생태유아교육과 함께하다 　　　　토론좌장: 권미량 (고신대학교 유아교육과 교수, 학회 부회장) 　　　　토론자1. 이윤경 (참교육을위한전국학부모회 회장) 　　　　토론자2. 강정원(4년제보육교사양성학과협의회 회장, 　　　　　　　　　　한국성서대학교 영유아보육학화 교수) 　　　　토론자3. 권정윤 (한국유아교육대표자연대 의장, 성신여자대학교 유아교육과 교수) 　　　　토론자4. 임미령 (유보통합범국민연대 공동대표, 　　　　　　　　　　수도권생태유아공동체 생활협동조합 이사장) ■ 포스터 발표

주석 & 참고문헌

프롤로그

제1장 어린 시절
1) 산청군 홈페이지 : 산청소개 >> 마을지명유래 >> 비량스님 이야기

제2장 서울대학교
1) '꽁총'은 주로 장난감 총이나 '총 같지 않은 총기'를 가리키는 구어적 표현 또는 은어로, 공식 용어나 표준어는 아니다. 6·25전쟁 수기 등에서 "꽁총을 들고 나왔다"와 같이 쓰이며, 실제 총기를 친근하게 부르는 말로도 사용된다. 6·25전쟁의 회고록이나 수기 가운데 일부는 꽁총을 기관단총·따발총 등과 혼용하여 일상적으로 부르는 구어적 표현으로 실제 사용되었음을 보여준다. "엉겹결에 총을 두고 내려와서 정신을 차리고 총을 두고 온 것을 후회하면서 다시 올라깨어진 개머리판의 칼빈총과 적초병의 따발총(꽁총)을 가지고 내려오다가 적 총격으로 팔에 관통상을 입고 지혈과 응급 처치를 한 다음 다시 전투에 임하였다." "25전쟁 참전수기". 『군사연구』제129집, 2010.

제4장 한국행동과학연구소
1) 한국민족문화대백과사전   한국행동과학연구소(KIRBS) 홈페이지(https://kirbs.re.kr/)
2) 장 피아제, 『지능의 심리학 La psychologie de l'intelligence (1947)』, 『사고의 심리학 Le développement de la pensée(1975)』, 『발생학적 인식론 L'épistémologie génétique (1950)』, 『창조적 지능의 개발 La Naissance de l'intelligence chez l'Enfant(1936)』(1970년대 후반 일본어 번역본)

제7장 유아교육에 대한 코페르니쿠스적 전환
1) 아토피(Atopy)는 알레르기 질환의 하나로, 신체가 특정 알레르겐(알레르기 유발 물질)에 대해 과민하게 반응하는 체질적 특성을 말한다. 이 용어는 그리스어 'Atopos'(기묘한, 뜻을 알 수 없는)에서 유래했으며, 실제로 아토피는 원인과 증상이 매우 다양하고 복합적으로 나타나는 것이 특징이다(위키백과, 사단법인

대한아토피협회 페이지 http://www.atopykorea.or.kr/main/main.php).
2) 유안진.『한국 전통사회의 유아교육』. 정민사, 1984.
3) 홍문화.『뜻으로 쉽게 풀이한 허준 동의보감』. 둥지, 1974.
4) 임승국.『단군사상과 민족문화』. 정신세계사, 1986.
   이승헌.『단학(丹學)-그 이론과 수련법』. 한문화, 1985.
5) 박은식.『한국통사』. 단국대학교 동양학연구소, 1975.
   한우근.『동학사상의 본질』. 연세대학교동방학연구소, 1970.
   김용덕.『동학사상연구』. 중앙대학교출판부, 1965.
6) '혜영이·용철 사건'은 1990년 3월 9일 서울 마포구 망원동의 한 반지하 주택에서 발생한 비극적인 화재 참사이다. 당시 5살 권혜영, 4살 권용철 남매는 맞벌이로 생계를 이어가던 부모가 출근하면서, 아이들의 안전을 염려해 방에 요강을 두고 문을 밖에서 잠근 채 집을 비웠던 상황이었다. 남매는 심심함을 달래려 방 안에서 성냥으로 불장난을 하다가 불이 옷가지에 옮겨붙었고, 문이 잠겨 있어 밖으로 탈출하지 못한 채 질식해 숨졌다. 발견 당시 아이들은 문을 피가 나도록 손톱으로 긁으며 필사적으로 탈출을 시도한 흔적이 남아 있었다.

   이 사건은 당시 한국 사회에 큰 충격을 주었고, 맞벌이·저소득층 가정의 아동 방임, 열악한 육아·보육 환경, 복지 사각지대 문제를 사회적으로 환기시켰다. 특히 이 비극은 1991년 영유아보육법 제정의 결정적 계기가 되었으며, 이후 국가의 보육 책임과 아동 복지에 대한 사회적 논의가 본격화되는 전환점이 되었다. (김창훈 민족미래연구소 연구실장.「90년대, 혜영이·용철이 사건을 아십니까?」. 프레시안, 2017.07.12.)

제10장 유보통합운동
1) 이동규 민연경 곽명규. "유아교육·보육 통합에 대한 제도분석 발전모형의 접근:노무현 정부부터 이명박 정부까지(2004~2013)".『지방정부연구』, 제18권 제2호(2014 여름), p.113-135.
2) 김동훈. "문재인 정부의 육아정책 관련 국정과제 현황".『육아정책포럼』, 제53호(2017), p.6~33. 육아정책연구소.

제11장 생태유아교육의 탄생

1) 임재택. "생태유아교육의 어제, 오늘 그리고 내일". 2012년 한국생태유아교육학회 추계학술대회(2012).
2) 이상금. 『해방전 한국의 유치원』. 양서원, 1995.
   손영의. "한국 유치원교육 발달에 관한 연구". 이화여자대학교 대학원 석사학위논문(1973).
3) 박영신, 김은주. "김지하 생명사상의 생태유아교육적 함의". 『생태유아교육연구』, 제3권 제1호(2004).

제12장 생태유아공동체

1) 임재택. 『생태유아교육개론』. 양서원, 2005.

제13장 생태유아교육학회 창립

1) 박영신, 김은주. 『생태유아교육연구』. 제3권 1호(2004).
2) 임재택. 『생태유아교육개론』. 양서원, 2005.

제17장 한국생태유아교육연구소

1) ㈜한국생태유아교육연구소 홈페이지(https://www.ecoikium.org/)
2) "해운대구 생태유아교육 시범어린이집 학부모 설문 조사 결과". 『해운대구 생태유아교육 시범어린이집 9년차 사업보고서』. 해운대구육아종합지원센터, 2024.
3) "해운대구 좌동 다함께돌봄센터 학부모·아동 만족도 조사 결과". 해운대구 좌동다함께돌봄센터, 2024.

제18장 정년퇴임, 그리고 방정환한울어린이집

1) 한민족대백과사전
2) "한울연대 방정환한울학교 추진 과정". 천도교 한울연대 다음 카페.

제19장 생태전환 컨설팅
1) "해운대구 생태유아교육 시범어린이집 학부모 만족도 조사 결과". 『해운대구육아종합지원센터 2024년 사업보고서』. 해운대구육아종합지원센터, 2024.

제20장 생태유아교육 확산
1) 세종특별자치시교육청교육원 홈페이지(https://edu.sje.go.kr/edu/main.do)
2) "서울시 생태친화 어린이집 추진계획". 서울시육아종합지원센터, 2023.
3) "서울시 생태친화 보육사업 효과 연구". 『서울시 생태친화형 보육을 위한 실태 및 요구조사(연구보고)』. 서울시육아종합지원센터, 2020.

제21장 자연과 아이다움을 살리는 생태놀이
1) 임재택 외 6인, 2019년 개정 누리과정 놀이운영사례집 『자연과 아이다움을 살리는 생태놀이』, 교육부·보건복지부, 2020.

제24장 평생의 꿈
1) 김은영. "버클리 푸드시스템 프로젝트에 관한 고찰". 『생태유아교육연구』, 제1권 1호(2001), 75~101쪽.